Anonymus

Eleganze Insieme Con La Copia

Anonymus

Eleganze Insieme Con La Copia

ISBN/EAN: 9783743312975

Manufactured in Europe, USA, Canada, Australia, Japa

Cover: Foto ©Paul-Georg Meister /pixelio.de

Manufactured and distributed by brebook publishing software (www.brebook.com)

Anonymus

Eleganze Insieme Con La Copia

Della Lingua Toscana, e Latina,
Scielte da Aldo Manutio.
Vtilißime al comporre nell'una, e l'altra Lingua.
Con tre nuoue Tauole.

La prima, de' Capi,
La seconda, delle Locutioni } volgar
La terza, delle Locutioni Latine.

MAXIMILIANI: II

EX · PRIVILEGIO

IMP · CAES · AVG ··

IN VENETIA.   ∞ D LXXII
COL PRIVILEGIO.

TAVOLA DE' CAPI, CONTENVTI NEL PRESENTE VOLVME.

A

Bādonere.	1	Allungare	12
Accadere.	1	Altiero	12
Accāpare.	2	Amabile	13
Accarezzare.	2	Amalato	13
		Amazzare	14
Accidenti	3	Amicissimo	14
Accommodare	3	Amicitia grande	15
Accompagnare	4	Amore	16
Accrescere	4	Amore scambieuole	18
Accusare	4	Andare	18
Adoperare	6	Animo	19
Adulatione	6	Animo dubioso	19
Affanno	6	Animo grande	20
Affatto	8	Animo picciolo	21
Affettione	9	Animo ripigliato	21
Affetto	10	Animo riposato	21
Afflittione	10	Animo sincero	22
Aiutare	10	Antiuedere	22
Allegrezza	11	Apparenza	23

✳ 2   Arri=

Arrischiare	23	Bisogno	43
Arroganza	23	Bontà	44
Ascoltare	23	Breuità	45
Assalire	24	**C**	
Assassinare	24		
Assedio	25	Cagione	46
Assicurare	25	Camino	47
Assolutione	26	Capitano	48
Aspettatione	27	Carestia	49
Assuefatto	28	Casa	49
Astutie	29	Caualleria	50
Astuto	29	Cauallo	50
Attendere	30	Cauto	50
Attendere la promessa	31	Cedere	51
Atto	32	Cercare	52
Auaritia	32	Cercare, per procacciare,	
Auuenimento	34	& mettere studio.	52
Auuenire	36	Certamente	53
Auuersario	36	Certezza	54
Auuisare	37	Chiaro	55
Auuisi cattiui	37	Cittadino	55
Auuocato	38	Colera	57
		Colmo	58
B		Colpa	58
		Combattere	59
Bastonar	38	Combattimento	60
Beneficio	39	Commandare	60
Biasimo	42	Commune	61
Bisognare	43	Communicare	61

Com=

Compagnia	62	Conto	80
Compiacere	63	Contrario	80
Compiutamente	63	Corrucciarsi	82
Compito	64	Cortese	82
Complessione	64	Cortesia	83
Componimenti	65	Cosa	83
Comprendere	67	Costume	85
Confarsi	68	Credere	86
Confidare in se stesso		Crescere	86
68		Curarsi	87
Confortare, per consolare			
69		D	
Confortare, per essortare			
71		A fanciullo	88
Conoscere	72	Danari	88
Conscienza	72	Danno	89
Consentimento	73	Dapocaggine	91
Consentire	73	Dare	91
Conseruare	74	Datio	91
Considerare	75	Debito	92
Consigliare	75	Debitore	92
Consigliarsi	76	Debole	92
Consiglio	76	Degno	93
Consolare	77	Deliberare	94
Consumare	77	Desiderare	94
Contendere	78	Difendere	96
Contentarsi	78	Difesa	96
Contentezza	79	Difetto	96
Continuare	79	Differenza	97
		Diffi=	

Difficile	97	Donare	114
Dilettare	98	Dotto	115
Diligente	99	Dubio	117
Dimandare	100		
Dimenticare	100	**E**	
Dimestichezza	101		
Dimostrare	101	Effetto	118
Dio	102	Effetto contrario. 118	
Dir bene.	104		
Dir male	104	Effetto uicino	119
Dir molto	105	Elettione	119
Dir uillania	105	Errare	120
Disagio	106	Esprimere	121
Disconcio	106	Essentione	121
Discordare	107	Essequie	122
Discordia	107	Essercito	122
Discortese	107	Essortare	123
Disegnare	108	Età	123
Disegno	108	**F**	
Disgratia	109		
Dishonore	109	Faccia	123
Dispiacere	109	Facende	124
Dispiaccio	110	Faceto	125
Disporsi	111	Facilmente	125
Dispositione di animo 111.		Facoltà	126
Distruggere	111	Falso	126
Diuoto	112	Fama	126
Dolore	112	Famiglia	128
		Famigliare	129

Fanciullezza	129		
Fanciullo	130	**G**	
Far beneficio	130		
Far piacere	130	Gabella	146
Fastidio	131	Gagliardamente.	
Fatica	132	146	
Faticare	133	Gagliardo	147
Fatti	133	Galant'huomo	147
Fauore	133	Gentilezza	148
Felicità	135	Giorno	148
Ferire	136	Giornodeterminato.	
Fidarsi	136	148	
Fidar lettere	137	Giorno, in uece di tempo.	
Figliuolo	137	149	
Fine	138	Giouamento	149
Fingere	139	Giouare	150
Fornire	139	Giudicare	150
Forte, in uece di animoso!. 140		Giudicio	151
		Giuramento	152
Forte, in uece di gagliardo 141		Giustificarsi	154
		Giustitia	154
Fortuna	141	Gloria	156
Forze	143	Gouernare	157
Fuggire	145	Grado	159
Fulminare	145	Grande	160
Fuoco	145	Grandemente	161
Furioso	146	Grasso	162
		Gratificare	163
		Gratitudine	163

Graue, in materia di peso		Impazzire	181
	165	Impedimento	182
Graue, con significatione		Imperatore	183
di lode	165	Imperio	183
Graue, con significatione		Imporre	183
di molestia	166	Importanza	184
Guadagnare	167	Impresa	184
Guardare, per auuertire		Inalzare	186
	168	Incendio	187
Guardare, per uedere	168	Inciampare	187
Guarire	168	Inclinato	187
Guerra	169	Incolpare	188
H		Incominciare	188
		Incomportabile	189
Hauere	171	Inconsiderato	189
Hauere a male		Inconstante	189
171		Incontanente	190
Honesto	172	Incontrare, per andar in= contro	190
Honorare	173		
Honore	174	Incredibile	191
Humanità	177	Increscere	191
		Incrudelire	191
I		Indarno	192
		Indebolire	192
Gnobile	178	Indegno	193
Ignoranza	179	Indigestione	194
Impaccio	179	Indiscreto	194
Imparare	180	Indouinare	195
Impaurire	181	Indugiare	196
		Indu=	

Indugio	196	**L**	
Indursi	196	Lagrime	207
Infamia	197	Lasciar opinione.	
Infelice	197		207
Infermarsi	198	Leggierezza	207
Ingannare	199	Lettere amoreuoli	207
Inganno	199	Lettere da gētilhomo	208
Ingegnarsi	200	Lettere fuor di tempo date	
Ingegno	200	208	
Ingiuria	201	Lettere grate	208
Ingordo	202	Lettere humane, cioè gli	
Ingrassare	202	studi	208
Ingratitudine	203	Lettere importanti	
Inhumano	203	208	
Inimicitia	204	Lettere lunghe	209
Inimicitia lasciata	204	Lettere rare	209
Inimico	204	Leuar uia un bello essem=	
Innocenza	204	pio	209
Insegnare	205	Liberalità	209
Insignorirsi	205	Libertà	209
Instanza grande	205	Libri di gran prezzo	
Intendere	206	209	
Intendimento	206	Libri tenuti in gouerno	
Intendere senza nominare		209	
206		Lingua Greca, e Latin.	
Interesse	206	210	
Inuidiare	206	Litigare	210
Iscusare	206	Lodare	210
Isperienza	207	Lodar di fedeltà, è diligenza	

gente	211	Manifesto	215
Lodar la pace	211	Mattina	216
Lodar un parere	211	Messo fidato	216
Lodato	211	Metterſi in uiaggio	216
Lode d'ingegno	211	Moderarſi	216
Lode importante	211	Moderato	216
Lode meritata	211	Molto	216
Lode nata	212	Morire	216
Lontananza	212	Morte commune	217
Lontano	212	Moſtra di ſoldati	217

M

		Moſtrar animo	217
		Muro feſſo	218
Maeſtro	212	Mutar animo	218
Magiſtrato.	213	Mutar opinione	218
Magiſtrato, bē go		Mutatione niuna	218
uernato	213		
Mai	213		

N

Malcontento	213		
Malignità	213	Natura	218
Malinconia	213	Natura conforme	
Maluagi	214		219
Maluagità	214	Natura gentile	219
Maluagi uffici	215	Naturale coſtume	220
Mancamento di ufficio.		Negligenza	220
215		Nobile	220
Mangiar poco	215	Nouità	220
Mangiar troppo	215	Numero maggiore.	220
Maniera di operare	215	Nuocere	220
Maniera di uita	215		

O

Obligo 221
Obligo accresciuto. 221
Occasione 221
Occasione perduta 222
Occorrenza 222
Occultamente 222
Occupato 222
Odiato 222
Odio 222
Offendere 223
Offerta 223
Oggetto 225
Operare 225
Operare honoratamente 225
Operare contra l'honore 226
Operare in seruigio di uno 227
Opinione 227
Opinione buona 227
Opinione difesa 228
Opinione di molto tempo 228
Opinione diuersa 228
Opinione falsa 229
Opinione istessa 229
Opinione lasciata 229
Opinione mutata 230
Opinione stimata 230
Opinione uniuersale 231
Opinione utile 231
Ordinare 231
Ottenere 231
Ottener desiderio 232

P

Paese 232
Pagare 232
Parentela 232
Parer buono 233
Parlar lungamente. 233
Parlar poco 234
Participare 234
Partire 234
Partire della patria 234
Partito 235
Partito cattiuo 235
Partito lodeuole 236
Passione 236
Passione niuna 236
Pas-

Passione niuna	236	Pingere eccellentemente	
Passi strani	237	250	
Passo chiuso	237	Poco	251
Paura	237	Poesi1	251
Pazzo	238	Portarsi bene	251
Peccato	238	Porto	252
Pena scapolata	239	Possesso	252
Pensare attentamente		Potenza	252
	239	Poter molto	252
Pensar molto	240	Poter ottenere	253
Pensieri	241	Potestà	253
Pensiero	241	Prattiche	253
Pensiero grande	242	prattico	254
Pensiero lasciato	242	Pregare	255
Pensiero uano	242	Pregar supplicheuolmen=	
Pensiero di nuocere		te	256
	243	Prezzar molto	256
Per amor tuo	243	Prezzo grande	256
Perdere	243	Principio	256
Perdere l'animo	244	Principio di honore	257
Perdita	245	Prolongare	257
Perdita niuna	245	Promessa osseruata	257
Per far piacere	246	Promettere	258
Pericolo	246	Promettere sopra di se	
Perseueranza	247	258	
Persuadere	248	Pronostico	258
Piacere dannoso	248	Prouedere	258
Piangere	249	Prudenza	259
Pieggeria	250	Publica utilità	259

Pu=

Punire	260	Ricchezze	271
		Ricco	272
Q		Ricompensa	273
		Redursi a tale	273
Valità	260	Ridursi in ultima miseria 274	
R		Riguardo	274
		Rimunerare	275
Accommandare	261	Rimuouere	275
		Rinouare	276
Racquistar l'amicitia	264	Riportar le parole	276
Ragionamento incerto	264	Riposo	276
		Riprendere	276
Ragionar con lōtano principio	265	Riputarsi	277
		Riputatione	277
Rallegrarsi	265	Risanarsi	280
Rappacificato	266	Rispetto	281
Recarsi in se stesso	267	Ristorare	282
		Ritornare	283
Reggersi a modo altrui	267	Riuiere	283
		Riuolgere	283
Render ingiuria	268	Riuscire contra l'opinione	283
Republica	268		
Resistere	269	Riuscita buona	284
Rettore	270	Robba	284
Ribellare di nuouo	270	Rozzo	286
Ricambiare	270	Ruina	286

Sac=

S

Accheggiare	289	Sfacciato	298
Salnezza	289	Sforzarsi	299
Salutare	290	Sicurezza	300
Sanità	290	Signore	300
Sapere	290	Signoria	301
Saper di certo	291	Simulatione	302
Satiare	291	Sincerità d'animo	302
Satisfatione uniuersale. 292		Sodisfare	302
		Soldati ualenti	302
Sauiezza	292	Somiglianza	303
Scelerità	293	Sopportar con dispiacere 303	
Sciagura	293	Sospettare	303
Scorno	294	Souuenire	304
Scorrerie	294	Souuerchiare	304
Scriuer rare uolte	295	Speranza	304
Segno	295	Speranza data	305
Seconda ragione	295	Speranza falsa	306
Sentimento perduto 296		Speranza perduta 306	
		Speranza, senza cagione 306	
Sera	296	Sperare	307
Seruigio	296	Spesa	308
Seruire a Dio	297	Sprezzare	309
Seruir ne gli studi. 298		Sprezzato	310
		Stagione	310
Seruirsi di un'amico 298		Stato auuerso	311
		Stato della cosa	312

Sta-

Stato diuerso	312
Stato honorato	312
Stato simile	313
Stima	313
Stima grande	314
Stimar alquanto	315
Stimar l'opinione di alcuni	315
Stimar piu	316
Stimar se stesso	316
Stimato	317
Stomaco guasto	317
Strada cattiua	317
Straniezza	318
Strano	318
Straparlare	319
Stretti passi	319
Studiare	320
Studi ripigliati	323
Studi tralasciati.	323
Studi utili	324
Subitamente	324
Succeder bene	325
Suenturato	326
Superbo	327

T

Tacere	328
Tardare	329
Temenza	329
Tempi maluagi	330
Tempi miseri	330
Tempi prosperi	331
Tempo	332
Tempo allungato	333
Tempo buono	333
Tempo contrario	333
Tempo lungo	334
Tempo di mare	334
Tempo uerrà	335
Tener con uno	335
Tener ragione	336
Termine	336
Timido	336
Tornare	337
Tornare in amicitia	337
Torto	337
Trafficare	337
Tralasciare gli studi	338
Tramortito	338
Trattenere	338

Tra=

Trauagliare	338	Vietare	347
Tribolatione	338	Vigilare	347
Tributario	339	Villa	349
V		Villaneggiare	349
		Vilißimo animo	349
Vacanze	339	Viltà di animo	350
Vago di gloria	339	Vincere	348
		Vincere un eßercito	348
Valerſi	340	Vindicare	348
Vanità	340	Violenza	350
Vano	340	Virtù	351
Vbidire	340	Virtù, con gran forza	351
Vbidire al tempo	341	Virtù, con utilità	352
Vecchiezza	341	Virtuoſo huomo	353
Vecchio	342	Viſo finto	353
Veder un paeſe	342	Vita	354
Vento contrario	343	Vita ben principiata	355
Vergogna	343	Vita ripoſata	355
Vergogna eterna	344	Viuere	355
Veriſimile	344	Viuere aſſai	356
Verità	345	Viuere in miſeria	357
Verno	345	Volontieri	357
Veſtimento	345	Vſanza	357
Vffici cattiui	346	Vſare	358
Vfficio	346	Vſcire	358
Viaggio	346	Vſcire di fatica	358
Vicario	347	Vtile	358

ELEGANZE, INSIEME CON LA COPIA DELLA LINGVA TOSCANA, E LATINA,
scielte da Aldo Manutio

A

ABANDONARE.

Er seguire le uoglie altrui, tu abandoni te stesso, e l'util tuo: per sodisfare al= l'altrui uoglie, lasci la cura di te stesso, e delle cose tue: a gli altri molto, a te stesso poco pensi: per cagione di altri, tu non miri pun to, tu chiudi gli occhi, all'util tuo: altrui segui, parti da te stesso.

Alienam uoluntatem ut sequaris, ut alienæ uo luntati morem geras, ut alijs satisfacias, aliorum caussa, te ipsum destituis, deseris, derelinquis: de alijs plurimũ, de te ipso, tuisq. rebus minime labo= ras: aliena tibi curae sunt, tua negligis: aliorũ rõ= nes pluris apud te, quã tuae sunt: propẽsior ad a= lios, quã ad te ipsum, tua uolũtas est: quid alijs pla= ceat, quid aliorũ e re sit, attendis; ratio rerum tua rum quid postulet, minime cogitas: prae alijs te ipsum negligis: ut sequaris alios, discedis a te ip so, deficis, descicis.

Accadere,

Se accaderà, che io possa adoperarmi in tuo seruigio, nõ mãcherò al debito mio: se occorrerà, se auuer rà, se uerrà occasione, se il tẽpo porterà, se il biso

A   gno

gno nascerà, se bisognerà, se sic bisogno, se sic dibi
sogno, se occorrerà il bisogno, se la fortuna occa=
sione porgerà, darà, manderà, offerirà, dimostrerà,
metterà inanti, se sie dalla fortuna presentata, of=
ferta, dimostrata occasione, cercherò di confermare le parole con gli effetti.
 Si accidet ut operā nauare tibi poßim, ut opera
mea tibi utilis esse, e re tua esse, in rē tuam esse, e cō
modo tuo, ex usu tuo esse poßit, officio meo nō dec=
ro, satisfaciam officio meo, officiū meum praestabo,
nō committam, ut officium meum desiderari poßit,
ut meae partes requirantur: si continget, si eueniet,
si usu ueniet, si res, si tempus, si occasio feret, postu
labit, poscet, exiget, requiret, si occasio se offeret,
se dabit, se ostendet, offeretur, dabitur, ostende=
tur, si fortuna feret, occasionem attulerit, detu=
lerit, praebuerit, ostenderit, si tempus accidet.

    Accampare.
Messe il campo sotto Padoa: accampò sotto Padoa:
condusse le genti sotto Padoa: assediò, attorniò, cir
condò, misse Padoa in assedio.
 Apud Patauiū castra posuit, locauit, cōstituit,
fecit: metatus est; castrametatus est; Patauiū obsi=
dione cinxit, obsedit suis copijs, suo saepsit exerci=
tu.   Accarezzare.
Egli accarezza qualunque uà à uisitarlo, sa carezze,
accoglie humanamente, con maniere di amoreuole
affetto, e gentilezza ripiene, benignamente, con lie
ta faccia, usa benigne accoglienze.
 Complectitur, quisquis cum it salutatum, qui=
         cumque

cumque ad eum honoris caussa uenit, accedit, adit:
euntes ad eū salutandi caussa, salutantes eū honoris
caussa, perhumaniter excipit, hilari admodum, ac
benigno uultu, omni genere humanitatis, quod uul
tu, ac uerbis exprimi possit, quam licet humanissi=
me, sic, ut nihil humanius, eo uultu, qui facile gra
tiam ineat, beneuolentiam conciliet, hominum ani
mos amore deuinciat, ad amandum alliciat.

Accidenti.

L'humana uita è sottoposta, è soggetta, soggiace a mil
le accidenti: mille accidenti alla uita humana soura-
stanno: possono all'huomo incontrare, intrauenire,
auuenire, occorrere mille accidenti: qualunque na
sce, mille accidenti, e uarij casi, e gran diuersità
di fortuna aspetta.

Innumeris fortunae telis proposita est, exposita
est, patet hoīum uita: impendēt, imminēt hoīum uitæ
casus plurimi: euentus rerū uarij singulis prope ho
ris extimescendi: quisquis uitā ingreditur, in hanc lu
cē prodit, spūm e caelo ducit, huius lucis usura frui
tur, eū casus innumerabiles manēt, ei & quae uelit,
& quae nolit exspectāda multa sūt, eius animus ex
uario rerum euentu perpetuo fluctuet, necesse est.

Accommodare.

Vorrei che tu mi accommodassi di una camera, che tu
mi seruissi, mi dessi cōmodità di una camera, mi con
cedessi una camera, mi dessi luogo in una camera.

Velim mihi cōmodes, accomodes de cubiculo: si
mihi cubiculū cōcesseris, meo cōmodo consules: sinę
me uti cubiculo tuo: liceat mihi, cubiculo a te cōces=
so, tuo

so tuo beneficio frui, tua hūanitate, ac liberalitate.

Accompagnare.

Occorra ciò che uuole, io ti accōpagnerò del continuo, io ti farò sempre a canto, a' fianchi, farò teco, ti terrò compagnia, ti accompagnerò, da te non partirò mai, non mi scosterò, non mi separerò.

In omni te fortuna comitabor, tibi comes ero, me tibi comitem adiungā, aßiduum me comitem habebis, haerebo tibi, haerebo lateri tuo, a latere tuo nō discedam, non diuellar, semper, nūquam non, in omni tempore ac loco, aßidue, aßiduus tecum ero, numquam abs te seiungar, digrediar, recedam.

Accrescere.

Accrebbe Pompeio grandemente l'imperio Romano, aggiunse molti paesi all'imperio Romano, fece assai maggiore, che prima non era, l'imperio Romano, allungò i termini dell'imperio Romano, grande accresciméto fece all'imperio Romano: crebbe molto l'imperio Ro. diuenne maggiore, accrebbe le forze sue, a maggior poßāza p opera di Pōpeio peruēne.

Valde Pompeius auxit, amplificauit imperiū R. protulit, produxit, protendit imperij R. terminos, multū addidit, adiūxit ad imperiū R. multas regiones ī populi R. potestatē redegit, populo R. subegit, ad populi R. ditionē adiūxit: magna per Pōpeiū ad imperij R. uires, ad opes populi R. acceßio facta est.

Accusare.

Benche Catone Censorio a niuno fosse inferiore di bontà, nondimeno fu accusato cinquanta uolte, fu chiamato in giudicio, sostenne il trauaglio di cinquanta accusa=

accusationi, fu reo, fu constretto a dar cõto della uita sua, a prouare la sua innocenza, a giustificarsi dell'opere sue.

Cato, cognomēto Censorius, qui Censorij cognomen tulit, qui Censorius est nūcupatus, qui Censorij cognomine usus est, cum nemini esset probitate inferior, neminem haberet integritate superioremnemini de probitate concederet, bonitate inter omnes excelleret, praestaret, quinquagies tamen accusatus est, in iudicium uocatus est, postulatus est, ei dicta dies est, eius nomen delatum est, caussam dixit, uitae suae, actorum suorum, rerum a se gestarum rationem reddere, uitam suam, atque innocentiam probare coactus est, subijt iudicium, uenit in iudicium, reus fuit, reus factus est, sedit reus, sedit reorum loco, iudicum tribunal adiuit, accusatorū audijt impura maledicta, acerba conuicia, accusationis molestiam sustinuit.

Tu uieni accusato di auaritia: sei ripreso, incolpato, biasmato, uituperato, infamato, notato, tassato del uitio dell'auaritia: uien detto mal di te, come di auaro huomo, di persona troppo ingorda alla robba, troppo desiderosa di hauere.

Auaritiae nomine male audis: auaritiae flagras infamia, laboras infamia: auaritiae tibi crimē obijcitur, exprobratur; in te cōfertur auaritiae culpa: tibi auaritiae nota inuritur: suspectus in primis es auaritiae nomine: accusaris reprehēderis, exagitaris, ut in auaritiā pronior, ad auaritiā procliuior, ut homo diuitiarū nimis appetēs, īmoderate sitiens,

A 3 supra

supra modum cupidus, cupidior quā satis est, auidior quam satis est, nimius in diuitiarū cupiditate.

Adoperare.

Adopererò tuo fratello in ogni cosa, userò l'opera di tuo fratello: mi ualerò, mi seruirò di tuo fratello.

Vtar ad oīa tuo fratre: utar opera fratris tui: fratri me tuo committam, tradam: si quid agendū erit, per fratrem tuum ut agatur, operam dabo.

Adulatione.

Non creder ch'io ti dica questo per farti piacere, per acquistarmi la tua gratia, per mettermiti in gratia, per andar a uerso, per compiacerti.

Noli putare, me hoc auribus tuis dare, gratiā tuam aucupari, hoc me loqui ad uoluntatem, me uelle tuis auribus inseruire, me esse blandum, assentatione uti, assentationis artificio tuam gratiam quaerere: ne me putes ficte loqui ad colligendam beneuolentiam tuam, ut gratiam a te ineam, te mihi ut adiungam, tuam in amicitiam ut me penitus insinuem.

Affanno.

Graue affanno sostenne Cicerone per la morte della figliuola, gran cordoglio prese, acerba passione sostenne, fiera doglia pati, grandemente si addolorò, si afflisse.

Doloris plurimū Cicero hausit, accepit, cepit, tulit, ex morte, ex obitu, ex interitu filiae: grauiter est affectus, magna solicitudine affectus est, uexatus est, oppressus est: ita doluit, ut nemo magis: tam doluit, quam qui maxime: obitum filiae tulit acerbissime,

cos miserijs oppressos, leuare aequum est, ius est, decet, conuenit: si quod in malum ceciderit amicus, accurrere, & erigere iacentem debemus.

Aiuta la patria, che ruina: soccorri alla ruina della patria: sostenta la patria, che cade: porgi rimedio a gli ultimi mali della patria.

Fer opem occidenti patriae: excipe cadētem patriam: medere patriae, grauißime laboranti: eripe summis e miserijs patriam: auxiliare, auxilium affer, auxilio sis patriae: adiuua patriā: noli patriae deesse: noli committere, ut patriā deseras, ut auxiliū tuum patria desideret in tā aduersa fortuna, in tantis malis, calamitatibus, infortunijs, miserijs, tam duris, miseris, tristibus, perditis temporibus.

Allegrezza.

Tāta allegrezza riceuo dalle cose tue, quāto dalle proprie mie: le cose tue niente meno mi rallegrano, che le mie: mi porgono quella allegrezza, mi apportano quella contenzza, mi danno quel piacere, quel diletto, quel conforto, che sogliono le mie: riempiono l'animo mio di allegrezza, giouano all'animo mio, sonomi grate diletteuoli, e care le cose tue al pari delle mie: prendo allegreza, riceuo contentezza, piglio diletto, traggo conforto dalle cose tue, come dalle mie.

Laetitiā ex rebus tuis eandem, quā ex meis, nihilo minorem, quam ex meis, capio, accipio, percipio, suscipio, sumo, haurio: laetitia me afficiunt res tuae aeque ac meae, pariter ac meae, non minus quā meae, non secus quā meae, non secus ac meae, non secus

gente	211	Manifesto	215
Lodar la pace	211	Mattina	216
Lodar un parere	211	Messo fidato	216
Lodato	211	Metterſi in uiaggio	216
Lode d'ingegno	211	Moderarſi	216
Lode importante	211	Moderato	216
Lode meritata	211	Molto	216
Lode nata	212	Morire	216
Lontananza	212	Morte commune	217
Lontano	212	Moſtra di ſoldati	217
		Moſtrar animo	217
		Muro feſſo	218

M

Maeſtro	212	Mutar animo	218
Magiſtrato.	213	Mutar opinione	218
Magiſtrato, be gouernato	213	Mutatione niuna	218
Mai	213		
Malcontento	213		
Malignità	213		

N

Malinconia	213	Natura	218
Maluagi	214	Natura conforme	219
Maluagità	214	Natura gentile	219
Maluagi uffici	215	Naturale coſtume	220
Mancamento di ufficio.	215	Negligenza	220
		Nobile	220
Mangiar poco	215	Nouità	220
Mangiar troppo	215	Numero maggiore.	220
Maniera di operare	215	Nuocere	220
Maniera di uita	215		

O

Bligo 221
Obligo accresciuto. 221
Occasione 221
Occasione perduta 222
Occorrenza 222
Occultamente 222
Occupato 222
Odiato 222
Odio 222
Offendere 223
Offerta 223
Oggetto 225
Operare 225
Operare honoratamente 225
Operare contra l'honore 226
Operare in seruigio di uno 227
Opinione 227
Opinione buona 227
Opinione difesa 228
Opinione di molto tempo 228
Opinione diuersa 228
Opinione falsa 229
Opinione istessa 229
Opinione lasciata 229
Opinione mutata 230
Opinione stimata 230
Opinione uniuersale 231
Opinione utile 231
Ordinare 231
Ottenere 231
Ottener desiderio 232

P

Paese 232
Pagare 232
Parentela 232
Parer buono 233
Parlar lungamente 233
Parlar poco 234
Participare 234
Partire 234
Partire della patria 234
Partito 235
Partito cattiuo 235
Partito lodeuole 236
Passione 236
Passione niuna 236

Pas-

Passione niuna	236	Pingere eccellentemente	
Passi strani	237	250	
Passo chiuso	237	Poco	251
Paura	237	Poesi	251
Pazzo	238	Portarsi bene	251
Peccato	238	Porto	252
Pena scapolata	239	Possesso	252
Pensare attentamente		Potenza	252
239		Poter molto	252
Pensar molto	240	Poter ottenere	253
Pensieri	241	Potestà	253
Pensiero	241	Prattiche	253
Pensiero grande	242	prattico	254
Pensiero lasciato	242	Pregare	255
Pensiero uano	242	Pregar supplicheuolmen=	
Pensiero di nuocere		te	256
243		Prezzar molto	256
Per amor tuo	243	Prezzo grande	256
Perdere	243	Principio	256
Perdere l'animo	244	Principio di honore	257
Perdita	245	Prolongare	257
Perdita niuna	245	Promessa osseruata	257
Per far piacere	246	Promettere	258
Pericolo	246	Promettere sopra di se	
Perseueranza	247	258	
Persuadere	248	Pronostico	258
Piacere dannoso	248	Prouedere	258
Piangere	249	Prudenza	259
Pieggeria	250	Publica utilità	259

Pu=

Punire 260

Q

Qualità 260

R

Accommandare 261
Racquistar l'amicitia 264
Ragionamento incerto 264
Ragionar con lotano principio 265
Rallegrarsi 265
Rappacificato 266
Recarsi in se stesso 267
Reggersi a modo altrui 267
Render ingiuria 268
Republica 268
Resistere 269
Rettore 270
Ribellare di nuouo 270
Ricambiare 270

Ricchezze 271
Ricco 272
Ricompensa 273
Redursi a tale 273
Ridursi in ultima miseria 274
Riguardo 274
Rimunerare 275
Rimuouere 275
Rinouare 276
Riportar le parole 276
Riposo 276
Riprendere 276
Riputarsi 277
Riputatione 277
Risanarsi 280
Rispetto 281
Ristorare 282
Ritornare 283
Riuiere 283
Riuolgere 283
Riuscire contra l'opinione 283
Riuscita buona 284
Robba 284
Rozzo 286
Ruina 286

Sac=

S

Accheggiare	289
Saluezza	289
Salutare	290
Sanità	290
Sapere	290
Saper di certo	291
Satiare	291
Satisfatione uniuersale.	292
Sauiezza	292
Scelerità	293
Sciagura	293
Scorno	294
Scorrerie	294
Scriuer rare uolte	295
Segno	295
Seconda ragione	295
Sentimento perduto	296
Sera	296
Seruigio	296
Seruire a Dio	297
Seruir ne gli studi.	298
Seruirsi di un'amico	298
Sfacciato	298
Sforzarsi	299
Sicurezza	300
Signore	300
Signoria	301
Simulatione	302
Sincerità d'animo	302
Sodisfare	302
Soldati ualenti	302
Somiglianza	303
Sopportar con dispiacere	303
Sospettare	303
Souuenire	304
Souuerchiare	304
Speranza	304
Speranza data	305
Speranza falsa	306
Speranza perduta	306
Speranza, senza cagione	306
Sperare	307
Spesa	308
Sprezzare	309
Sprezzato	310
Stagione	310
Stato auuerso	311
Stato della cosa	312

Sta-

Stato diuerso	312		
Stato honorato	312	**T**	
Stato simile	313		
Stima	313	Tacere	328
Stima grande	314	Tardare	329
Stimar alquanto	315	Temenza	329
Stimar l'opinione di alcu= ni	315	Tempi maluagi	330
		Tempi miseri	330
Stimar piu	316	Tempi prosperi	331
Stimar se stesso	316	Tempo	332
Stimato	317	Tempo allungato	333
Stomaco guasto	317	Tempo buono	333
Strada cattiua	317	Tempo contrario	333
Straniezza	318	Tempo lungo	334
Strano	318	Tempo di mare	334
Straparlare	319	Tempo uerrà	335
Stretti passi	319	Tener con uno	335
Studiare	320	Tener ragione	336
Studi ripigliati	323	Termine	336
Studi tralasciati.	323	Timido	336
		Tornare	337
Studi utili	324	Tornare in amicitia	337
Subitamente	324		
Succeder bene	325	Torto	337
Suenturato	326	Trafficare	337
Superbo	327	Tralasciare gli studi	338
		Tramortito	338
		Trattenere	338

Tra=

Trauagliare	338	Vietare	347
Tribolatione	338	Vigilare	347
Tributario	339	Villa	349
V		Villaneggiare	349
		Vilißimo animo	349
Vacanze	339	Viltà di animo	350
Vago di gloria	339	Vincere	348
		Vincere un eßercito	348
Valerſi	340	Vindicare	348
Vanità	340	Violenza	350
Vano	340	Virtù	351
Vbidire	340	Virtù, con gran forza	351
Vbidire al tempo	341	Virtù, con utilità	352
Vecchiezza	341	Virtuoſo huomo	353
Vecchio	342	Viſo finto	353
Veder un paeſe	342	Vita	354
Vento contrario	343	Vita ben principiata	355
Vergogna	343	Vita ripoſata	355
Vergogna eterna	344	Viuere	355
Veriſimile	344	Viuere aſſai	356
Verità	345	Viuere in miſeria	357
Verno	345	Volontieri	357
Veſtimento	345	Vſanza	357
Vffici cattiui	346	Vſare	358
Vfficio	346	Vſcire	358
Viaggio	346	Vſcire di fatica	358
Vicario	347	Vtile	358

ELEGANZE, INSIEME CON LA COPIA DELLA LINGVA TOSCANA, E LATINA

scielte da Aldo Manutio

A

ABANDONARE.

Er seguire le uoglie altrui, tu abandoni te stesso, e l'util tuo: per sodisfare all'altrui uoglie, lasci la cura di te stesso, e delle cose tue: a gli altri molto, a te stesso poco pensi: per cagione di altri, tu non miri punto, tu chiudi gli occhi, all'util tuo: altrui segui, parti da te stesso.

Alienam uoluntatem ut sequaris, ut alienae uoluntati morem geras, ut alijs satisfacias, aliorum caussa, te ipsum destituis, deseris, derelinquis: de alijs plurimū, de te ipso, tuisq. rebus minime laboras: aliena tibi curae sunt, tua negligis: aliorū rōnes pluris apud te, quā tuae sunt: propēsior ad alios, quā ad te ipsum, tua uolūtas est: quid alijs placeat, quid aliorū e re sit, attendis; ratio rerum tuarum quid postulet, minime cogitas: prae alijs te ipsum negligis: ut sequaris alios, discedis a te ipso, deficis, desciscis.

Accadere,

Se accaderà, che io possa adoperarmi in tuo seruigio, nō mācherò al debito mio: se occorrerà, se auuerrà, se uerrà occasione, se il tēpo porterà, se il biso-

A gno

gno nascerà, se bisognerà, se sic bisogno, se sic dibisogno, se occorrerà il bisogno, se la fortuna occasione porgerà, darà, manderà, offerirà, dimostrerà, metterà inanti, se sic dalla fortuna presentata, offerta, dimostrata occasione, cercherò di confermare le parole con gli effetti.

Si accidet ut operā nauare tibi poſſim, ut opera mea tibi utilis eſſe, e re tua eſſe, in rē tuam eſſe, e cō modo tuo, ex uſu tuo eſſe poſſit, officio meo nō decero, satisfaciam officio meo, officiū meum praeſtabo, nō committam, ut officium meum deſiderari poſſit, ut meae partes requirantur: ſi continget, ſi eueniet, ſi uſu ueniet, ſi res, ſi tempus, ſi occaſio feret, poſtu labit, poſcet, exiget, requiret, ſi occaſio ſe offeret, ſe dabit, ſe oſtendet, offeretur, dabitur, oſtendetur, ſi fortuna feret, occaſionem attulerit, detulerit, praebuerit, oſtenderit, ſi tempus accidet.

Accampare.

Meſſe il campo sotto Padoa: accampò sotto Padoa: conduſſe le genti sotto Padoa: aſſediò, attorniò, circondò, miſſe Padoa in aſſedio.

Apud Patauiū caſtra poſuit, locauit, cōſtituit, fecit: metatus eſt; caſtrametatus eſt; Patauiū obſidione cinxit, obſedit ſuis copijs, ſuo ſaepſit exercitu.

Accarezzare.

Egli accarezza qualunque uà à uiſitarlo, fa carezze, accoglie humanamente, con maniere di amoreuole affetto, e gentilezza ripiene, benignamente, con lieta faccia, uſa benigne accoglienze.

Complectitur, quisquis cum it ſalutatum, quicumque

cumque ad eum honoris cauſſa uenit, accedit, adit:
euntes ad eũ ſalutandi cauſſa, ſalutantes eũ honoris
cauſſa, perhumaniter excipit, hilari admodum, ac
benigno uultu, omni genere humanitatis, quod uul
tu, ac uerbis exprimi poſſit, quam licet humaniſſi=
me, ſic, ut nihil humanius, eo uultu, qui facile gra
tiam ineat, beneuolentiam conciliet, hominum ani
mos amore deuinciat, ad amandum alliciat.

Accidenti.

L'humana uita è ſottopoſta, è ſoggetta, ſoggiace a mil
le accidenti: mille accidenti alla uita humana ſoura-
ſtanno: poſſono all'huomo incontrare, intrauenire,
auuenire, occorrere mille accidenti: qualunque na
ſce, mille accidenti, e uarij caſi, e gran diuerſità
di fortuna aſpetta.

Innumeris fortunae telis propoſita eſt, expoſita
eſt, patet hoĩum uita: impendẽt, imminẽt hoĩum uitæ
caſus plurimi: euentus rerũ uarij ſingulis prope ho
ris extimeſcendi: quiſquis uitã ingreditur, in hanc lu
cẽ prodit, ſpũm e caelo ducit, huius lucis uſura frui
tur, eũ caſus innumerabiles manẽt, ei & quae uelit,
& quae nolit exſpectãda multa ſũt, eius animus ex
uario rerum euentu perpetuo fluctuet, neceſſe eſt.

Accommodare.

Vorrei che tu mi accommodaſſi di una camera, che tu
mi ſeruiſſi, mi deſſi cõmodità di una camera, mi con
cedeſſi una camera, mi deſſi luogo in una camera.

Velim mihi cõmodes, accomodes de cubiculo: ſi
mihi cubiculũ cõceſſeris, meo cõmodo conſules: ſinę
me uti cubiculo tuo: liceat mihi, cubiculo a te cõceſ=
ſo, tuo

Eleganze

ſo tuo beneficio frui, tua hūanitate, ac liberalitate.
Accompagnare.
Occorra ciò che uuole, io ti accōpagnerò del contino-
uo, io ti ſarò ſempre a canto, a'fianchi, ſarò teco, ti
terrò compagnia, ti accompagnerò, da te non par
tirò mai, non mi ſcoſterò, non mi ſeparerò.

In omni te fortuna comitabor, tibi comes ero, me
tibi comitem adiungā, aſſiduum me comitem habebis, haerebo tibi, haerebo lateri tuo, a latere tuo nō
diſcedam, non diuellar, ſemper, nūquam non, in o-
mni tempore ac loco, aſſidue, aſſiduus tecum ero,
numquam abs te ſeiungar, digrediar, recedam.
Accreſcere.
Accrebbe Pompeio grandemente l'imperio Romano,
aggiunſe molti paeſi all'imperio Romano, fece aſſai
maggiore, che prima non era, l'imperio Romano,
allungò i termini dell'imperio Romano, grande ac-
creſcimēto fece all'imperio Romano: crebbe molto
l'imperio Ro. diuenne maggiore, accrebbe le forze
ſue, a maggior poſſāza p opera di Pōpeio peruēne.

Valde Pompeius auxit, amplificauit imperiū R.
protulit, produxit, protendit imperij R. terminos,
multū addidit, adiūxit ad imperiū R. multas regio
nes ī populi R poteſtatē redegit, populo R. ſubegit,
ad populi R. ditionē adiūxit: magna per Pōpeiū ad
imperij R. uires, ad opes populi R. acceſſio facta eſt.
Accuſare.
Benche Catone Cenſorio a niuno foſſe inferiore di bon
tà, nondimeno fu accuſato cinquanta uolte, fu chia
mato in giudicio, ſoſtenne il trauaglio di cinquanta
accuſa-

accusationi, fu reo, fu constretto a dar cōto della ui
ta sua, a prouare la sua innocenza, a giustificarsi
dell'opere sue.

Cato, cognomēto Censorius, qui Censorij cogno
men tulit, qui Censorius est nūcupatus, qui Censorij
cognomine usus est, cum nemini esset probitate infe
rior, neminem haberet integritate superiorem nemini de probitate concederet, bonitate inter omnes
excelleret, praestaret, quinquagies tamen accusa=
tus est, in iudicium uocatus est, postulatus est, ei di
cta dies est, eius nomen delatum est, causſam dixit,
uitae suae, actorum suorum, rerum a se gestarum
rationem reddere, uitam suam, atque innocentiam
probare coactus est, subijt iudicium, uenit in iudi=
cium, reus fuit, reus factus est, sedit reus, sedit
reorum loco, iudicum tribunal adiuit, accusatorū
audijt impura maledicta, acerba conuicia, accu=
sationis molestiam sustinuit.

Tu uieni accusato di auaritia: sei ripreso, incolpato,
biasmato, uituperato, infamato, notato, tassato del
uitio dell'auaritia: uien detto mal di te, come di
auaro huomo, di persona troppo ingorda alla robba, troppo desiderosa di hauere.

Auaritiae nomine male audis: auaritiae flagras
infamia, laboras infamia: auaritiae tibi crimē obij
citur, exprobratur; in te cōfertur auaritiae culpa:
tibi auaritiae nota inuritur: suspectus in primis es
auaritiae nomine; accusaris reprehēderis, exagita
ris, ut in auaritia pronior, ad auaritiā procliuior,
ut homo diuitiarū nimis appetēs, īmoderate sitiens,

A 3　　　supra

cos miserijs oppressos, leuare aequum est, ius est, de
cet, conuenit: si quod in malum ceciderit amicus,
accurrere, & erigere iacentem debemus.
Aiuta la patria, che ruina: soccorri alla ruina della
patria: sostenta la patria, che cade: porgi rimedio
a gli ultimi mali della patria.
 Fer opem occidenti patriae: excipe cadētem pa
triam: medere patriae, grauißime laboranti: eripe
summis e miserijs patriam: auxiliare, auxilium af=
fer, auxilio sis patriae: adiuua patriā: noli patriae
deesse: noli committere, ut patriā deseras, ut auxiliū
tuum patria desideret in tā aduersa fortuna, in tan
tis malis, calamitatibus, infortunijs, miserijs, tam
duris, miseris, tristibus, perditis temporibus.
    Allegrezza.
Tāta allegrezza riceuo dalle cose tue, quāto dalle pro
prie mie: le cose tue niente meno mi rallegrano, che
le mie: mi porgono quella allegrezza, mi apporta=
no quella contenzza, mi danno quel piacere, quel
diletto, quel conforto, che sogliono le mie: riem=
piono l'animo mio di allegrezza, giouano all'ani=
mo mio, sonomi grate diletteuoli, e care le cose tue
al pari delle mie: prendo allegreza, riceuo conten=
tezza, piglio diletto, traggo conforto dalle cose
tue, come dalle mie.
 Laetitiā ex rebus tuis eandem, quā ex meis, ni=
hilo minorem, quam ex meis, capio, accipio, perci
pio, suscipio, sumo, haurio: laetitia me afficiunt res
tuae aeque ac meae, pariter ac meae, non minus quā
meae, non secus quā meae, non secus ac meae, non se
          cus

cus atq. meae, haud aliter ac meae: tuae me res ef=
ferunt laetitia, gaudiũ mihi afferunt, pariunt, prae
bent, uoluptate me perfundunt itidem ut meae: tuis
rebus, ut meis, afficior: quae meis rebus, eadem mi=
hi e tuis oritur iucunditas, uoluptas, delectatio, lae=
titia, gaudium: tuis rebus ita laetor, ut meis.

Allungare.

Tu cerchi di allungare, di prolungare, tirare in lungo,
menare in lungo, condurre piu oltre, tener sospesa,
sospendere, trattenere, differire la cosa, mettere in =
dugio nella cosa, dare indugio alla cosa, ritardare
l'effetto della cosa.

Id agis, ut rem extrahas, ducas, producas, protra
has, differas, proferas, proroges, protendas, in aliud
tempus reijcias, protrudas, ut rem suspendas, susti=
neas, ut rei moram facias, moram inijcias, ut rei exi
tum moreris.

Vedi, che non mi si allunghi il tempo di questo gouer=
no, che non mi si aggiunga tempo in questo gouer=
no, che non mi cresca, non diuenga maggiore, che
piu lungo non mi si faccia il tēpo di questo gouerno.

Vide, ne quid mihi ad hoc negotiũ tēporis acce=
dat, ne tēpus addatur, ne qua fiat accessio tēporis,
ne quid mihi tēporis in hoc negotio, in hoc munere,
in hac administratione prorogetur; ne fiat longior,
ne ducatur longius, ne sit diuturnior haec admini=
stratio.   Altiero.

Altiero sei per la robba ch'hai, nõ per tue proprie qua
lità: nasce la tua superbia dalla robba, nõ da quali=
tà, che siano in te: superbo ti rendono le ricchezze,
e non

e non i tuoi meriti, o ueruna tua buona parte.

Tuae te efferunt diuitiae, nõ tuae propriae uirtu
tes:insolentia tua,arrogantia,superbia non ex ani=
mi,nõ ex ingenij tui praestantia, sed ex opibus tuis
manat:istam insolentiam,elationem animi, spiritus
immoderatos in te parit nõ ulla tua singularis, aut
praecipua facultas,meritorum ue conscientia, sed
copiae,diuitiae,opes, res domestica plus aequo ma
ior, commodorum abundantia : animos tibi facit,
tollit te ad istam animi intemperantiam res fami=
liaris,non ulla tua propria bona,non artis honestae
scientia, aut uirtutis ulla possessio.

Amabile.

Egli è degno di essere amato : merita di essere amato :
ha qualità, condicioni, parti, che amabile lo rendo
no,che degno di amore lo fanno:egli è tale, che de=
ue ogniuno amarlo.

Est, qui ametur:dignus est,qui diligatur: amore
hominum dignus est:sunt in illo,quae amorem con=
cilient: possidet,quae ad colligendã beneuolentiam
ualent:ad alliciendas uoluntates, animos adiungen=
dos,comparanda hominum studia nihil desiderat,
nihil in eo requiras, nihil ei deesse dicas: causas
amoris in eo plurimas, odij nullam inuenias: ferreus
sit, auersus ab humanitate, expers humanitatis,
prorsus homo non sit, qui non illum amet, amore
complectatur.

Amalato.

Egli era amalato per la fatica de gli studi: era cadu=
to in

to in malatia per cagione de gli studi: era infermo per troppo studiare: giaceua a letto per lo studio immoderato.

Aegrotabat ex labore studiorum: iacebat ob studiorum labores: morbo languebat ex intemperantia studiorũ: male se habebat, inciderat in morbum, quod immoderate studijs uteretur, quod ei studiorum modus esset nullus, quia minime sibi parceret in studijs: affectus grauiter est, ualetudine utitur aduersa, decumbit oppressus morbo, laborat morbo, ualet pessime ex nimia studiorum consuetudine, ex immoderato usu.

Amazzare.

Oreste amazzò, uccise, priuò di uita di sua propria mano la madre Clitennestra.

Orestes parentem Clytemnestram sua manu defodit, confodit, perfodit, uita exsuit, priuauit, morte affecit, puniuit, multauit, ultus est, uindicauit, interfecit, interemit, occidit, cecidit, peremit, trucidauit, obtruncauit; parenti uitam eripuit, mortem obtulit, attulit, intulit, uim intulit, attulit, manus attulit, intulit.

Amicissimo.

Mostrerotti con gli effetti, che io ti sono amicissimo, affettionatissimo, amico singolare.

Nullum erga te officium hominis amantissimi praetermittam: meam in te non mediocrem, non uulgarem, eximiam, summam, singularem, incredibilem beneuolentiam re declarabo, ostendam, patefaciam,

*tefaciam, quouis officiorum genere testificabor,
testatam apud te relinquam, tibi probabo, sic offi
cijs, ac studijs illustrabo, ut eam et tu, et omnes
clarißime cernant, ut ea tibi, atque adeo cunctis
hominibus clarißime pateat.*

Cicerone, e Catone erano stretti amici, e parimente
amauano la republica.

*Erant Cicero & Cato & amicitia, & sensibus
in rep. coniunctißimi: amabant inter se uehementer
Cicero & Cato, & erant pariter in remp. animati,
& erant sensibus in rep. consentientibus.*

Nō posso esser tuo amico piu di quello, ch'io sono, per
tutte le cagioni: son tenuto ad amarti oltra modo
per tutte le cagioni: ogni cagione mi costrigne a
portarti somma affettione: per tutti i cōti, per ogni
rispetto debbo esserti affettionato grandemente,
amarti cordialmente.

*Omnibus tibi necessitudinis caußis coniunctus
maxime sum: omnes mihi necessitudinum caussae,
omnia necessitudinis summa iura, omnes necessitu=
dines intercedūt: mihi tecū omnia sunt: ita multae
mihi tecū necessitudinis caussae sunt, ut nihil poßit
esse coniunctius: amo te singulariter omnibus de
caußis: omnibus ad te amandū caußis adducor, mo
ueor, impellor: caussam tui diligendi nullam nō ha=
beo: quid est, cur te nō etiam atque etiam diligam?*

Amicitia grande.

Ho con lui strettißima amicitia: è perfetta, è giunta
al sommo, è tale, che maggiore essere non può la no
stra amicitia.

Artißimo

Artiſsimo neceſsitudinis uinculo coniuncti ſu=
mus: nihil eſt noſtra neceſsitudine coniunctius: quo
amoris uinculo adſtricti ſumus, eo nihil poteſt eſſe
artius: id ciuſmodi eſt, ut laxari nullo modo poſ=
ſit:peruenit ad ſummum amicitia noſtra: aucta ſic
eſt, ita iam creuit noſtra coniunctio, ut nihil ad eã
poſsit accedere: quod uinculum, quod ſtudij genus,
aut officij, quae omnino res amori noſtro, amici=
tiae, coniunctioni, neceſsitudini deeſt ? in amicitia
noſtra requiri, aut deſiderari poteſt ?
Facemmo amicitia tra noi infin quando erauamo gio=
uanetti:hebbe principio la noſtra amicitia infin al
tempo della noſtra giouanezza: cominciammo ad
amarci infin dalla noſtra prima giouanezza.
Amicitia eſt inter nos inita, inſtituta, contracta
iam inde a prima adoleſcentia: amare coepimus in
ter nos iam tum, cum adoleſcentuli eſſemus: in ami
citiam coiuimus a primis adoleſcẽtiae annis: ortus
eſt inter nos amor, cum ex ephebis uix dum exceſ=
ſiſſemus, eſſemus egreſsi: amicitiam iunximus, ani=
mos noſtros amore iunximus iam ab illo tempore,
cum annos adoleſcentiae primos attigiſſemus.

Amore.

Io ti amo ſommamente, al pari di me ſteſſo, di ſingolar
amore, quãto amare ſi poſſa: a niuno cedo in amar=
ti: l'affettione, che ti porto, è peruenuta al ſommo:
tra quelli che ti amano, io mi do a credere di eſſer
il primo, di non eſſer il ſecondo, di tener il principa
to, il primo grado: come poſſo io manifeſtar con pa
role

role l'amor mio uerſo di te, eſſendo egli coſì grāde, che a pena col penſiero l'abbraccio ſ'amoti di cuo=
re, con tutto l'animo, oltra modo, ſenza miſura, ſenza fine.

Summe, uehementer, ualde, magnopere, maxi
mopere, maxime, etiam atque etiam, mire, mirifice, incredibiliter, unice, ſingulariter, egregie, inſigni=
ter, ex animo, ex intimo ſenſu, cū primis, in primis, apprime, praecipue, admodum, opido, maiorem in modum, mirum in modum, minime uulgariter, non mediocriter te diligo: in te amando nemini conce=
do: qui te uehementius diligat, concedo nemini: be=
neuolentia in te mea ad ſummum peruenit: amor in te meus is eſt, ita accumulatus eſt, ut addi nihil poßit: amorem in te meum uerbis exprimere qui poſſum, quem cogitatione uix complector, cuius ma
gnitudinem uix mente comprehendo: amorem in te meum cogitatione fortaſſe conſequi, complectiq́ poſſum, uerbis quidē exprimere, explicare, expro=
mere profecto non poſſum: aeque, ſimiliter, pariter ac me ipſum, itidem ut me ipſum, non aliter ac me ipſum, non ſecus ac me ipſum, itidem ut me ipſum, te diligo: ſic te diligo, ut neminem magis, ne me ipſum quidem: cum te multi diligant, omnes tamen in amore uinco, principatum appeto, pri=
mas partes mihi uindico, principem locum obti=
neo: fero te in oculis: mihi es in amoribus: nihil mihi eſt te carius: ſecundum Deum, poſt Deum, excepto Deo, cum a Deo diſceßi, nemo mihi eſt te
B   carior:

carior: ego te ut oculos meos, aut ſi quid oculis eſt carius, diligo: ſingulari erga te animo ſum : ut pater in filium, item ego in te ſum animatus: habeo te filij loco: amor in te meus tantus eſt, quantus poteſt eſſe maximus: haeres mihi in animo, in medullis, in intimis ſenſibus : ſingulari ſum in te beneuolentia: primum in amore Deum, te habeo proximum.

Amore ſcambieuole.

Noi ci amiamo l'un l'altro parimente, ſcambieuolmente, egualmente, ſimilmente, ſimigliantemente, di pari amore, di ſcambieuole amore.

Mutuo amamus inter nos, pariter, aeque, ſimiliter, uiciſsim, amore nõ diſsimili, mutuo, pari: par uoluntas ab utroque noſtrum accipitur, ac redditur.

Tu non hai moſtrato di eſſermi quel uero amico, ch'io ſono a te: non ho conoſciuto l'animo tuo eguale al mio: ho ueduto, che l'amor tuo al mio non è pari, non pareggia il mio, non ua di pari col mio, non corriſponde al mio, è inferiore al mio.

Animus tuus in amore mihi non reſpondit: parem in me beneuolentiam minime declaraſti: mutuae beneuolentiae ſignificationem non dediſti: non eſſe te mutuo erga me animo, non aeque, atque ego ſum in te, animatum, demonſtraſti: tuum in me amorem non eſſe cum meo conferendum, inferiorem eſſe meo, infra meum eſſe, indicaſti.

Andare.

Andauano dal Re Deiotaro: era il uiaggio, il camino, la uia loro al re Deiotaro: erano incaminati,
inuiati,

Toscane e Latine.

inuiati, indirizzati al re Deiotaro: giuano dal re Deiotaro: tirauano alla uolta del re Deiotaro.

Ibant, proficiscebantur, commeabant, iter habebant, ad regem Deiotarum: petebant, adibant Deiotarum: adibant ad Deiotarum: conferebant se, recipiebant se ad Deiotarum: erat illorum iter Deiotarum uersus, siue ad Deiotarum uersus, ut ueteres loquebantur. dixit enim Coelius in epist. ad Ciceronem: Iter mihi retro ad alpes uersus incidit.

Animo.

Vorrei sapere particolarmente l'animo di tutti uerso me, qual sia l'animo di ciascheduno uerso me, che animo habbi, di che animo sia, di che dispositione di animo, com'è disposto ciascheduno uerso me.

Scire uelim, quo quisque in me animo sit, ut quisque sit erga me animatus, affectus, qui cuiusque sit erga me animus, qui sensus, quae uoluntas: sensum cuiusque nosse, tenere, callere uelim, patere mihi uelim.

Animo dubioso.

Io mi trouo tra due pensieri: sto con l'animo dubioso, incerto, irresoluto, sospeso, a due cose diuersamente inclinato: non so che mi fare: trouomi a dubioso partito: non ueggio a qual partito m'appigli: pendo con l'animo in questa parte, e 'n quella: e tirato l'animo mio da diuersi pensieri: non so risoluermi, deliberare, pigliar partito.

Ancipiti cura distrahor, iactor, uersor: animi pendeo: incertus animi sum: pēdet animus, inclinat huc illuc, fluctuat, iactatur, incertus est: quid consilij capiam, utram in partem me dem, ignoro: explicare consilium, expedire me ex hac deliberatione, exitum meae cogitationis inuenire non possum: distrahunt me diuersa consilia: in utranque partem ita multa succurrunt, ut difficilis admodum sit, minime expedita, minime explicata, minime explorata, minime certa, perobscura, haud satis aperta deliberatio.

Animo grande.

Conosco la grandezza dell'animo tuo, l'altezza, l'eccellenza, il ualore, le forze: so, quanto grande sia l'animo tuo, quanto tu sia animoso: emmi nota la grandezza dell'animo tuo.

Noui magnitudinem animi tui, firmitatem, constantiam, uim, robur, fortitudinem, excellentiam, praestantiam, altitudinem, sublimitatem, excelsitatem: noui, quàm forti animo sis, quam constanti, ac firmo, quam non demisso, non humili, non imbecillo, non fracto, quam ad omnem euentum, ad omnes casus ferendos, ad omnem fortunam, ad omnes temporum motus, uicissitudinesq. stabili, ac parato.

Volontieri fo amicitia con gli huomini animosi: emmi cara l'amicitia de gli huomini animosi: ho caro di hauere amici gli huomini animosi: tirami l'animo ad amare gli huomini animosi.

Praestantis animi uiros libēter complector: quorum animus uiget, qui animo uigent, qui uigore animi praestant, quorum animus excellit, qui animo mo excellunt, qui sunt excellenti animo, sunt excellenti animo praediti, sunt excellentis animi; in quibus est animi excellentia quaedam, praestantia, altitudo, excelsitas, sublimitas, robur, uis, cum his libenter amicitiam contraho, ineo, coeo, instituo, iungo; eos facile amo, amicos mihi libenter adiungo, applico me, adiungo me libenter ad eorum amicitiam, sponte mea, & inductione quadam animi ad eorum amicitiam accedo, ad eos amandos propendeo, inclino, me do.

Animo picciolo.

Doue è un picciol animo, iui desiderio di gloria nõ può nascere: da basso animo non sorge la gloria: non può un'animo debole partorire desiderio di gloria.

Ex humili animo, abiecto, pusillo, exsili, ieiuno, angusto gloriae cupiditas non emergit, exoritur, exsistit, effluit: angustos animos ampla & praeclara cogitatio non ingreditur.

Animo ripigliato.

I tuoi honorati fatti hanno dato ardire a coloro, che prima temeuano: per le tue degne opere hanno ripreso ardire, si sono rassicurati, hanno deposto ogni temenza, lasciato la paura, discacciato il timore.

Tuis praeclaris actionibus, qui antea timebant, excitati sunt, recreati, ad bonam spem, ad fortitudinem reuocati, animos receperunt, recuperarunt, collegerunt, reuocarunt.

Animo riposato.

Tu non potresti credere, in quanto riposo di animo, con

con quanta contentezza hora io mi uiua, quanto io sia hora senza passione di animo, in che tranquillo stato l'animo mio goda se stesso.

Vix credas, quam aequo animo sim, qua fruar quiete, quam sit animus meus omni cura uacuus, ac liber, omni cura uacet; ab omni cura procul absit, quam sit tranquillus animi mei status; quam tranquille se ipso fruatur animus meus: aequitatem animi mei coniectura uix assequare, cogitatione haud facile comprehendas.

Animo sincero.

Ho l'animo schietto, diritto, aperto, non simulato, non finto, non coperto d'inganno, d'artificio: io non so fingere: non è mio costume di simulare: amo la semplice uerità: sonomi nemiche le fraudi, le simulationi, e quelle arti, che ingannano con l'apparenza, e nascondono il uero.

Simplex mihi animus est, directus, apertus, nulla simulatione tectus, aut arte coloratus: simulationẽ, simulandi studium mea natura, mea consuetudo respuit: neque libenter, neque facile fingo: simplicem ueritatem amo: odi artes, quibus ueritas ut inuolucro quodam obtegitur.

Ant'uedere.

I saui ueggono di lontano le cose future; antiueggono quello che dee auuenire, ueggono quasi con gli occhi gli auuenimenti futuri, arriuano col pensiero alle cose future: a'saui le cose lontane sono presenti, a guisa delle presenti sono manifeste.

Sapientia

*Sapientia praediti longe in posterum prospi-
ciunt, res futuras, ut praesentes, intuetur, tamquam
oculis cernunt: sapientibus euenta rerum patent, an
te oculos futura sunt: sapientes praecipiunt animo futura, coniectura futuras res assequuntur, ea,
quae impendent, tamquam ex aliqua specula,
prospiciunt.*

Apparenza.

I giouanetti si dilettano dell'apparenza: piace a' gio-
uaneti l'apparenza.

*Specie capitur adolescentia, oblectatur, gaudet,
laetatur: speciem amant adolescentes.*

Arrischiare.

Non uoglio arrischiare la salute della republica, non
intendo di uoler mettere a rischio, in pericolo, in du
bio, in dubioso stato, a pericoloso partito la saluezza publica.

*Nolo summam remp. salutem reipublicae, publi
cam rem in discrimen, in dubiam fortunam adducere, deducere: non committam, ut incertam fortuna
resp. subeat, ut periclitetur reip. salus, ut in dubium
uocetur, in periculum, in discrimen ueniat.*

Arroganza.

Troppo ti stimi, ti tieni in pregio, piaci a te se stesso.
Nimium tibi tribuis, arrogas, assumis.
Vedi la parola Superbo.

Ascoltare.

Perche ascolti tu costoro: per qual cagione a costoro
dai orecchie: perche sei cotanto patiente in ascol-
tarli,

tarli, in udirli?

Cur ad istorum sermonum aures tuae patent? horum sermonibus aures praebes? cur hi tuis auribus utuntur aequißimis? cur te tam facilem habent in audiendo? cur tantam audiendi molestiam aures tuae sustinent?

Assalire.

Gli assaßini di nascosto assaliscono i uiandanti, si auuentano a' uiandanti, impetuosamente corrono contra a' uiandanti, uanno contro a' uiandanti.

Latrones ex insidijs, ex occultis locis, subito, repentino, improuiso, nec opinato impetu uiatores aggrediuntur, adoriuntur, inuadunt, petunt, uiatoribus inuadunt, in uiatores inuadunt, irruunt, impetum faciunt, impreßoné faciunt, incurrunt, insiliunt, sese immittunt, sese inijciunt, sese inserunt.

Assassinare.

Coloro, a' quali maggior fede io daua, mi hanno assassinato, tradito, hannomi fatto tradimento, con insidie mi hanno distrutto, e ruinato.

Quorum ego fide nitebar maxime, quibus ego fidei habebam plurimum, quibus apprime credebam, quorum in fidem multum ponebam, quorum esse mi nime dubiam, aut infirmam fidem existimabam, ij mihi insidias fecerunt, insidiose uim, damna, ignominiam intulerunt, obtulerunt, insidiose me tractarunt, insidijs petiuerunt, oppresserunt, prodiderunt, a me defecerunt, desciuerunt.

Assedio.

Assedio.

Camillo liberò Roma dall'assedio de' Francesi, trasse Roma dall'assedio de' Francesi, mise in libertà Roma, assediata, attorniata, cinta, oppressa dall'essercito de' Francesi, leuò d'intorno Roma l'essercito de' Francesi, leuò i Francesi dall'assedio di Roma, leuò il capo de' Francesi d'intorno a Roma, discacciò i Francesi, che Roma assediauano, diede a Roma, assediata da' Francesi, la libertà, e la salute.

Camillus urbem Romam obsidione Gallorum exemit, liberauit, ab obsidione uindicauit, ex obsidione eripuit, obsessam, saeptam, copijs Gallorum undique cinctam, oppressam liberauit, in libertatem restituit, libertati restituit, libertate donauit, liberam reddidit, seruauit, seruauit incolumem, saluam incolumemq. reddidit, salute atque incolumitate donauit, Gallos, urbem obsidentes, obsidione prementes, urbis libertati, castris circa collocatis, imminentes, obsidionis corona cingentes, circumsidentes, castris positis ad urbem sedentes expulit, eiecit, in fugam conuertit, disiecit, fugauit, dissipauit, summouit, sudit, fugauitque.

Asicurare.

Io non uoglio punto asicurarti dalla uiolenza: nõ prometto, che tu non sia per sostenere qualche uiolēza: nõ ti rēdo sicuro dalla uiolēza: nõ ti fo certo, non ti do certezza, sicuramēte non ti affermo, che non debba esserti fatta alcuna uiolenza.

Ego tibi à ui praestare nihil possum : uim tibi
nullam

nullam factum iri, illatum iri, allatum iri, oblatum iri, pro certo non polliceor, plane non affirmo: tutū a ui te futurum, ne pro certo existimes: nullam fore uim, explorate, asseueratēr, certo promittere nō audeo: ea te cura prorsus nō libero, non eximo, eam tibi curam plane non eximo, non adimo, non aufero, ne quando tibi uis inferatur ulla, ne quam aliquando uim feras, sustineas, patiare, sentias, experiaris, ne quid a iquando per uim patiaris.

l'Assolutione.

Molte uolte gli huomini maluagi, colpeuoli, e nocenti, per difetto, mancamento, uitio, colpa, ingiustitia, perfidia, scelerità, maluagità de' giudici sono assoluti, liberati dal giudicio, dal supplicio meritato, dalla douuta e giusta pena, non sono puniti, fuggono la pena, non pagano le douute pene, scappolano la pena, partono dal giudicio senza pena, non sono condennati, sono riputati, sono giudicati innocenti.

Saepe homines improbi, culpae, criminum, delictorum, flagitiorum, scelerum affines, criminum labe infecti prorsus, atque inquinati, noxij, nocentes, sontes, iudicio liberantur, iudicum sententijs impunitatem assequuntur, a supplicio uindicantur, poena eximuntur, poenas uitant, effugiunt, euadunt ex iudicio, elabuntur, seruantur, insontes, innocentes, expertes omnis culpae, nullius affines culpae, nulla infecti culpa, nullo adstricti scelere, nullo contaminati flagitio iudicantur, non puniuntur, non uindicantur, non castigantur, merita non ta non coercentur poena, poenas non dant, non luunt, non pendunt, debitas poenas non persoluunt, debito supplicio nō multantur, non afficiuntur poena, poenas factis, uita, moribus dignas, improbitati debitas non ferunt, non sustinent, patiuntur, sentiunt: saepe fit iudicum culpa, uitio, scelere, improbitate, iniustitia, perfidia, ut homines impuri, perditi, scelesti, flagitiosi, delictorum omnium participes, sine poena dimittantur, poena eximantur, absolutionem consequantur, animaduersionem effugiant. saepe non animaduertitur in homines nocentes, suppliciū de nocentibus nullū sumitur, poena nulla capitur ; secus ac meriti sunt, ac digni sunt, ac corū uita postulat, iudicatur, sententiae ferūtur.

Aspettatione.

Temo, che non sarà de' tuoi studi, non haueranno i tuoi studi, non seguirà à tuoi studi quella riuscita, che si aspetta, non riusciranno i tuoi studi doue si aspetta, contrario fine all'aspettatione haueranno, all'aspettatione non risponderanno, l'aspettatione inganneranno.

Vereor, ne, quam de tuis studijs exspectationem concitasti, hanc sustinere, ac tueri non possis, uereor, ut exspectationi tua studia respondeant, ne tua studia exspectationi non respondeant, ne cum hominum opinione nō consentiant, ne alium, atque exspectatur, exitum habeant, ne, qui exspectatur, fructum non pariant, ne, quo speratur, quo exspectatur, exitu concludantur.

Si crede,

Si crede, che tu sia per diuentare eccellentissimo huomo, che tu sia per operare cose marauigliose, e degne di somma lode.

Magnum quendam, atque excellentem uirum te sperant futurum: exspectantur a te, quae a summa uirtute, summoq. ingenio exspectanda sint: nihil humile, nihil uulgare, nihil angustum, omnia excelsa, ampla, mira, diuina prorsus a te exspectantur.

Assuefatto.

Tu non sei ancor bene assuefatto alle fatiche, non sei compiutamente auuezzo, non a bastanza usato, non interamente essercitato nelle fatiche: non hai ancora ben prouate, durate, sentite le fatiche: non ti è ancor famigliare la fatica: nuouo sei, poco pratico nella fatica.

Nondum laboribus assueuisti: nondum es a laboribus assuefactus, laboribus assuefactus, assuetus: labores ferre ac sustinere nondum consueuisti: labores nondum satis expertus es, sensisti, tulisti: nondum es in laboribus plane uersatus, exercitatus: rudis es, insolens in laboribus: nondum tibi familiaris labor est.

Non sentono gli infortuni coloro, che ui sono usati, auuezzi, assuefatti, che gli hanno sentiti, prouati, sostenuti piu uolte.

Malorum consuetudine sensus amittitur: malorum consuetudo sensum adimit, sentiendi uim aufert, stuporem inducit, inijcit, infert, sensus obstupefacit:

stupefacit: sensus obstupefit, adimitur, aufertur usu diuturno calamitatum: aduersas res minime sentiũt, sensu non percipiunt ij, quorum occalluit animus, quorum animis callum obduxit diuturna consuetudo, qui secundis rebus usi per quam raro sunt, secundas res haud saepe nouerunt, quorum animi tantum abest, ut recentes ad infortunia sint, insolentes ad iniurias fortunae sint, ut malorum usu & consuetudine prorsus obduruerint, callum contraxerint.

Astutie.

Le astutie non mi piacciono : naturalmente ho in odio l'arte del simulare, gli artificiosi inganni, le simulate maniere, lo scaltrimento, il proceder doppio.

Astutiae mihi non placent, non probantur, non satisfaciunt: astus non amo: artem simulandi, fraudem artificio tectam, mores ab aperta quadam simplicitate alienos, fucum ac fallacias, uafritiem, nimiam calliditatem, astuta ingenia, uersuta, uafra, nimis callida, ad astutias, uafritiem, calliditatem, propensa, naturali quodam odio prosequor: sum ab astutijs alienus: abhorret animus meus ab astutijs.

Astuto.

Annibale nel maneggio della guerra, ne' fatti di guerra, in cose di guerra, in materia di guerra, nell'uso della militia, nell'arte militare fu piu astuto di tutti i Cartaginesi, uinse di astutia tutti i Cartaginesi, fu superiore, non hebbe pari alcuno de' Cartaginesi, astutamente operò piu che alcun'altro Cartaginese, fu piu accorto, auueduto, scaltrito,

scaltrito, meglio intese il modo di guerreggiare di tuttii Cartaginesi.

Hannibal in re bellica, in scientia rei militaris, in gerendis bellis callidissimus, uaferrimus, uersutissimus, astutissimus fuit omnium Poenorum; uafritie, calliditate, astutijs, astu, arte, uicit, anteiuit, antecessit omnes Poenos, praestitit, antecelluit, superior fuit omnibus Poenis; excelluit inter Poenos, parem habuit Poenorum neminem uafritie, calliditate, uersutia, astutijs, astu, arte: nemo omnium Poenorum cum Hannibale conferendus, comparandus, aequandus, componēdus: ad eam calliditatem, uafritiem, artem, qua gerendis bellis Hannibal excelluit, adspirare ex omnibus Poenis nemo potuit: in bellicis astutijs, atque artibus adspirare ad Hannibalem ex Poenis nemo potuit: quis Poenorum Hannibali gerēdorum bellorum scientia par fuit? quis perfectam belli gerendi rationem, ut Hannibal, tenuit, calluit, nouit, possedit, consecutus est, obtinuit?

Attendere.

Infin'hora non ho punto atteso all'util mio, non ho miato, no n ho hauuto riguardo al ben mio, non ho riguardato l'util mio, non mi sono curato, non ho hauuto cura, tenuto cura, non ho fatto stima, non ho fatto caso dell'util mio.

Nullam hucusque utilitatis meae rationem habui: nullam rationibus meis operam dedi: de utilitate minimum laboraui: utilitatem minime spectaui, curaui, quaesiui, secutus sū: nullū in utilitate studiū posui, nihil industriae locaui, nihil operae consumpsi:

sumpsi: diligentiam commodorum meorum caussa
nullam adhibui, ad res meas nullam contuli, res
meas indiligenter administraui, tractaui.
Chi uorrà attendere alla republica con paura di tanti
perigli, chi uorrà adoperarsi, mettere studio, porre
industria in seruigio della republica, douendo esser
soggetto a tanti pericoli.
 Quis remp. attinget, remp. capessere, suscipere,
tractare, ad remp. se conferre audeat, tot periculo-
rū metu proposito, qui sibi tot impendere, immine=
re pericula intelligat: quis operā reip. dare, in rep.
uersari, remp. gerere, administrare, ad remp. sua stu
dia conferre, tot periculis impendentibus, imminen=
tibus, animum inducat, facile ac libenter uelit?
Deuesi attendere nel gouernare la republica solamen=
te alla giustitia.
 In administranda, tractanda rep. in administra=
tione reip. ius, honestum, rectum tueri, spectare, sequi, nihil praeterea, debemus.
   Attendere la promessa.
Sforzerommi di attendere quello, che ho promesso: in
gegnerōmi di osseruare, di mādare ad effetto, di con
durre ad effetto, di uerificare le mie parole con gli
effetti, di dar effetto alla promessa: farotti uedere,
se fia possibile, l'effetto della promessa: sodisfarò al
la promessa, pagherò il debito della promessa, adem
pirò alla promessa, osseruerò le mie parole, la mia
fede; non mancherò alla promessa, alle mie parole,
alla mia fede.
 Dabo operam, quod pollicitus sum, ut re prae=
          stem,

stem, exitu praestem, exsequar, efficiam, re confir‑
mem, ut praestem fidem meam, soluā fidem, tuear,
seruem, probem, ut promissa seruem, obseruem, tu‑
ear, praestem, promissis ne desim, ne fides in promis‑
sis mea desideretur, ut fidei satisfaciam, ne de fide
mea parum uidear laborare, ut a meis uerbis, ab af‑
firmatione mea, a promisso exitus rei ne dissentiat,
ut uerba res confirmet, ut id, quod dixi, ueritas pro‑
bet, ut stem promissis, a promissis ne discedam.

Atto.

Naturalmente egli era atto ad ogni cosa: parea esser
nato a saper far ogni cosa: haueua un'ingegno cosi
destro, che riusciua in qual si uoglia cosa: acconcia‑
mente sapeua operare qualunque cosa si uolesse.

Praecipuo quodam naturae munere aptus erat,
accommodatus, appositus erat ad omnia: aptus ad
omnia uidebatur: ingenium acceperat à natura ad
omnes res appositum, atq. accommodatum: eo erat,
eo utebatur ingenio, quiduis ut exsequi, & praesta‑
re satis comode posset: natus ad omnia uidebatur: de
derat hoc ei natura, quidquid aggrederetur, ut egre
gie conficeret, ut excelleret: habebat hoc a natura,
ut, quamcumque ad rem se conferret, quamcumque
capesseret, ea non pessime perfungeretur, ex ea cum
laude discederet.

Auaritia.

L'auaritia partorisce molti mali: dall'auaritia na‑
scono, escono, prouengono, deriuano molti ma‑
li: e cagione l'auaritia di molti mali: è una ra‑
dice,

Toscane e Latine.

dice, che tutti i mali, produce.

Parit auaritia multa mala: exsistunt, nascuntur, proficiscuntur, proueniunt, effluunt, emanant, exoriuntur ex auaritia multa mala: multorum malorum caussa, origo, principium, fons, radix auaritia est: multorum malorum caussa referenda ad auaritiam, conferenda in auaritiam, adscribenda, assignanda, tribuenda auaritiae est: culpam sustinet auaritia multorum malorum.

Era tenuto Crasso, era riputato il piu auaro huomo di Roma, nõ era in Roma, per giudicio di ogniuno, huomo auaro, come Crasso, chi fosse pari a Crasso nell'auaritia: era Crasso, per opinione di tutti, uago di hauere, desideroso di robba, innamorato delle ricchezze piu che alcun'altro che fosse in Roma: credeuasi che fosse Crasso nell'auaritia sommerso piu che alcun'altro huomo di Roma.

Pessime omnium Romanorum audiebat Crassus auaritiae nomine: maxime omnium Romanorum Crassus auaritiae flagrabat infamia: aurum sitire, opes appetere maxime unus omnium, magis quam ceteri, praeter ceteros Crassus putabatur: nemini grauior, ac turpior in urbe Roma, quam Crasso, inurebatur auaritiae nota: auaritiae uitio Crassum magis, quam quemuis alium, hominum notabat opinio: incumbere ad opes, inhiare diuitijs tanto studio, quanto in urbe Roma nemo praeter ea, Crassus existimabatur.

L'auaritia a' tempi nostri è in colmo: regna hoggidì
C   l'auaritia,

l'auaritia; così grande è diuenuta, che maggiore non può essere; è arriuata al sommo; è peruenuta doue può: tanto è proceduta inanti, che piu oltre non può: è per tutto: abbraccia tutto il mondo.

His temporibus latissime patet auaritia ubique locorum, ubiuis locorum, nusquam non est: dominatur, regnat, uiget maxime, orbem terrarum est complexa, omnium animos occupauit, ac tenet, in animos omnium irrepsit: infecti sunt omnes auaritiae labe: plus operae in re quaerenda, in opibus congerendis, in diuitijs colligendis, comparandis, contrahendis ponitur, consumitur, locatur, quam deceat: auaritiae uitio hodie fere nemo non laborat, propensi omnes fere sunt ad auaritiam: ad summum peruenit auaritia: eo processit, eo est auaritia progressa, quo maxime potuit, quo longius non datur, quo non licet ulterius.

Auuenimento.

L'auuenimento della cosa, secondo che io spero, sarà buono: spero che la cosa riuscirà, doue si desidera, hauerà fine al desiderio conforme, succederà felicemēte: seguirà alla cosa buon'effetto, desiderato fine: sarà il successo della cosa, quale desideriamo che sia.

Exitum res habebit, mea quidem ut spes fert, exoptatum, felicem, qualem uolumus, optamus: res ex animi nostri sententia succedet: successu res, quo uolumus, eo concludetur, ac terminabitur: euentus rei erit optimus: euadet res, quo uolumus, non aliter cadet, ac uolumus: sequetur id, quod optamus:

optatis

Toscane e Latine.   35.

optatis fortuna respondebit : rem consequetur exitus, euentus, finis optatus.

Farassi giudicio di te secondo l'auuenimento : secondo che la cosa riuscirà , giudicheranno gli huomini di te : sarà il giudicio, e l'opinione de gli huomini all' auuenimento conforme, al successo, al fine della cosa: nascerà il giudicio de gli huomini da quel fine, che la cosa haurà, da quello, che auuerrà, seguirà, succederà.

Ex euentu homines de te existimabunt: rei exitum hominum iudicia consequentur: ut res cadet, ut succedet, ut euenerit, ut ceciderit, ita de te homines iudicabunt: qualis rei finis, exitus, terminus, euentus, conclusio erit, talem de te opinionem homines suscipient: congruent cum exitu rei, consentient in utramque partem hominum de te iudicia.

Non so quel che possa auuenire: son'in dubio del futuro che sia per accadere, a me è nõ palese: nõ ueggo che sia per apportare il tẽpo, che sia per partorire, che occasione, che effetti siano o p nascere dal tẽpo.

Quid casurum sit, euenturum sit, quid cadere, quid consequi possit, ignoro, non dispicio: quid tempus laturum sit, exploratum non habeo : latent me quae nasci possunt: futura me fugiunt : non assequor ea, non assequor coniectura , diuinare non possum, aut mente praecipere, quae ferre, parere, patefacere dies ipsa potest : futuri casus aperti mihi non sunt, mihi non patent, me fugiunt, praetereunt, latent.

C 2   Auuenire.

Auuenire.

Auuenne fuor di opinione, ch'io perdei la lite, oc‑
corse, interuenne, segui, riuscì la cosa a questo fi‑
ne, accadde, portò così la fortuna, il caso, piac‑
que alla fortuna.

Vt caussa ceciderim, litem perdiderim, euenit,
obuenit, contigit, obtigit, accidit, factum est, ca
sù factum est, casus tulit, fortuna tulit, fortuna fe
cit, fortunae placuit.

Non può auuenire questo, non può incontrare, non
può occorrere ad un'huomo sauio.

Hoc in sapientem minime cadit: non est, ut obue
nire hoc sapienti possit : est hoc a sapiente alie‑
num : pertinere hoc ad sapientem non potest.

Auuersario.

Tu ci sei troppo contrario, senza esser stato offeso da
noi : ci fai troppo gran contrasto : operi contro a
noi troppo fieramente : troppo acerbamente con‑
tra di noi ti porti : tu non lasci adietro ueruna cosa,
che possa esserci di danno : troppo sei intento, e
troppo sollecito a nuocerci.

Aduersarium te nimis grauem, nimis acrem, in
fensum, acerbum, uehementem, crudelem habe‑
mus : nimis acerbus, nimis aduersus, nimium gra‑
uis, atque infensus nobis es : oppugnas nos quam
potes acerrime, & grauissime : nullam aduersus
nos iniuriam praetermittis : nulla nos iniuria, nul‑
la re nō lacessis : tuis cōtra nos uiribus uteris : tuam
in nos uim confers: omnia conaris, nihil non agis,
moues,

moues, tentas, experiris, machinaris ad perniciem nostram: aduersario te utimur nimis acerbo, nimis infenso: agis contra nos, pugnas aduersus nos, irruis in nos quo potes impetu, impetu quam potes maximo, eo impetu, qui potest esse maximus.

Auuisare.

Auuisami di tutto l'esser tuo, e di tutti i tuoi pensieri: dammi auuiso, ragguaglio, contezza, notitia, dimostrami, fammi noto, fammi sapere, fa ch'io sappia, fammi intendere, fa ch'io intenda lo stato tuo: uorrei tu mi notificassi, manifestassi, dimostrassi, isponessi, palesassi, significassi lo stato tuo: haurei caro, che tu mi facessi uedere come una imagine, come un ritratto delle cose tue, e dell'animo, e di ogni tuo intendimento.

Fac me certiorem, redde certiorem de toto statu tuo, & de omnibus consilijs: significa mihi, expone, aperi, explica, perspicue demonstra, qui sit rerum tuarum omnium status, qui tuus animus, qui sensus, quae consilia sint: fac, ut de tuis rebus tuisq. consilijs cognoscam, intelligam, certior fiam, ex tuis litteris erudiar, instruar: imaginem rerum omnium, cogitationumq. tuarum litteris ostende.

Auuisi cattiui.

Erano uenuti di lui alcuni auuisi poco buoni: sinistre nouelle, strane cose di lui s'intendeuano: era sì sparsa di lui una rea fama.

Rumores de illo duriores erant: aduersa quaedam de illo erant allata: nuncij uenerant tristes, aduersi,

aduerfi, infaufti, parum commodi, minime laeti, pa
rum fecundi; grauior de illo fama peruenerat, diffi
pata erat, diffeminata, difperfa, peruulgata, durio-
ra quaedam, grauiora erant fignificata, iactaban-
tur, fermonibus diffipabantur.

Auuocato.

Non fu mai il piu fufficiente auuocato, ne il piu amo=
reuole, ne il piu fedele di Cicerone: nel trattare le
caufe uinfe tutti Cicerone di eloquenza, di affet tio
ne, di fedeltà: nelle cofe di palazzo, ne' giudicij, nel
le caufe, nelle liti non fu pari a Cicerone alcuno di
lingua, humanità, fede: era Cicerone nell'ufficio
dell'auuocato, nell'arte dell'auuocare, nel parlare
inanti a' giudici piu di tutti eccellente.

In agendis cauſsis Cicero omnibus antecelluit,
praeſtitit, uicit omnes, excelluit inter omnes, antes
uit omnes, antecefsit: patronus Ciceroni conferen=
dus nemo fuit, neque eloquentia, neque ſtudio, ne=
que fide: ad iudices, ad tribunalia, ad cauſsas tan=
tū eloquentiae ſtudij, fidei, quantū Cicero, nemo at
tulit: in iudicijs, in foro, in forenſib. cauſsis, in forenſi
munere, in tractādis cauſsis, in cauſsarū patrocinijs,
in defendēdo, et accufando par Ciceroni nemo fuit.

B

BASTONARE.

Voleua baſtonarlo, dargli delle baſtonate, male trat-
tarlo, male acconciarlo col baſtone, fargli toccare
delle baſtonate, fargli fentire, affaggiare, prouare
il baſtone.

Fuſte

Fuſte illum male multare, male accipere, percu-
tere, fuſtem illi uolebat impingere; fuſtis ictus uolebat illum experiri, fuſtis amaros ictus guſtare,
ſenſu percipere, uim, & grauitatem ſuſtinere, ferre, pati.

Beneficio.

Io gli ho fatto quanti benefici ho potuto, benche non
aſpettaſi di eſſerne rimunerato; ho per lui operato
con ogni mio ſtudio, & ogni induſtria, quantunque
non ſperaßt hauerne la ricompenſa: ho fatto a bene
ficio ſuo quanto per me ſi poteua, come che poca
ſperanza io mi baueßi di eſſerne ricambiato: niuno
ufficio uerſo lui ho pretermeſſo, ho laſciato adietro, ho mancato di fare; auuenga che opinione io
non baueßi di riceuerne il guiderdone: qual dimo-
ſtratione non ho io uſata, qual' effetto non ho opera
to, infin doue ſi ſtendeuano le mie forze, in ſeruigio
ſuo, a ſuo beneficio, per giouargli, beneficarlo, pro-
cacciargli utile, & honore.

Contuli quae in illum officia, beneficia, merita potui, licet remunerationem plane nullam exſpectarem: quantum in me fuit, quantum efficere, & conſequi potui, pro meo ſtudio, meaq. induſtria complexus illum ſum, affeci, ornaui, au-
xi omnibus officijs, quamquam ab eo minime parem gratiam exſpectarem: nullum officij genus,
aut ſtudij, nullam omnino rem, quae uel ad utilitatem illius, uel ad laudem ſpectaret, omiſi,
praetermiſi, infectam reliqui; licet futurum non

C 4 ſpe-

sperarem, ut memorem, & gratum experire: omnia,
quae quidem praestare mihi licuit, profecta in illum
sunt, cum tamen spe nulla niterer, spes me nulla tene
ret, futurum aliquando, parem ut mihi gratiam re=
ferret, ut officia mea paribus compensaret officijs, re
muneraretur officijs, aequaret officiis, ut ullum gra
ti animi signum ostenderet, ut se memorem, gra=
tumq; probaret, ut ullum omnino studiorum, offi=
ciorumq. meorum fructum ferrem: meam in illum
uoluntatem, & beneuolentiam, quandocumque res
tulit, ubi tempus, & occasio postulauit, re probaui,
ostendi, significaui, declaraui, patefeci, spe tamen ad
ductus nulla gratiae referendae: bene meritus de illo
sum, quam potui studiosissime; quamquam illius er=
ga me uoluntati diffiderem, spem in illius uoluntate
minimam ponerem, pariter animatum in me fore
non confiderem licet fore non confiderem, ut pari=
bus mihi responderet officijs.

Riputerò di hauer riceuuto da te un beneficio grandis
simo: terrollo per beneficio grandissimo, in uece di
sommo beneficio: parerammi, che tu habbi operato
in me non picciol beneficio.

 Hoc ego summi beneficij loco ponam, numera=
bo, inter maxima beneficia referam: hoc apud me nõ
exigui beneficij, non uulgaris gratiae locum obtine
bit: ita credam, tulisse me beneficium singulare, gra
tiam tantam, quanta potest esse maxima.

Non mi scorderò mai, non dimenticherò, non usci=
ranno mai dell'animo mio, della memoria mia,
         saranno

Toscane e Latine. 41

saranno da me con eterna memoria conseruati i benefici tuoi: la tua somma benignità, incredibil corte
sia, le tanto amorevoli operationi, i tanti seruigi da
te riceuuti non cancellerà mai il tempo, o ueruno accidente della memoria mia: attaccati alla memoria,
fiß nell'animo, scolpiti nella mente sempre rimarra
no, eternamente, in ogni tempo, in tutti i giorni di
mia uita i benefici tuoi.

Tua in me beneficia numquam obliuiscar, semper meminero, memoria tenebo, perpetua memoria tuebor, custodiam, conseruabo: tua erga me merita nulla umquam apud me delebit obliuio: nulla
dies, nulla temporis uetustas, non casus ullus, non for
tuna magnitudinem tuorum erga me meritorum im
minuet, ex animo meo delebit, tollet, auferet, obliuione delebit, obruet, obscurabit, exstinguet: uigebit in me tuorum beneficiorum aeterna, perpetua
numquam interitura memoria: nullum apud me
tuum beneficium intermoriturum existima: tuam
in me singularem benignitatem, incredibilem liberalitatem semper in animo, semper in oculis habebo, perire apud me, aut euanescere numquam patiar: haerebunt mihi in animo, mente, memoria, fixa permanebunt, impressa in animo, ac mente pate
bunt, exstabunt tua beneficia: uitae par, aequalis
erit recordatio meritorum tuoru̅: qui mihi uita dies,
ille ipse tuorum officioru̅ memoria terminabit: finis
mihi, ac terminus & uitae, & memoriae benignita-
tis in me tuae idem erit, futurus idem est, quam ama
ter

ter me tractaueris, quam benigne mihi feceris, quam
studiose in omni re commodaueris, quam humaniter
ac benefice mecum egeris, quibus officijs amicitiam
nostram colueris, prosecutus sis, quibus me rebus au-
xeris, ornaueris, honestaueris, ipse mihi, atq; etiam
alijs commemorabo, ita diu recordabor, quamdiu mi
bi uiuere contigerit.

Biasimo.

Il non pensar ad altri, che à se stesso, è gran biasimo, è
uergogna, partorisce infamia, è cosa brutta, uitu-
pereuole, uergognosa, biasimeuole, dishonorata, de
gna di biasimo, uituperio, riprensione, genera cattiuo nome, trista fama, poco lodeuole opinione, apporta bisogno, uergogna, uituperio, infamia.

Se ipsum curare, nihil praeterea de seipso tantũ,
sua tantum unius caussa laborare; sibi uni studere,
seruire, prospicere, consulere, praeterea nemini, tur
pissimum est, maxime dedecet, indecorum in primis
est, infamiae, ignominiae, dedecori est, dedecus affert, infamiam parit, turpem famam, opinionẽ mini
me commodam, aut optabilem parit, eiusmodi res
est, quam summa consequitur infamia, ignominia,
turpis infamiae nota, dedecus, accusatio, reprehen-
sio, fraudi est, uitio uertitur, tribuitur, datur, adscri-
bitur, assignatur.

La cosa è biasimata publicamente, è uituperata, è ri-
presa, se ne dice male, sconciamente se ne parla, si-
nistramente se ne ragiona.

Res palam exagitatur, uituperatur, accusatur
repre-

reprehenditur, damnatur, acerbe notatur, infamia notatur, improbatur: sermones ea de re minus commodi sunt, parum honesti dissipantur.

Bisognare.

Bisogna, se uuoi esser simile a' tuoi maggiori, che tu attenda alla uirtù: fa dibisogno, è bisogno, ti si richiede, sei tenuto, non puoi far di meno, è tuo debito, tuo officio, non puoi mancare.

Si tuorum maiorum laudibus respondere, si maiores tuos referre uis, cupis imitari, si te dignũ maioribus tuis praebere studes; ut ad uirtutem, in uirtutem incumbas, ad uirtutem studia tua conferas, opus est, nauari a te operam uirtuti oportet, debes uirtutem colere, tui muneris, tui officij, tuarum partiũ est, non potes non uirtuti operam dare; non licet tibi uirtutem negligere : hoc ad te pertinet, in te conuenit, a te postulatur, atque adeo, tamquam debita res, exigitur.

Bisogno.

Non ho bisogno de' tuoi ricordi: non sono necessari appresso me; sono poco utili, sono souerchi i tuoi ricordi; a me non bisognano i tuoi ricordi: non è bisogno, non fa bisogno de' tuoi ricordi.

Non egeo, non indigeo tuis praeceptis, admonitionibus, consiliis : superuacanea sunt, parum utilia, nullius emolumenti, minime necessaria, locum apud me non habent, a me non requiruntur, non desiderantur, non exspectantur tua praecepta; tuis mihi monitis nequaquam opus est ; tuis

carere

carere monitis facile possum.

Doue sarà il bisogno, ti aiuterò: in ogni tuo bisogno sarò pronto a seruirti. doue occorrerà il bisogno, doue farà bisogno, in ogni tua occorrenza, doue l'occasione il richiederà.

Adero tibi, praesto ero, opem feram, cum res postulabit, ubi opus erit, ubi tēpus feret, si rerum tuarū ratio poscet, si occasio requiret, ubi erit e re tua, si pertinere ad te uidero, si tua referre intelligam.

Bontà.

Hoggi da pochi è prezzata la bontà, pochi si curano della bontà, piace a pochi l'honesto, il diritto, il giusto, la forma del ben uiuere; poco sono in pregio i buoni costumi, le lodeuol' arti, le honeste discipline, le scienze degne d'un'huomo libero, attendesi poco, poco si pensa a quella uita, che con l'honesto è congiunta, da' uitij separata, dalle colpe, da scelerità lontana.

Probitas, integritas, probati mores, uita illa, quae cum uirtute transducitur, a paucis hodie probatur, colitur, amatur: pauci sunt, qui probitate delectentur, probitatem colant, ament, sequantur: parui est hodie probitas, & morum integritas: qui suum studium in probitate ponant, pauci sunt, reperiuntur, numerantur, paucos inuenias.

Chi ben uiue, gran ben' aspetta: larghi premi può sperare ogniuno, che giustamente uiua: qualunque camina per la diritta uia del uiuere, gran mercede, e gran frutto può aspettarne: haueranno i buoni

Toscane e Latine. 45
ni delle lor lodeuoli opere ampia ricompensa.

Magna sunt recte agentibus proposita praemia:
omnes, qui sese in recta uiuendi ratione exercent, ma
gna merces manet; fructum recte factorum uiri boni
uberrimum, ac praestantißimum ferent: praeclaram
honestamq. uitam res utilißimae consequūtur: uitae
laudabiliter actae cum uirtute traductae, praemium
est decus, & earum rerum copia, quas qui poßidet,
optime cum illo agi existimatur.

La bontà basta per far l'huomo pienamente felice: è fe=
lice assai, chi odia il uitio, & ama la uirtù: qualun=
que camina per la uia della giustitia, arriua facilmē
te al sommo bene, alla felicità peruiene: nel ben ui=
uere, quando bene l'altre cose mancassero, la felicità
è riposta.

Bene sentire, recteq. facere, satis est ad bene bea=
teq. uiuendum: unam qui colit probitatem, ei deeße
ad felicitatem nihil potest, is ad felicitatem nihil de
siderat, nihil requirit: quicumque rationem ducem in
uita sequitur, ei ad felicitatem ampla, maximeq. cer
ta patet uia: probitatem qui poßidet, simul is poßi=
det summum bonum, nihil ad felicitatem praeterea
requirit: boni mores, & honestae rationes felicitatē
pariunt: felicitas integritate comparatur: si quis in
colenda probitate totus est, feliciter admodum, ac
beatißime cum illo agitur.

Breuita.

Per dirti la cosa breuemente: per conchiudere: per
recar in poche le molte parole: per usar breuità:
per

per esser breue: per restringere la cosa: per non esser lungo: per non entrare in lunga diceria.

Quid quaeris? noli quaerere: quid plura? quid pluribus? quid multa? quid multis? ne plura: ne pluribus: ne multa: ne multis: ne te multis morer: ne multis teneam: quid opus multis? ut in pauca multa conferam: ut paucis cocludam: ut rem paucis complectar, comprehendam, perstringam, ut summatim exponam: ut breuitate utar: ut satietatem longae orationis effugiam: ne longam orationem suscipiam.

C.

CAGIONE.

Tu sei cagione di questi mali: da te nascono questi mali: sei tu il fonte, onde queste calamità deriuano: di queste sciagure è da saperne grado a te: tu hai suscitato queste ruine: le tue maluagie operationi hanno generata questa peste, acceso questo incendio, prodotto tanti danni: è da ricono scer da te questa tanto auuersa fortuna: per tua colpa siamo miseri: da te prouengono tante miserie.

Tu horum malorum caussa, tu fons, & origo: tu tantas malorum faces incendisti: tu horum malorum initium attulisti, tu haec mala peperisti, haec mala excitasti: auctor horum malorum praeter te nemo fuit: a te fluxerunt haec mala, haec incommoda, calamitates, acerbitates, infortunia, damna, detrimenta, pernicies, exitium, rerum euersio: horum malorum culpam sustines, horum in te malorum culpa conferenda est omnis: haec tibi sunt adscribenda,

benda, aßignanda: has calamitates uni tibi acceptas referre debemus.

Hai cagione di rallegrarti, che tra tanti uitij, cosi buon figliuolo tu habbi, tu dei rallegrarti : ragion è, che tu ti rallegri, meritamente puoi rallegrarti ragione= le e giusta sarà la tua allegrezza, per hauere cosi ho nesto figliuolo in cotanta insolenza.

Est cur gaudeas, habes quod laeteris, iustam lae= tandi caussam habes, laetari iure potes: si gratularis iure facis, quod moribus tam perditis filium habes tanta modestia praeditum, quod is tibi sit filius, qui continentiam in tanta ceterorum insolentia, tam dissolutis moribus, tam immoderato luxu tueatur, & colat.

Camino.

Il camino, il uiaggio, la uia da Padoa a Vicenza, è mol to difficile, malageuole, strana di uerno: gran disagi si sostengono nel caualcare di uerno da Padoa a Vi cenza non si puo andare nella stagione del uerno sen za grande sconcio, nel uerno malamente si ua, uas= si con disagio, con fatica, e periglio da Padoa a Vicenza.

Admodum hieme difficilis est, incommoda, im= pedita, plena laboris, & periculi ea uia, quae Pa= tauio Vicetiam fert, ducit : qui se per hiemem in uiam dant, ut Patauio profecti Vicetiam peruec= niant, molestiam itinere non mediocrem sustineant necesse est, in multas incidant difficultates, multa subeant pericula, multos perpetiantur labores, in= commoda.

Eleganze

commoda, odiosa, dura minime pauca: iter habentibus Patauio Vincentiam difficultates occurrūt multae, uiae difficultas, & iniquitas impedimenta opponit maxima, impedimento uehementer est.

Non ti mettere in camino, non entrar in uiaggio, non andar in uolta, se non sei sano.

Iter ne suscipias, ne te uiae committas, ne te in uiam des, ne ad iter aggrediaris, ne uiam ineas, itineris consilium abijce, omitte, dimitte, nisi recte uales, nisi optima uteris ualetudine, nisi corpore bene firmo.

Capitano.

Cesare fu Capitano eccellente, condottiere de genti, gouernatore di esserciti.

Dux, imperator, rector exercituum Caesar fuit, quo praestantior haberi nemo possit: praefuit exercitibus Caesar eximia cum laude: ductor copiarum fuit nemini secundus, copias duxit admirabili rerum bellicarum scientia, gessit bella suo ductu, ea uirtute, ac uigilantia, non modo ut superiorem, sed nec omnino parem quemquam habuerit.

Tutta la città seguiua Pompeio per capitano, erasi accostata a Pompeio, sotto il gouerno di Pompeio si era messa.

Vniuersa ciuitas ducem Pompeium sequebatur, Pompeio regendam se dederat: ad Pompeij ductum applicauerant se, contulerant se, adiunxerant se uires omnes ciuitatis.

Carestia.

Carestia.

La carestia è cosi grande, che ogniuno è costretto patire molti disagi: uendonsi cosi care, a cosi gran prezzo le cose, che molti icomodi è bisogno di sostenere.

Ita cara est annona, ita grauis paenuria, ea caritas, ea rerū omniū difficultas, eae sunt angustiae, ita care ueneunt, tanti pretij sunt, tanti sunt omnes res, ut incommodis multis affici, premi, laborare, uexari omnes cogantur: ex immoderata paenuria, nimia caritate, annonae difficultate exsistunt, oriuntur, gignuntur, quae ferri uix possint, incommoda multa.

Casa.

Habitaua Cicerone in una casa molto pulita, e molto uaga: era la casa di Cicerone gentilmente acconcia, di bella uista, e diletteuole aspetto.

Domo Cicero utebatur cum primis lauta, & per eleganti: habitabat Cicero lautissime, & incundissime: eae Ciceronis aedes erant, in quibus neque lautitiam, neque elegantiam desiderares: erat in Ciceronis aedibus lautitiae multum, atque elegantiae.

Io la mia casa in un modo, & egli la sua in un altro gouerna, e regge.

Genus rationum mearum dissimilitudinem habet cum illius administratione domestica: non eadem in re domestica tuenda, in administranda re familiari, in curanda domo, in gubernatione domestica utriusque ratio est.

D   Caualeria.

Cavalleria.

Tu non potresti credere, quanto sia valorosa questa banda di cavalli.

Vix credas, quantum in proelio valeat haec equitum turma, quam firma sit, cuius roboris, quorum neruorum: hac equitum turma, hoc equitatu, hac equitum manu noli putare quidquam acrius, aut pugnacius esse.

Cauallo.

Spronai il cauallo alla volta de' nemici, per saluarmi: spinsi il cauallo verso i nemici, per fuggire il periglio manifesto.

Vt uitae consulerem, ut euaderem e praesenti periculo, ut periculum uitarem minime dubium, ad hostes equum misi, immisi, admisi, incitaui, laxatis habenis hostes uersus impuli.

Cauto.

Era Alessandro Magno piu di tutti animoso, ma nõ molto cauto nelle battaglie: cõbatteua Alessandro animosamẽte, ma non era auueduto ne' casi perigliosi.

Animi uim, magnitudinem, praestantiam ostendebat in proelijs Alexander, consilium in uitandis periculis ei deerat: animum in Alexandro pugnante laudares, animi uirtutem laudibus efferres, consilium & prudentiam in periculis desiderares, requireres: consilij non habebat satis Alexander ad uitanda, effugienda, declinanda, cauenda pericula, animo quidem in pugnis excellebat, fortem in pugnis animum gerebat, forti animo

Toscane e Latine. 51

nimo pugnas pugnabat, proelia tractabat, rem ge=
rebat in pugnis.

Cedere.

Perche debbo io cedere, dar luogo a chi mi è inferio=
re? per qual cagione debbo permettere, che mi ua=
da inanti, che mi sia anteposto, chi non è mio pari?

Cur ei cedere, loco cedere, locum concedere, lo=
cum dare ei debeo, qui comparandus, aequandus,
conferendus, par omnino mihi non est? quamobrem,
qui est infra me, qui nihil ad me est, mihi patiar an
teponi? quid est cauſſae, cur primas ei partes conce
cedam, primas ad eum partes deferri sinam, primo
eum loco statuam, praeponi mihi, ante me colloca=
ri, anteire me patiar eum, quem nulla res mecum ae
quat, cuius meritis mea merita antecellunt? quid
est cauſſae, cur honore superior habeatur, qui uir=
tute inferior est?

E cosa da sauio, è sauiezza, è senno ceder al tempo, ubi
dire al tempo, seguire lo stato de' tempi, accordarsi
col tempo, conformarsi con la natura de' tempi, ac=
commodarsi alla qualità de' tempi.

Sapientis est, sapientiae est, consilij est, rationis
est, sapientem decet tempori cedere, neceſsitati parere, rationem temporis habere, consulere tempori
bus, seruire temporibus, conformare se ad tempo=
ris rationem, consilia, & actiones tempore modera
ri, pro temporum statu & suscipere, & deponere,
ita se gerere, ut praecipere tēpus uideatur, ut tem=
poris ratio ferat, ac postulet: quasi ducem sequi in

D 2   agendis

agendis rebus, quasi consiliarium habere tempus, consiliario uti tempore nos decet.

Cercare.

Fingono i Poeti, che Minerua cercò lungamente Proserpina, sua figliuola, rubbatale da Plutone, Re dell'inferno: andò cercando, ogni luogo ricercò per trouar la figliòla, nõ lasciò luogo doue nõ cercasse.

Vt poetarum fabulae narrant, diu ac multum, Proserpinã filiam, quã inferorum Deus Pluto surripuerat, Minerua perquisiuit, inuestigauit, multum studij posuit, ualde uigilauit Minerua in filia perquirenda: omnia loca permeauit, perlustrauit, inuestigauit, penetrauit, quo non adiuit, non accessit, ut filiam Minerua reperiret: nullum Minerua locum, nullas in quaerenda filia latebras omisit.

Cercare, per procacciare, & mettere studio.

Infin ch'io uiuerò, in tutte le cose cercherò di mostrarmiti grato: metterò studio in tutta la mia uita, perche tu mi conosca ricordeuole de' benefici da te riceuuti: sforzerommi, ingegnerõmi, adopererò ogni mio studio, & ogni industria: tutte le mie forze impiegherò, procaccierò con ogni mio sapere per farti uedere la gratitudine dell'animo mio, per ricambiarti, ricompensarti, rimunerarti de' benefici tuoi.

Dum uiuam, quoad uiuam, quatenus uitam producam, donec uiuere licebit, dabo operam diligenter, id agam omni studio, curabo, enitar, contendam, in illud studium, illam curam, unam illam rem incumbam, id mihi propositum erit in o-

mni

mni uita,eo ſpectabit animus meus,eo curae, cogita
tionesq.meae refcrentur,intendentur,eo mea conſi
lia dirigetur,ut me tibi memorē gratumq. probem,
parem ut gratiam, par pari ut referā, ut in me gra
tum animum deſiderare ne poſſis, ut officia tua pa
ribus a me compenſentur officijs: in omni meae ui
tae curſu nihil mihi potius erit, nihil antiquius, res
mihi non tam erit ulla propoſita, nulla de re labora
bo magis, nulli rei ſtudebo magis, aut ſeruiam diligē
tius, quam ut te de me optime meritum eſſe laeteris.
Certamente.
Certamente, qualunque huomo ſi laſcia traſportare
dalla collera, cōmette coſa, onde poi ha cagione di
pētirſi, di certo, per certo, ſenza dubbio, indubitata
mente, ſenza fallo, infallibilmente, ſenza manco, nō
è dubbio, è coſa certa, manifeſta, chiara, uedeſi chia
ramente, non puo cadere in dubbio, uenire in dub
bio, non è dubbio, non è da dubitare, che la colera
ci fa operare maliſſimi effetti.

Sane, ſanequam, certe, certo, re uera, profecto, ſi
ne dubio, proculdubio, abſq. dubio, quidē, oīno, pla
ne, qui ſe iracundia patitur efferri, auferri, abripi,
a ratione auocari, a conſilio abduci, is ea cōmittit,
quae mox infecta uelit eſſe, in eū locū adducitur, ū
de exitus nō facile datur, eo progreditur, quo pau
lo poſt peruenisſe paeniteat certū eſt, pro certo eſt,
exploratum, minime dubium, nemini obſcurum, o
mnibus apertū, patet, conſtat, perſpicuum eſt, ocu
lis, ac ſenſu ipſo percipitur, uocari in dubium

D 3   non

non potest, uenire in dubium, ambigi, dubitari, nemini dubiũ esse potest, quin multa mala pariat iracũdia, ex iracundia mala multa gignantur, erumpant, fluant, manent, multorum malorum culpam sustineat iracundia, multorum malorum caussa sit in iracundiam conferenda.

Certezza.

Non ho mai dubitato, non sono stato in dubio, non ho mai hauuto alcun dubio, non mi è mai nell'animo caduta dubitatione, uenuto in pensiero di dubitare, che tu non douessi ottenere questo magistrato: ho sempre hauuto certezza, per cosa certa ho creduto, mi ho dato a credere fermamẽte, ho tenuto per certo, per chiaro, ho portato ferma opinione, sono stato in certissima opinione, che tu douessi peruenire salire, montare a questo grado, che non douesse esserti negato questo honore, non douesse esserti chiusa la uia a questo grado di honore.

Numquam dubitaui, dubium mihi numquam fuit, ambiguum mihi numquam fuit, numquam mihi uenit in mentem dubitare, ambigere, suspicari, numquam mihi fuit obscurum aut parum apertum, numquam suspicatus sum fore, ut hic tibi magistratus non deferretur, ut excludereris hoc magistratu, ut repulsam ferres, ut reijcereris: pro certo semper existimaui, certo sum arbitratus, certa spes animum meum tenuit, exploratum mihi fuit, prorsus mihi persuasi futurũ, ut ad hunc honoris gradũ peruenires, ut aditus tibi ac uia pateret, ne tibi umquã

eunti

Toscane e Latine.   55
*eunti ad hunc honorem,uia praecluderetur:petitio-
nis tuae ratio numquam explorata mihi non fuit, in
certa,dubia,ambigua,obscura numquam fuit.*

Chiaro.

*Se tu ti porterai bene in questo officio,farassi piu chia-
ra,e piu manifesta la tua uirtu, scoprirassi maggior
mente il tuo ualore;appariranno piu che dianzi, le
qualità dell'animo tuo.*

Hoc munus si cum laude administraueris, gesseris,curaueris,in hoc te munere si praeclare gesseris,
expressior & illustrior tua uirtus erit , tua uirtus
patebit illustrius,exstabit apertius ; magis quam an
tea,patefient , certiusq. cognoscentur animi tui bona;qui uir sis, & quantus,magis, quam antea, res
ipsa declarabit;maiorem,quam antea, ingenij ani-
miq. tui significationem dabis ;te ipsum oculis hominum aperies,ac patefacies: ipse te sic probabis ut
antea numquam.

Cittadino.

Romani faceuano cittadini non i piu ricchi, ma i piu
uirtuosi, accettauano tra cittadini, metteuano nel
numero de' cittadini nõ quelli,che fossero tenuti piu
ricchi,ma doue maggior ualore conosceuano; daua
no la cittadinanza,degnauano i forestieri dell'hono
re, de' priuilegi della loro città per uirtù, non per
ricchezze;entraua nel numero de' cittadini Romani,era riputato degno della cittadinanza colui,doue
alcun raggio di uirtù risplendesse, e non doue fosse
copia de' beni della fortuna.

D 4   Non

Non diuitiae, sed uirtus aditum patefaciebat ad
ciuitatem Romanam: ciuitate Romana donabatur,
qui uirtute, non qui diuitijs emineret : non opes, sed
uirtus ciuitatem Romanam dabat: patebat Roma
na ciuitas uirtuti potius, quam diuitijs: ius Ro=
manae ciuitatis consequebatur, dignus Roma=
na ciuitate putabatur, recipiebatur in ciuitatem,
ad ciuium numerum adscribebatur, ciuis locum
obtinebat, referebatur inter ciues, adsciscebat=
tur in ciuitatem, particeps ciuitatis, ciuiliumq.
munerum fiebat, impertiebatur ciuitate, perue=
niebat in ciuitatem, ei ciuitas communicabatur,
non qui opibus abundaret, afflueret, ualeret, sed
qui uirtute polleret, excelleret, praestaret : non
instructis, ac bene paratis a re domestica, sed
uirtute praeditis hominibus facilis erat, expedi=
tus, minime dubius ad Romanam ciuitatem cursus,
uia patebat, nullo negotio aperiebatur, iura, mu=
neraq. omnia ciuitatis Romanae, praemium Ro=
mana ciuitas erat.

Sforzati di eßer buon cittadino, di far l'ufficio di buon
cittadino, di operare qualunque effetto a buon citta
dino si richiede, di eßequire ciò che sta bene a un cit
tadino, di satisfare, di non mancare a quanto è tenu
to chi di buon cittadino il nome desidera.

· Da operam, enitere, ut bonum ciuem agas ; bo=
num ciuem te praebeas, praestes, ut boni ciuis par
tes tueare, sustineas, agas, exsequare ; ut boni ciuis
officio satisfacias; ut ea praestes, quae bonum ciuem
decent,

Toscane e Latine.

decent, quae exspectantur ab eo, qui boni ciuis nomē
aucupatur: noli committere, caue ne boni ciuis
officio reprehendaris; ne boni ciuis officium prae=
termittas, ne quid a te fiat, ne quid committatur bono ciue minus dignum, indecorum bono ciui; ne ci=
uis eius, qui ciuitate dignus haberi uelit, partes in te
requirantur, officium in te desideretur: obeunda tibi
sunt, praestanda sunt, non indiligenter, aut languide
munera boni ciuis.

Colera.

Tu mi fai colera, benche io non sia colerico per natura:
mi fai entrare in colera, mi commoui la colera, mi
fai adirare, corrucciare; benche naturalmente io
non sia facile all'entrare in colera, io non sia alla co
lera soggetto, io sia dall'ira lontano, io non sia trop
po inclinato all'ira, io non trascorra nell'ira troppo
di leggieri.

Stomachum mihi facis, bilem commoues, inducis
me, impellis, incitas ad iram, facis ut irascar, ut ira cō
mouear, afficiar, corripiar, ut excandescam, ut exar
deam, ut ira flagrem, etsi nequaquam iracundus ho=
mo natura sum, non procliuis, pronus, propensus, in
clinatus ad iram, non irae deditus, non is, qui ad iram
facile labar; sum alienus, longe remotus ab ira, quā-
quam iuris in me parum habet ira, minime mihi do=
minatur ira, non admodum ad iram propendeo, in=
clino, ab ira longe absum.

Qualunque cosa farai in colera, con colera, adirato,
corrucciato, con ira; da colera sospinto, da ira
commosso,

commosso, in quell'alteratione di animo, che nasce dall'ira, sarà mal fatta, e biasimo ne riporterai, uergogna te ne seguirà.

Quidquid ages iracunde, iratus, in ira, cum ira, irato animo, animo ira commoto, ira affecto, ira agitato, commotus ira, adductus, inductus, impulsus, incitatus, actus, accensus, inflammatus, iracundiae ui compulsus, turpiter ages, tua cum infamia, ignominia, tuo cum dedecore; turpi te macula inquinabis, labe inficies, dedecus, infamiae turpis nota consequetur.

Colmo.

Fuggi al colmo della casa, alla cima, al sommo, alle supreme, alle piu alte parti, alla sommità del tetto.

Effugit, fuga se abripuit, fuga euasit, ad aedium summa, ad summas aedes, ad fastigium, ad culmen, ad superiores, excelsiores, sublimiores aedium partes, addidit se in summas aedes, fuga se contulit in summas aedes, fuga petiuit summas aedes.

Io non ho errato, e nondimeno tu mi accusi: la colpa non è mia, non ho commesso difetto, errore, peccato, quel che mi uiene imputato, rimprouerato, assegnato: son' incolpato senza cagione: trouomi fuori di colpa, senza colpa, lontano da colpa, di niuna colpa macchiato, uuoto di colpa, sincero da ogni colpa: emmi data la colpa, senza mio merito, senza mio peccato, mancamento, difetto, errore: son' accusato a torto, ingiustamente, fuor di ragione, sēza ra-

gione, contra ragione, contra il douere.

Accusas me innocentē, immerentem, insontem, nullo meo merito, immerito meo, iniuria, iniuste, inique, contra quam ius est, contra quam meritus sum, contra ius, & aequum, absque mea culpa: haec in me sine caussa confertur culpa: mihi adscribenda, assignanda, attribuenda caussa non est: culpa uaco: culpa careo: longe absum a culpa: procul abest a me culpa: remotus a culpa sum: culpae sum expers: extra culpam sum: non haeret in me culpa: culpam non sustineo: affinis culpae non sum: culpae mihi nō sum conscius: in culpa non sum: commissum a me nihil est, quare uidear accusandus: non erraui: non peccaui: non deliqui: lapsus non sum: nullam in culpam incidi: nullam cōmisi culpam: nihil commisi, admisi, perpetraui, nullo me scelere adstrinxi, obstrinxi, maculaui, inquinaui.

Combattere.

Combatte Annibale Cartaginese piu uolte felicemente con le genti Romane, fece la giornata, fece il fatto d'arme, fece battaglia, uenne a battaglia, contese con l'armi.

Saepe cum Romanis exercitibus, copiis Poenus Hannibal feliciter, prospere, secunda fortuna, prospero euentu pugnauit, pugnas pugnauit, pugna certauit, acie conflixit, acie contendit, acie congressus est, proelio decertauit, depugnauit, digladiatus est, manus conseruit.

Combattimento.

In quel combattimento, in quella battaglia, quel fatto d'arme, quella giornata, quel conflitto, quella contesa, quella ciuffa morirono dugento huomini ualorosi.

In illa pugna, illa acie, illo proelio, conflictu du=
centi homines insigni fortitudine, uirtute praestan=
tes, ceciderunt, mortem oppetierunt, occubuerunt, desiderati sunt: ducentos homines pugna illa sustu=
lit.

Commandare.

Tu mi commãdi cosa, la quale non posso, ne debbo esse
quire: mi commetti cosa ne honesta', ne possibile a
farsi: m'imponi, uuoi ch'io facci cosa.

Imperas mihi, iubes, mãdas, id fieri a me uis, quod
exsequi, efficere, praestare neq. debeo, neq. possum:
id mihi imponis, quod sustinere neq. debeo, neq. pos=
sum: das mihi rem in mandatis neq. honestam, & e-
iusmodi, quae uires meas exsuperet.

E cosa da desiderare, il poter commandare a molti, l'ha
uer molti a suo seruigio, esser padrone di molti.

Optabile est, imperium in multos habere, habere
multos, quibus liceat imperare, qui pareant imperan
ti, quorum opera iure tuo, pro tuo iure, pro potesta
te, tuo arbitratu possis uti, multis dominari, multis
praeesse, paratos ad uoluntatem, ad imperium, ad nu
tum habere multos.

Commu·

Commune.

Questo monte è tuo, e mio, incominciando onde l'acqua scende, è tra noi commune, e di amēdue noi: habbiamo amendue parte in questo monte: partecipiamo l'uno e l'altro di questo monte: possediamo parimente questo monte.

Hic tibi mecum, hic inter nos communis est mōs, diuisus aquarum diuortijs: particeps uterq. nostrum huiusce montis est: mons hic pertinet ad utrumq. nostrum, iuris utriusq. nostrum est: ius habemus uterque in hoc monte: aequa utrique nostrum huius montis possessio est.

Communicare.

Communicherò uolontieri teco quelle poche sostanze, ch'io mi trouo hauere: ti farò parte della mia poca robba: saranno communi tra noi le mie poche facultà: parteciperai del mio: hauerai parte nel mio: non meno tua, che mia; tua parimente e mia sarà la mia robba.

Communicabo tibi, impertiam tibi rem meam: communis inter nos erit mea res: partem capies de mea re: rei meae particeps eris: non minus tibi, quam mihi, tibi pariter, & mihi, aeque utriq. nostrum, non mihi magis, quam tibi, mea res parebit: utemur communi iure, aequo iure, pari potestate mea re: iuris tibi tantum, quantum ipsi mihi, erit in mea re: mecum rem meam communicabis, communem habebis.

Compa-

Compagnia.

Non è da far compagnia co' maluagi, benche se ne speri grande utilità: e da fuggire la compagnia de' cattiui, con qual si uoglia utilità: non è d'accompagnarsi, da congiungersi, da tenere co' tristi: non sta bene l'attaccarsi a'maluagi, il seguire i maluagi, l'entrare in compagnia de' maluagi, mescolarsi co' maluagi.

Non est cum improbis hominibus iungenda societas, coire nos societatem, coire in societatem, inire societatem cum perditis hominibus, dare se in societatem perditorum, conferre se, adiungere se, applicare se ad homines perditos, coniungere se, uinculo se societatis obstringere cum perditis hominibus, utilitatis uel maxima spe proposita, uel si spes utilitatis maxima ostendatur, non decet, turpe est, minime debemus: qui se socium ad perditos homines adiungit, cum perditis hominibus coit, perditos sequitur, comitem se praebet improbis, facit turpiter, contra quam decet, minime laudabiliter.

Io ti terrò compagnia infin quando uorrai: non mi ti leuerò mai da canto, se non uorrai: sarotti attaccato, quanto ti piacerà.

Assiduum, perpetuum, usq. dum uolueris, quo ad uolueris, comitem me habebis, me tibi comitem praebebo, haerebo tibi usque, tibi affixus ero; dum tua uoluntas feret: numquam a te, numquam a tuo latere, nisi te uolente, lubente, concedente, permittente, discedam: nulla me res, nisi tua uoluntas,

tas, auellet abs te, amouebit, seiunget, dijunget, ab-
iunget.

Compiacere.

Tu mi lodi cotanto non per giudicio tuo, non per meri=
to mio, ma per farmi piacere, per entrarmi in gra=
tia, per acquistarti la mia gratia, per compiacermi.

Tantas in me laudes confers, effers me laudibus,
non iudicio tuo, merito ue adductus meo, sed, ut in=
eas a me gratiam, gratiae cauſſa, ad colligendam
beneuolentiam, gratiam meam his laudibus aucupa
ris, das hoc auribus meis, largiris mihi, non ueritati:
auribus inseruis: loqueris ad uoluntatem: non hoc
ex animo facis, sed eo conſilio, id spectans, id secu=
tus, meum tibi ut amorem hoc artificio, hoc tuo qua
ſi merito adiungas, mihi gratificeris.

Compiutamente.

Egli è compiutamente dotto in geometria: ha compiuta scieza di geometria: sa quanto può saper un'huo
mo di cose di geometria: intende la geometria per=
fettamente, inſin'al fondo, eccellentemente, quanto
poßibil'è, in tal maniera, che piu non ſi può, intera=
mente, inſin'al sommo.

Geometricis litteris est perfecte eruditus: peni=
tus cognouit geometriam: tenet omnino geome=
triam: callet omnino geometricam scientiam: ex=
cellit in geometria: perfectam, absolutam, ſingu-
larem, eximiam geometriae scientiam poßidet, ita
proceßit in geometria, ut ad summum peruenerit:
prorsus geometriam cognouit: uincit omnes, prae
                                                    stat

stat omnibus, antecellit omnibus, nemini secundus est, parem habet neminem, superior omnibus est in geometrica scientia.

Compito.

Duolmi, che cosi compiuto huomo cosi ingiustamente sia trattato, huomo perfetto, in ogni cosa eccellente, ornato di ogni lodeuole qualità, dotato di qual si uoglia uirtù, a cui nulla manca, in cui sono tutte le buone condicioni, e parti.

Virum excellentem, praestantem, omnibus, ut aiunt, numeris absolutum, omni laude insignem, participem omnium uirtutum, cui nihil desit, in quo nihil desideres, quem esse uirum singularem dicas.

Complessione.

Era Cicerone nella sua giouanezza di cattiua complessione, mal complessionato, poco sano, cagioneuole della persona, assai mal condicionato della persona, in stato poco buono di sanità, poco robusto del corpo, debole di complessione.

Cicero in adolescentia sua, cum adolescens esset, cum adolescentiae non dum annos excessisset, egressus esset, ualetudine erat, ualetudine utebatur infirma, parum firma, minime firma, haud satis firma, nequaquam firma, paullo infirmiore, imbecilla, non optima, non robusta, satis affecta, satis ad morbos propensa: non recte se habebat Cicero in adolescentia: non omnino ualebat: minus belle habebat, se habebat: non optime ualebat: ualetudine erat infirmior: uiribus

Toscane e Latine.

bus parum firmis, corpore non satis firmo utebatur: ualetudinis, firmitudinis, firmitatis, uirium, roboris adolescenti Ciceroni minus erat, quam satis esset, parum ualidae uires erant: infirmior erat, imbecillior, tenui, incommoda, uitiosa ualetudine, parum ualidus erat, infirme ualebat, ualetudine erat imbecillior, ualetudinis uitio laborabat, uale tudinarius erat Cicero.

Se studierai piu moderatamente, ogni giorno farai miglior complessione, migliorerai di complessione, farai piu gagliarda complessione, diuerrai piu ga= gliardo, piu robusto, piu sano, a miglior stato di complessione ti ridurrai.

Si modum studijs impones, facies, statues, si tibi moderaberis in studijs, si studia moderabere; si ti= bi parces in studijs, ualetudine melior fies; ualetu= dinem confirmabis, conualesces quotidie magis, fir mior, ac ualidior fies, bonae ualetudinis, firmita= tis, uirium, roboris quotidie plus assequeris, ad per fectam ualetudinem quotidie propius accedes.

Componimenti.

Piaceuano a tutti i componimenti di Marco Varrone per la dottrina, non per eloquenza: lodaua ogniu= no gli scritti, i libri, le opere di Varrone.

Scripta Varronis ex doctrina optius, quam eloquentia, magis ob doctrinam, quam eloquen= tiam, rerum caussa, non uerborum, probaban= tur ab omnibus : libros Varronis, ea quae Varro

E   chartis

chartis mandabat, litteris committebat, compo=
nebat, scribebat, litteris persequebatur, litteris
explicabat, litterarum monumentis tradebat, pro=
debat, mandabat, committebat, commendabat,
monumentis & litteris mandabat, ea probabant
omnes, rerum fructu potius, quam specie uerborum adducti.

Gli antichi hanno scritto, hanno insegnato co' loro com
ponimenti, hanno trattato ne' loro scritti cose mol=
to honorate della uirtù: hanno gli antichi fatto co
noscere per mezzo de' loro scritti, con la loro indu
stria bellissime cose della uirtù, hanno lasciato cõpo
nimenti delle lodi, e del frutto della uirtù ripieni.

Ita ueteres de uirtute scripserunt, ut in libris
eorum singularis eniteat, eluceat, emineat, excel=
lêt, industria: praeclara sunt a ueteribus ad bene=
uiuendum scripta, de uirtutis praestantia tradita,
prodita, memoriae mandata, monumentis consi=
gnata litterarum, scriptis explicata, consignata
chartis, tradita litteris, prodita litteris, mandata,
consignata, commendata, comprehensa, expressa,
explicata.

Tu componi molto bene, tu scriui eccellentemente, di
maniera, che rendi chiaro il tuo nome, che lode ne
riporti, lode te ne segue.

Scribis egregie, scribendi laude excellis, sub=
tiliter, & eleganter scribis, ita scribis, ita uer=
saris in scribendo, ita te in optima scribendi ra=
tione exerces, tua ut excellat industria: scribis ut
pauci,

pauci, propriam quandam laudem in scribendo consequeris: praeclara sunt, quae ingenio studioq. paris, quae tua parit industria: mirabiles sunt, minime uulgares ingenij, & industriae tuae fructus.

Vorrei che scriuessi delle cose mie, che i tuoi libri parlassero di me, che la tua penna mi facesse immortale, che le cose mie fossero da' tuoi componimenti honorate.

Velim a te nostrorum temporum consilia atq. euentus litteris mandari, res nostras monumentis comendari tuis: nostrū nomen tuis illustrari, et celebrari scriptis, tuis ornari scriptis ualde uelim: gloriae sempiternae commendari per te cupio.

Sempre tu componi cose belle, & honorate.

Semper aliquid ex te promis, quod alios delectet, te ipsum laudibus illustret.

Desidera grandemente di comporre in materia delle tue eterni lodi.

Satisfacere immortalitati laudum tuarum mirabiliter cupit.

Comprendere.

Facilmente ho compreso, leggiermente ho conosciuto, facil cosa mi è stata da uedere, facilmente ho ueduto, ho potuto giudicare, che le tue lettere gran piacere gli hanno recato.

Litterae tuae, quod facile cognouerim, intellexerim, senserim, coniecerim, iudicauerim, quod facile nosse, intelligere, sentire, coniicere, coniectura consequi licuerit, potuerim, ei periucundae fuerunt

E 2 summam

summā ei iucunditatem attulerunt, perpererunt, magna illam iucunditate affecerunt, perfuderunt.

Confarsi.

Questo non si confà con quello che tu mi hai scritto, non ha somiglianza, non conuiene, non hà che fare con le tue lettere.

Non est hoc tuis litteris consentaneum, non conuenit cum tuis litteris, non consentit, non congruit, non quadrat, discrepat a tuis litteris, dissentit a tuis litteris, abhorret a tuis litteris, alienum est a tuarum litterarum sententia.

Tu non ti confai con persona del mondo.

Cum nemine prorsus tibi conuenit: tui mores ab omnium moribus abhorrent: aptus non es, ineptus es, minime accommodatus ad mores, ad consuetudinem, ad naturam, ad ingenium cuiusquam: nescis uti cuiusquam consuetudine, alienus es ab omnium consuetudine, ac moribus: non facile tuos mores ad cuiusquam mores conformas: morosus es, nimiumq́ difficilis in consuetudine, et usu: ita te morosum difficilemq́ praebes in cōsuetudine, ita mores aliorum fastidis, ut nemo te, tu nemine uti possis, ut neque tu quemquam, neque te quisquam ferre possit, ut neque tu consuetudine cuiusquam, neque tua quisquam uti possit.

Confidare in se stesso.

I Filosofi non sogliono dipendere dalla fortuna, la quale può molto nelle cose humane, ma confidano in se stessi, ogni speranza in se stessi ripongono.

gono, ogni cosa da se stessi aspettano, appoggianfi alle proprie forze.

Hic est mos philosophorum, ea uitae ratio, illud institutum, non ut a fortuna pendeant, cuius est in rebus humanis maxima uis, sed ut in se ipsis omnia statuant, collocent, ponant, omnes in scipsis sitas ac locatas rationes, & spes habeant; se spectent ipsos; suis nitantur uiribus; nihil aliunde expectent, a scipsis omnia; praesidia constituant ad omnes casus, in se ipsis omnia.

Confortare, per consolare.

Niuna cosa può consolarmi cosi graue dolore, che mi preme: niuna ragione è bastāte a porgermi cōforto ha forza di solleuarmi, isgrauarmi dal dolore, scemarmi il dolore, diminuirmi la doglia, alleggierirmi la paßione, rendermi il cordoglio men graue, me no acerbo, meno amaro, por fine, termine, misura al mio dolore: niuna cosa è che possa trarmi l'animo di dolore, liberarlo dal dolore, sanarlo di quella piaga, che il dolore gli fa, qual ragion'è, qual speranza, qual rimedio, che possa s' appresso me niuna consolatione ha luogo, è souuerchio, è debole, poco utile, di poca uirtù ogni conforto; egli è impoßibile, ch'io diponga, ch'io lasci, temperi, raffreni il mio dolore; non fie mai, che l'animo mio la sua smarrita uirtù ripigli: cosi grauemente il dolore l'ha percosso: niuno accidente renderà mai all'animo mio quell'allegria, quella giocondità, quello stato, quella forma, che il dolore gli ha tolto, onde to, onde il dolore l'ha rimosso.

Nihil est, quod solatium, consolationem praebere, afferre, parere, solatio esse, consolationi esse mihi possit: nulla res est, quae recreare, reficere, leuare, uindicare a dolore, liberare solicitudine, eximere dolore, abducere a cura, auocare a molestia, abstrahere, auellere a maerore animum meum possit: afflictum a maerore animum, languentem, iacentem erigere, excitare, confirmare nulla iam consolatio potest: affectum dolore animum sanare nulla ratio queat: laboranti animo, aegrotanti, pessime affecto mederi satis nulla ratio ualet, parum apta remedia reperientur, inutilis, infima, inanis, superuacanea prorsus omnis medicina est: quis iam homo (dicerem, nisi esset impium, quis iam Deus) animo meo uirtutem, dolore ereptam, restituere possit? quis ea sanare uulnera, ijs uulneribus mederi, medicinam offerre, remedium inuenire, quae mihi fortuna intulit, imposuit, inflixit? ita dolore obruor, ut emergere nulla ratione possim? ita malis opprimor, prorsus ut respirare non liceat: respuit iam animus meus, quasi desperata salute, omnem medicinam, remedia cuncta, omnia consolationum genera: frustra in me consolando ponitur opera, inanem operam sumit, qui ad me consolandum aggreditur: insitus, infixus in animo dolor ita penitus est, ut euelli nulla ratione possit, ut nulla uis rationum possit esse tanta, quae illum, ne die quidem adiuuante, possit euellere, extrahere, educere, eripere:

pere: finem facere dolori meo, finem imponere, modum statuere, terminum statuere, dolorem modera-
ri, neque homo est, neque res ulla, quae possit: non
est ut possim in dolore mihi temperare, dolore ab-
stinere, dolorem sedare, abijcere: ipse me ad eam hila
ritatem, eam iucunditatem, quam dolor ademit, reuo
care, referre me ad pristinam animi aequitatem, in
eum statum, unde me dolor deiecit, deturbauit, depu
lit, detrusit, restituere.

Confortare, per essortare.
Debbono que' padri, che hanno cura del bene de' loro
figliuoli, non alla robba confortarli, laquale facilmente la fortuna e ci dona, e ci toglie, ma a quelle
arti, che in tutta la uita si posseggono: debbono am
monirli, sospignerli, incitarli, spronarli: debbono lo
ro proporre, mettere inanti gli occhi, dar' a uedere,
far conoscere, dimostrar con ragione il frutto, e la
lode di quelle arti, che altri che morte non ci toglie: debbono configliare, ricordare, con tal consiglio operare.

Decet parentes illos, qui liberis consultum uo-
lunt, non eos ad rem cohortari, quam facile, nullo
negotio, arbitratu suo tum largitur, tum eripit fortuna, uerum ad eas artes, quarum uitae par usus &
possessio est: auctores filijs parentes esse debent, ut
ad eas artes, ad earum artiem studia sese confe-
rant, applicent, animum adiungant, toto animo in-
cumbant, quarum possessio uitam aequat: impelle-
re filios parentes debent, incitare, consilio, rationi-
E 4 bus,

bus, argumentis adducere ad eas artes, laudare illis eas artes, ostendere illis earum artium fructum, hortatores esse ad eas artes, id consilij dare filijs parentes debent, ita consulere, eā suscipere cohortationem, ea cohortatione uti, ea demum est apud filios egregia parentum cohortatio, qua impelluntur ad eas disciplinas, quarum est aeterna possessio, quarum nobis fructum una mors adimit, quarum usus interitu uitae, nulla re praeterea, terminatur.

Conoscere.

Io lo conosco benissimo, so molto bene, chi egli è, ho compiuta notitia de' fatti suoi, interamente sono informato di lui: ho piena contezza di lui, e dello stato suo: sonomi note le sue qualità.

Pulchre hominem noui, probe noui, praeclare, perfecte, plane, penitus, sensus eius egregie teneo, habeo illum omnino cognitum, neque ipse me, neque status eius ulla ex parte latet, praeterit, fugit, qui sit, quo animo, quo sensu, quo ingenio praeditus, optime noui.

Conscienza.

Che animo io habbia sempre hauuto uerso di te, mi è testimonio la mia conscienza, son'io consapeuole a me stesso, posso io renderne testimonianza farne fede, darne conto a me stesso.

Quo fuerim semper in te animo, qui meus fuerit erga te animus, quo sensu in te fuerim, quo modo animatus, testis ipse mihi sum, teste uti me ipso possum, testem habeo conscientiam meam, teste

ste licet uti conscientia mea, conscius ipse mihi sum.

Consentimento.

Di consentimento uniuersale la cosa fu operata, per cõmune giudicio, lodando ogniuno, approuando ogni uno, acconsentendoui ogniuno.

Communi consensu, consensione omnium, omniũ iudicio, approbatione, sententia, consentientibus cunctis hominibus, approbantibus, nemine prorsus dissentiente, nulla cuiusquam discrepante sententia, acta res est, gesta, administrata: in ea re gerenda omnes consenserunt, consensus omnium par & idem fuit, omnes omnium sententiae conuenerunt, nemo dissensit, sententiarum uarietas nulla fuit, dissimilitudo uoluntatum, aut opinionum nulla prorsus exstitit, sensu diuerso nemo fuit, omnes omnium uoluntates, opiniones, sententiae, iudicia congrueru nt.

Consentire.

Consentirò che tu faccia questo, se tuo padre tene consiglia, lodero che tu'l faccia, approuerò, sarò del tuo parere, accompagnerò il mio giudicio col tio, entrerò nella tua opinione.

Assentiar tibi, probabo tuum consilium, meam sententiam ad tuam aggregabo, meum iudicium cum tuo coniungam, ita sentiam quod tu sentis, ita faciundum iudicabo, si modo, id ut facias, suadet, censet, auctor est, consulit pater tuus, assentiar tibi, assentiente patre tuo, si faci appro=
bante

bante patre, si tuo cum iudicio patris tui iudicium cō
gruit, si de patris sententia facis, si pater non dissentit, si ad tuam sententiam pater accedit.

Conseruare.

Contentomi di conseruare quella robba, che mio padre mi ha lasciata: bastami a custodire, a mantene-
re, ritenere nello stato suo, non diminuire il patrimonio.

 Rem mihi a parente traditam seruare, conserua
re, custodire, tueri, incolumen tueri, non imminuere,
satis est: nullam patrimonij partem imminuere, nullam adimere, nihil de patrimonio detrahere, patrimonium in eodem statu retinere, satis habeo: conten
tus patrimonio sum: de augendo patrimonio nihil la
boro, cogito, curo, solicitus sum, anxius sum, curam
nullam suscipio, nulla me tenet, nulla solicitat, nulla
exercet cura.

 Pur che l'honore mi si conserui, poco mi curo di perder
parte della robba: pur che l'honore non mi sia tolto,
non mi sia diminuito, conserui lo stato suo, rimanga
nel suo stato, rimanga il medesimo, non patisca danno, non senta offesa, non riceua ingiuria.

 Sit modo dignitas incolumis, adimi de fortuna
non recuso: liceat modo dignitatem tueri, incolumem seruare; permaneat dignitas in eodem statu:
modo ne rogar de statu meae dignitatis demigrare: sit eadem dignitas, ne mutetur, ne deminuatur,
ne laedatur, ne qua iniuria, damno, detrimento
afficiatur, ne quid iacturae faciat, ne quam iacturam

ram subeat, sustineat, ferat, pa' tur, ne damni quid
faciat, ne de dignitate detrahatur, adimatur, immi=
nuatur.

Considerare.

Quanto piu considero la uarietà della fortuna, tanto
maggiormente rimuouo l'animo dal desiderio delle
ricchezze: quanto piu penso, miro fiso, indirizzo il
pensiero, la mēte riuolgo all'instabilità, al uario cor
so, a gli effetti diuersi della fortuna.

Quo diligentius, studiosius, accuratius cogito, at
tendo, animaduerto, meditor, mente animoq. conside
ro, in animo uoluo, mecū ipse perpendo, examino, pō
dero uarietatem, instabilitatem, leuitatem, inconstan
tiam fortunae, euenta uaria, uarios rerum euentus,
qui a fortuna pendent: quo magis ad fortunae uarie
tatem specto, animum intendo, intueor, meas cogita=
tiones conuerto, eo longius a cupiditate diuitiarum
animum abduco, remoueo, aufero.

Consigliare.

Consigliotifar questo, se della tua lode ti cale: te ne con
forto: giudico che tu debba farlo: lodo che tu'l fac=
cia: piacemi che tu'l faccia: questa è la mia opinio=
ne: son di opinione, di parere.

Hoc tibi consilij do, tua de laude si laboras, tua
si tibi laus curae est, cordi est.: te hortor, adhor=
tor, cohortor, suadeo auctor tibi sum: hoc est meum
consilium: mei consilij hoc est: mea haec est senten=
tia, opinio, meus sensus, meum iudicium, ita cen=
seo, ita mihi uidetur, placet, probatur, si me audies,

hoc

hoc facies, si meum consilium sequeris: mea tibi sen=
tentia si probabitur, me approbante facies, de mea
sententia, meo consilio, meo suasu, me auctore, si me
putas quidquam sapere, non esse prorsus insipientē,
aliquid uidere : si meum consilium habet aliquid a-
pud te ponderis, hoc facies, ages, aggredieris, susci=
pies, faciundum tibi iudicabis.

Consigliarsi.

E cosa da sauio, il consigliarsi con gli amici ne' dubbio
si partiti, il richiedere il consiglio de gli amici, l'opi
nione, il giudicio, il parere de gli amici, il ricorrere
per consiglio a gli amici, il ualersi del consiglio
de gli amici, l'usare, l'adoperare il consiglio de gli
amici.

Sapientis est, incertis in rebus, dubijs, ambi=
guis, obscuris, in controuersia positis, in aliqua
difficultate constitutis, in ancipiti rerum statu, ami
cos consulere, in consilium adhibere, ad amicos re=
ferre, ad consilium amicorum confugere, amicorum
consilio uti, sententiam exquirere, adire ad amicos
consilij caussa, petere consilium ab amicis, uelle
cognoscere, quid amicis uideatur, quid amici sen=
tiant, qui sit amicorum sensus, quae sententia, quid
habeant opinionis, probent, censeant, iudicent, faci
endum existiment.

Consiglio.

Rare uolte il consiglio de' uecchi è cattiuo : per l'ordi=
nario è buona l'opinione de' uecchi, è sauio il giudi=
cio, è ragioneuole il parere.

Senum

Senum cõsilia non saepe inutilia sunt, inania, stul
ta, absurda: raro labitur senilis aetas: in consilijs, sa
pienter fere consulit senilis aetas: optimis, ac fir=
mißimis rationibus fere semper nititur senilis opi=
nio, sententia: sapienter consulunt senes, optimam
partem eligunt, nõ peccant in consilio, non errant,
non labuntur, non offendunt: quorum grandior est
aetas, qui longius aetate processerunt, is eorum solet
esse sensus, qui a ratione nõ discedat, recedat, procul
absit, qui cum ratione congruat, quem ratio confir=
met, a quo ratio non dissentiat.

Consolare.

Cosi pensando, con questo pensiero ti consolerai grandemente, gran conforto porgerai a te stesso, alleg=
gierirai la tua pena, medicherai la piaga del tuo
dolore.

Haec te non mediocriter cogitatio confirmabit,
haec si tibi propones, apud animum tuum propones,
animo agitabis, animo spectabis, leuabis tuum luctũ,
leuabis te luctu, aegritudine, solicitudine, cura; sa=
nabis uulnus doloris tui, ipse te lenies. Vedi la paro=
la, Confortare.

Confumare.

Il dolore mi confuma, distrugge, strugge, conduce a
fine.

Dolore contabesco, consumor, conficior, peri=
mor, exanimor: me dolor interimit, perdit: mihi dolor uitae finem facit.

Tu consumi la robba inutilmente, acquistata da
tuoi

tuoi maggiori con grandißime fatiche : tu getti
uia, mandi a male, distruggi, guasti le tue fa=
cultà.

Rem consumis, perdis, disperdis, male perdis, dissi
pas in res inutiles, inanes, leues erogas, partā, quae
sitam, comparatam, congestam summis laboribus
maiorum tuorum, quam maiorum tuorum summa
collegit industria.

Contendere.

Non è da contendere co' piu gagliardi, non è da con=
trastare, da uenir in conteso, in contrasto, uenir alle
mani, uenir in questione.

Contendere, certare, pugnare, altercari cum ua=
lentioribus non debemus: aduersus ualentiores, fir=
miores, robustiores, paratiores, a uiribus suscipien=
da contentio non est.

Si contese sopra di questo insino a notte.

Haec usq. ad noctem ducta controuersia est, lis,
contentio, pugna, altercatio.

Contentarsi.

Io mi contento dello stato mio: non mi dolgo dello stato mio: non richieggo miglior fortuna: bastami quel
lo che hò: non si stende il desiderio mio a piu di quel
lo, ch'io hò: non esce l'animo mio di questi termini:
io mi acqueto allo stato presente delle cose mie.

Contentus sum rerum miarum statu : sufficit,
satis est, abundè est, quod habeo: acquiesco re=
bus meis, maiora non appeto: continet se intra si
nes hos animus meus, non prolabitur, non excur=
rit,

rit, non se longius effert, non se tollit altius: plus a for
tuna non postulo.

Contentezza.

Sarammi di molta contentezza la tua sanità : molta
contentezza, allegrezza, gran piacere, conforto, di
letto riceuerò, piglierò, sentirò dalla tua sanità.

Tua mihi ualetudo magnae uoluptati erit; affi=
ciet me uoluptate, afferet mihi uoluptatem, laetitiã,
pariet gaudium, iucunditatem, oblectationem, hilari
tatem: uoluptatem capiam, suscipiam, percipiam, su
mam, colligam, hauriam ex tua ualetudine, corpore
tuo confirmato.

Continuare.

Se queste guerre continueranno, fie distrutta in poco tē
po tutta l'Italia : se le guerre dureranno, piu oltre
procederanno, piu oltre si stenderanno; non si con=
durranno presto a fine, non uerranno a fine, non fini
ranno, non si forniranno.

Haec si bella durabunt, permanebunt, perpetua,
diuturna, fixa erunt, quo coepere cursu procedent,
longius producentur, non consistent : nisi bellis finis
imponatur, fiat, afferatur: nisi bella finiantur, termi
nentur, ad exitum perducantur: perijt uniuersa Ita
lia, desperata omnis Italiae salus est, actum est de sa=
lute Italiae, suam salutem Italia desiderabit.

Tu non continui, non perseueri nella tua opinione,
non stai saldo sulla tua opinione, non mantieni la
tua opinione, non stai fermo, non sei stabile nel tuo
propo=

proponimento.

Non permanes in eadem sententia, non persi=
stis, non perseueras, non pergis: tuam sententiam nō
retines, non tueris, non seruas: tibi non constas: disce
dis a sententia: labas in sententia: eadem non est, fixa
non est, infirma est tua sententia: mutas sententiam,
consilium, opinionem: discedis a sententia, consilio,
opinione: sensus tuus non idem est, alius nunc est, im=
mutatus est.

Conto.

Se farai bene i tuoi conti, se calculerai le cose tue, se le
ridurrai a'conti, se ne farai ragione, trouerai il dan
no della tua robba.

Si putaueris, supputaueris, duxeris, subduxeris
rationes tuas, si, subductis rationibus, summam facies
rerum tuarum, summam colliges, perstringes, confi=
cies, in unum coges, rei tuae familiaris iacturam de=
prehendes, aperies damna rerum tuarum, detrimen=
ta patefacies, intelliges, senties.

Al conto che fo io, nel giorno della battaglia le naui
partirono.

Vt rationem in eo, ratione colligo, ex ratione
conijcio, ut mea ratio est, ut mihi ostendit ratio, ut
mihi ex ratione liquet, liquido patet, facile con=
stat, quo die proelium commissum est, eodem naues
profectae sunt.

Contrario.

Tu ci sei troppo contrario: ci fai troppo gran con=
trasto: troppo le tue forze adoperi contro a noi:
con

con troppo studio procacci il nostro danno, troppo acerbamente ci persegui, troppo grande auuersario ti dimostri, troppo fiero è l'impeto tuo contro a noi.

Nimium grauiter nos oppugnas, aduersus nos pugnas, nobiscum pugnas, nobis aduersaris: nimium te acerbum habemus: nimium nobis infensus es: quidquid habes uirium, contra nos confers: irruis impetu quam potes maximo: facis maximum impetum contra nos: aduersarius infensus nimis, infestus, grauis, acer, uehemens, saeuus, propensus nimis ad exitium nostrum, nostrum sanguinem nimis auide sitiens, totus incumbens ad perniciem nostram, contra nos, in nos, aduersus nos, inique nimis agis, moues omnes machinas, omnia moliris, nihil non tentas.

Queste cose sono contrarie all'honor tuo, offendono l'honor tuo, macchiano l'honor tuo, sono di danno all'honor tuo, apportano danno, recano danno, partoriscono danno, nocciono, punto non giouano all'honor tuo, non si accordano con l'honor tuo, non si confanno, non conuengono.

Haec honori tuo, tuae dignitati, tuae laudi aduersantur, aduersa sunt, nocent, officiunt, labem inferunt, maculas inijciunt, tenebras offundunt, damno sunt, detrimento sunt, iacturam afferunt, de honore tuo detrahunt, adimunt, auferunt, laedunt honorem tuum, imminuunt, turpi labe inficiunt, quasi tenebris circumiectis, circum-

F   fusis.

fusis, offusis obscurant.

Corrucciarsi.

Si corrucciò grandemente: andò in grandissima colera: montò in colera: sali in colera: adirossi
stranamente, fieramente, oltra modo: fu da
troppo gran colera assalito, e preso: di gran colera s'infiammò.

*Exarsit iracundia uehementi: exarsit uehe-
menter: excanduit, commotus est, incensus, inflammatus ira uehementi: furere coepit: furor illum inuasit.*

Cortese.

Cesare oltre molte altre uirtù, che fiorirono in lui, fu
il piu cortese huomo del mondo, non hebbe pari al
cuno di cortesia, fu superiore a tutti, auanzò ogni
uno, uinse tutti gli huomini di cortesia, nell'usar
cortesia fu il primo, fu singolare, operò cortesi
effetti piu di huomo, che nascesse mai.

*Caesar, praeter multas, quibus floruit, uirtutes;
ut uirtutes, quibus enituit, quae in illo uiguerunt,
multas omittam; ea fuit humanitate, eius humanitatis, ea praeditus humanitate, ut nihil supra
posset, ut nemo cum illo conferendus, comparandus, aequandus, nemo illi par fuisse uideatur: liberalitate Caesar excelluit, omnibus antecelluit,
praestitit, omnes uicit: nihil Caesare humanius,
humanitatem Caesar ita coluit, ut nemo magis:
nemo illo fuit ad humanitatem propensior, proprio quodam naturae munere factus ad liberali-*
tatem

.tatem uidebatur, singularem in exercenda liberalitate, & praecipua quadam laude dignum iure Caesarem dixeris: laudem liberalitatis praeter ceteros Caesar tulit: laus liberalitatis uni maxime Caesari debetur.

Cortesia.

Tu hai fatte di molte cortesie nella prouincia, hai usato grande humanità, hai dimostrata una gran benignità.

Late patuit in prouincia liberalitas tua, tua excelluit humanitas: nemo est a te nō liberalissime tractatus, liberalitatem in te nemo desiderauit: prolixa fuit in primis, ac benefica natura tua, sic ut nihil magis, fructus liberalitatis tuae uberrimi fuerunt, ad multos peruenerunt, pertinuerunt.

Cosa.

Tutte le cose tue, le facende, i tuoi affari, ciò che a te appartenerà, ogni tuo interesse, negocio, traffico, mi sarà a cuore quanto si conuiene.

Ego tuas res pro eo ac debeo, uti debeo, tua negotia, quidquid ad te pertinebit, diligenter agam, curabo.

Tu non potcui operar cosa ne piu bella, ne di maggior reputatione.

Nihil neque elegantius, neque ad honorem praestantius effici potuit: facinus fecisti pulcherrimum, & in primis honorificum: speciosa res est, ualdeq. ampla, quam praestitisti.

*La cosa non si forni, non peruenne a fine, non si conduſ-
ſe all'ultimo effetto, ma ui mancò poco.*

Sublata res tota non est, sed magna tamen ex
parte profligata: parum abest, quin ad exitum res
peruenerit: eo res proceßit, ut ab exitu non longe
abfuerit, ut ad exitum paene peruenerit, exitum
paene attigerit.

*Le cose mie si trouano hora in altro stato: altra for-
ma hanno hora le cose mie, diuersamente, in altra
maniera stanno hora le cose mie.*

Diuersa nunc mea ratio est, non eadem est, im-
mutata est ratio rerum mearum: alius est rerum
mearum status: aliter se meae res habent: non eodem loco, non eodem loci sunt, alius est rerum mea
rum status.

*Le cose tue sono salue come prima, niun danno è segui
to nelle cose tue.*

Res adhuc tuae tibi sunt integrae, saluae, in-
columes: nullam res tuae iacturam tulerunt: nihil detractum est de tuis rebus: incolumitatem ob-
tinent res, rationes, fortunae tuae: bene est rebus
tuis, nihil praeter uoluntatem, nihil secus, contra
quam uelis.

*Io ti ho dato il gouerno delle cose mie senza intrigo,
con poche brighe, con picciolo trauaglio.*

Res meas tibi tradidi satis aptas, explicatas,
expeditas, optime constitutas, nullis difficultatibus implicatas, eiusmodi, ut exhibere tibi negotium aut nullum, aut certe minimum poßint, ut labori

bori tibi esse, aut molestiae nequaquam possint.

Costume.

Egli è costume uniuersale, che ogniuno si difenda contra chi uuole offenderlo: è proprio di ogniuno, usa si, e dato a tutti dalla natura, naturalmente ogni uno ha per usanza.

O Mos hic omnium est, consuetudo est, institutum est, moris est, consuetudinis, instituti, mos obtinuit, in ualuit, ita fert omnium consuetudo, mos communis, nemo non ita consueuit, omnibus est a natura tributum, ita natura comparatum est, ita comparatum est, habent hoc omnes a natura, ita facti, ita instituti natura omnes sumus, ut uim ui repellamus, ut ab iniuria nos tueamur.

Io mi marauiglio grandemente, che tu habbi tanto mutato il tuo costume, cangiato usanza, lasciato l'ordinario tuo.

Mirari satis non possum, cur a tua consuetudine tam longe discesseris, recesseris: tam ualde desciueris, te remoueris, te abduxeris, cur alius plane factus sis, cur a te ipso discesseris, cur te tui tam dissimilem praebeas, cur te tui similem non praestes, cur, qui adhuc fuisti, cum te non praestes, non praebeas.

Alcuni nella prima giouinezza cattiui costumi dimostrano, e dapoi riconosciuti, a piu lodeuole uita si riuolgono.

Perditis in adolescentia moribus multi sunt,

qui deinde, meliorem adepti mentem, meliorem ad mentem, ac sententiam reuocati, resipiscentes, honestius uitam instituunt, honestioris uitae initium ordiuntur, laudabiliorem uitā exordiuntur: multorum est, impuris moribus, improbis, inhonestis, turpissimis, inquinata adolescentia, contaminata, infecta; uiuunt multi turpiter in adolescentia, student uitijs, turpem uitam colunt, inhoneste uitam traducunt, pecudum more uitam transigunt, procliues ad uitia sunt, turpi uoluntate capiuntur, culpam facile committunt.

Credere.

Credo certamente, fermamente, di certo, per cosa certa, tengo per fermo, porto ferma opinione, penso, presumo, stimo, giudico, ho ferma credenza, che du uerra come io pronostico.

Opinor, arbitror, puto, autumo, existimo, iudico, censeo, duco, ita mihi persuasi, in animum induxi, pro certo habeo, exploratum habeo, minime dubito, plane credo, prorsus, omnino, penitus, certo, pro certo, minime dubitanter, exitum fore, qualem sum auguratus, qui augurio meo respondeat, quem praedixi.

Crescere.

Qualunque cosa cresce, diuiene maggiore, si fa maggiore, accrescimento riceue; la medesima è necessario che scemi, diuenga minore, si diminuisca, perda l'accrescimento acquistato.

Quidquid augetur, crescit, maius, atque amplius

plius fit, amplificatur, quamcunque ad rem fit accef́
sio, aliquid accedit, accrescit;eandem minui, im=
minui,deminui, cōminui necesse est,attenuari,exte=
nuari,iacturam pati,de ea detrahi, deminui, adimi,
auferri.
Sarebbono cresciute ancor piu le discordie nella città,
se il senato non ui hauesse rimediato.

 Longius etiam ciuilis discordia manasset,proces=
sisset,progressa esset,grauior esset facta,nisi senatus
eam compresisset,represisset, retudisset, ei occur=
risset,obuiam iuisset,impedimenta obiecisset, impe=
dimento fuisset.
Crescera l'honor tuo, quanto piu i tuoi nemici cerche=
ranno di offenderti.

 Illustrabit amplitudinem tuam inimicorum
iniuria : quo magis obscurare, atque exstingue=
re tuam dignitatem iniqui tui conabuntur, eo
plus ad eam splendoris accedet, eo clarius elucebit, eo patebit illustrius, eo fiet clarior atque illu
strior.

Curarsi.

Poco mi curo di te, per li tui mali portamenti:
non so molta stima di te:non miro a te: non fo caso
di te.

 Ita de me meritus es, ita te gesisti, ea commisi
sti, cum te praebuisti,praestitisti, ut minimae mihi
curae sis,nullo apud me loco sis,minimum te curem,
minimum de te laborem,nullam prope tui curam ge
ram,in minimis te ponam.

F 4   Poco

Poco mi curo, poco ſtimo, poco prezzo, non ſo caſo, che tu habbi di me queſta opinione.

Facile patior te ita de me ſentire, exiſtimare, opinari, tuum hunc eſſe de n̄e ſenſum: contemno tuam de me opinionem, ſententiam, iudicium : tuam de me ſententiam inanem prorſus leuemq̃. duco : parui eſt apud me tua de me ſententia.

DA FANCIVLLO.

Inſin da fanciullo, dalla fanciulezza, da' piu teneri, anni, da' primi anni dell'età, dal principio dell'età, dalle culle, dalle faſcie, quando ſucchiai il primo latte, inſin dal naſcimento, quando prima gli occhi aperſi, quando uidi queſta luce.

Ab initio aetatis, a primo aetatis exordio, a' prima aetate, ab ineunte aetate, a primis temporibus, a puero, iam inde a puero, iam inde uſque a puero, a prima pueritia, a primis annis, a teneris, ut Graeci dicunt, unguiculis, a die natali, ab ortu primo, a quo die natus ſum, ex quo ingreſſus in uitam ſum, ex quo lucis uſura frui coepi, ex quo uitae limen attigi, animum ducere, ſpiritum haurire de caelo coepi.

Danari.

Egli ha di molti danari: è forte danaroſo: ha da ſpendere: ha quantità di danari: è ben fornito di danari: ha buona borſa.

Bene nummatus eſt, bene peculiatus, bene paratus

tus a pecunia, instructus a pecunia: abundat nummis copiosus est pecunia : minime pecuniam desiderat: multum habet in arca: refertus est pecunijs : pecuniae illi multum est: pecuniae multum possidet: magnam auri uim argentiq. possidet: in numerato multum habet.

Egli e una carestia di danari da non credere: il bisogno de' danari e grande: il danaro non corre.

Incredibiles pecuniae sunt angustiae: mira pae nuria nummorum est: summa nummorum difficultas est: pecuniae minimum tractatur: usus pecuniae prope nullus est.

Ho da riscuotere danari per uia di cambio.

Pecunia mihi ex permutatione debetur.

Danno.

Di gran danno fu alla republica di Roma la creatione de' tribuni della plebe, apportò gran danno, partori molti mali, fu di molte calamità cagione, sostenne Roma molte sciagure per la creatione de' tribuni.

Multa mala, damna, detrimenta, incommoda, in fortunia urbi Romae peperit, attulit, intulit, inuexit tribunorum pl. creatio: damna tulit, pertulit, sustinuit, passa est, perpessa est, cepit, accepit, damnis affecta est, in damna incidit, incurrit, magnam sui iacturam fecit, grauissimis afflicta malis est, uehementer uexata, ualde comminuta urbs Roma ex creatione, ob creationem tribunorum.

Gra

Gran danno patirono, sostennero, prouarono gli honorati studi delle lettere, quãdo Aldo Manutio mori: apportò, arrecò, partori gran danno, fu di gran danno cagione a' lodeuoli studi delle lettere la morte di Aldo Manutio: gran danno riceuettero le lettere per la morte di Aldo Manutio.

Multum iacturae tulerunt, graue detrimentum ceperunt, damnum adierunt, subierunt praeclara litterarum studia ex morte, obitu, interitu Aldi Manutij: graue uulnus optimis litteris inflixit obitus Aldi Manutij: ictu graui perculsae sunt, ac paene prostratae liberales disciplinae, quo die Aldus Manutius occidit, interijt, exstinctus est, perijt, obijt, diem obijt, oppetijt, mortem oppetijt, decessit, a uita discessit, e uita exijt, e uita excessit, uitam cum morte commutauit, morte sublatus est, morte nobis ereptus.

Rallegromi di hauerti conosciuto con poco mio danno, che il conoscerti di poco danno mi sia stato, poco mi costi, a poco danno mi sia.

Laetor, quod mercede non ita magna, leui detrimento, non admodum graui damno, satis exigua iactura, quo modo sis erga me animatus, quo erga me animo sis, quo sensu sis, qui tuus in me sit animus, qui sit sensus, intellexi; tuum in me animum, tuum sensum intellexi, perspexi, cognoui, aperui, patefeci.

La guerra ha danneggiato tutto il paese.

Summis difficultatibus regionem uniuersam
bellum

bellũ affecit:magnae calamitates ex bello, belli cauſ
ſa, propter bellum acciderunt, euenerunt, obuene=
runt, cōtigerunt, obtigerũt, illatae ſunt, allatae ſunt,
oblatae sũt uniuerſae regioni, uniuerſam regionem
in multas difficultates bellũ cōiecit, impulit, exitio=
sũ, perniciosum, calamitosum uniuerſae regioni bel
lum fuit, exitio fuit, damno, detrimento, incommo=
do, calamitati.

Dapocaggine.
Credeuaſi, ch'egli lo haueſſe fatto per dapoccaggine.
Hoc illi tribuebatur ignauiae : commiſſum hoc
ex ignauia homines interpretabantur : cauſſam hu=
iuſce facti in ignauiam conferebant:hoc ad ignauiã,
inertiam, deſidiam, languorem referebant: adſcribe
bant ignauiae, aſsignabant ignauiae, ignaui eſſe ho
minis aiebant.

Dare.
Il dare la uirtù, è di tutti i beneficii il maggiore.
Qui uirtutem tribuit, praebet, largitur, oſten=
dit, communicat, is tantum affert beneficium, quan=
tum eſſe praeterea nullum poteſt.

Datio.
Egli è ſopraſtante al datio, datiaro principale, gouer=
natore, rettore della gabella.
Magiſter ſcripturae eſt:ſcripturae praeeſt: uectigalibus praeeſt : princeps publicanorum eſt : illi
potiſsimum demandata uectigalium cura eſt:ei ma=
xime commiſſa uectigalia ſunt : unus praecipue ue
ctigalium curam gerit, ſuſtinet : uectigalia praeci=

puo

puo quodam iure, summo quodam iure exercet.

Debito.

Tuo debito è di honorare tuo padre, oltra tutti gli huomini, sei tenuto, obligato, dalla ragione constretto ad honorare tuo padre: ufficio tuo è, l'ufficio tuo richiede, che tu renda honore a tuo padre.

Debes patrem tuum colere ante omnes homines: est, cur patri tuo praecipuum quendam honorem praestes: tui muneris, tui officij, tuarum partium est, tuum munus, tuum officium, tuae partes sunt, hoc in te conuenit, ad te pertinet, a te postulatur, hoc tibi omnis ratio suadet, proponit, ut parentem tuum praecipuo quodam amore colas, obserues, tuearis, afficias.

Debitore.

E mio debitore di gran somma di danari: molti danari, gran quantità di danari mi deue.

Magnam mihi pecuniae uim debet : magno mihi meo aere obstrictus est: est in meis nominibus ex pecunia satis multa.

Debole.

Egli è debole di complessione per durare la fatica degli studi: non ha forze, è poco gagliardo.

Infirmior est, imbecillior est, infirmiore, imbecilliore, tenuiore ualetudine, infirmioris, imbecillioris, tenuioris ualetudinis est, corpore est infirmiore, imbecilliore, tenuiore, uiribus est infirmioribus, imbecillioribus, tenuioribus, quam ut studiorum laborem, studiorum onus ferre, perferre, sustinere

stinere poßit:minus habet uirium,roboris, quam ut
studiorum labori par esse poßit, quam ut ferendo
studiorum labori poßit esse: ualetudine utitur infirma,imbecilla,sic,ut labor eum studiorum facile pos
sit opprimere:eam illi ualetudinem, eas natura uires
negauit,quas laboriosa studiorum tractatio, aßidua
litterarum exercitatio,grauißima litterarum studia
postulant,requirunt desiderāt,exigunt:corporis, ua
letudinis,uirium infirmitas,imbecillitas,tenuitas facit, ut incumbere, quantum res poscit,in studia non
queant.

Degno.

Tuo figliuolo non è degno di eßer amato, non merita
di eßere amato,non è tale, che debba eßere amato,
non ha qualità,condicioni,parti, che di amore degno lo rendano.

Indignus est amore, ac beneuolentia filius tuus:
indignus est, qui ametur,non est,qui ametur; nullam uirtutē poßidet,nulla praeditus est arte,quae a-
morem conciliet,omnia prorsus animi bona, omnia
desiderat ornamenta, quibus beneuolentia colligitur,quae ad colligendam,quaerendam, comparan-
dam beneuolentiam faciunt, ualent, spectant, apta
sunt,accommodata,idonea,apposita: nihil est in filio tuo,quod homines ad illum amandum alliciat: ni
hil est in illo, quare diligatur: nulla arte, scientia,
uirtute,nulla plane re commendatur, ut inire gratiam ab hominibus, adiungere sibi homines aliqua
beneuolentia poßit.

Tu

Tu non sei degno di così gran beneficio.

Tanto merito indignus es: non is es, in quem tanta gratia conferatur: non ita meritus es, non ea tua merita sunt, ut affici tanto beneficio, ferre tantum beneficium debeas: non is est animus tuus, qui tantā gratiam capiat, comprehendere, complecti, capere, concipere, excipere possit: ineptus es ad tantam gratiam accipiendam: beneficij magnitudo tua merita uincit: impar es tanto beneficio.

Deliberare.

Ho deliberato niuna cosa fare senza consigliarmi teco: ho determinato, ho disposto, ho fermamente proposto, fermo pensiero ho fatto: è mio proponimento, mio fermo disegno.

Decreui, constitui, statui, certum consilium cepi, plane animum induxi, nihil ut facerem sine consilio tuo, nisi te approbante, nisi de consilio tuo, nisi tuo consilio uterer, niterer, deliberatum est, constitutum, iudicatum, captum consilium.

Desidero.

Desidero di esser nella città: ho gran uoglia di esser nella città.

Sum in urbis desiderio: desiderio me urbs afficit: desiderium me tenet urbis: urbis cupiditate flagro: animus meus in urbe est, urbem spectat, aestuat urbis desiderio, est in urbis desiderio.

Desidero grandemente la tua lode: molto mi è a cuore la tua lode, piu del tuo honore niuna cosa mi è a cuore: bramo di uederti honorato: oltra mo=
do

do sono uago dell'honor tuo.

Mire, mirifice, mirabiliter, mirum in modum, mirandum in modum, admirabili quodam studio tuam laudem, tuum decus exspecto, cupio, opto, exopto: percupio tuum laudem: sum in desiderio tuae laudis: cupiditate tuae laudis incredibili teneor, ardeo, flagro, sum incensus, sum inflāmatus, ducor, trahor, rapior, amore flagro, studio sum incensus, alacris animo sum, ut honestissimum te uideam, laude florentem, honoratum: tua mihi laus carissima est, cordi est, curae est, prima est, antiquissima, in maximis est, inter prima ducitur, inter ea, quae apud me summa sunt.

Desidero ueder di te quel medesimo, che di mio figliuolo.

Optime tibi cupio, sic inquam, ut filio meo: tua caussa cupio, quantum filij mei caussa uolo: cupio tibi secunda omnia, non minus quam filio meo: aeque tibi faueo, ac filio meo: animatus in te sum, ut in filium: quo in filium, eodem erga te animo sum.

Conosco quanto sei desideroso di lode.

Omnes tuos ad laudem impetus noui: quam sis ad laudem propensus, inclinatus, quanti sit apud te laus, quam labores de laude, quam uehementer ad laudem incumbas, quam laudi studeas, quo studio laudem sequaris, quae tua sit laudis cupiditas, praeclare noui, habeo cognitum.

Difendere.

Difendere.

Si come ti ho promesso, cosi difenderò sempre l'honor tuo, contenderò per l'honor tuo, sarò difensore dell'honor tuo, niuna contesa ricuserò per l'honor tuo.

Quod pollicitus sum, id re praestabo, ut honorem tuum defendam, tuear, ut honoris tui defensionem, contentionem, certamen suscipiam, ut pro honore tuo pugnem, contendam, certem, ut honorem tuum defendendum, tuendumq. suscipiam.

Difesa.

Cicerone tenne con la parte di Pompeio nella guerra ciuile.

Cicero in bello ciuili Pompeium secutus est, fuit in castris Pompeij, fuit in praesidijs Pompeij, stetit a Pompeio, stetit per Pompeium, Pompeij partes defendit, fuit inter praesidia Pompeij.

Difetto.

Se tu commettessi difetto, temerei non te ne auuenisse graue danno: se tu errassi, inciampassi, di ogni tuo difetto, errore, peccato, colpa, gran danno ti seguirà.

Offensionem in primis esse periculosam, magno tibi futuram damno, tibi affirmo: si quid offendes, errabis, secus efficies, committes, peccabis, laberis, si culpam commiseris, si quam in culpam incideris, si te minus honeste, minus sapienter gesseris, si te, quem non decet, eum praebueris, magno tibi consta bit, non mediocre damnum, non leuis iactura consequetur,

quetur, tuam culpam graui damno solues, magna
mercede redimes, grauissime lues.

Differenza.

È gran differenza tra le cose tue, e le mie: è gran disso
miglianza: non hanno che fare le cose mie con le
tue: altra forma, diuersa maniera, stato differen=
te hanno le cose mie dalle tue.

Dissimillima, diuersa in primis rerum nostra=
rum ratio est: meae rationes admodum a tuis diffe=
runt, discrepant, distant, dissentiunt: multum inter
res nostras interest: non idem est mearum ac tua=
rum rerum status: meae rationes aliter, ac tuae,
se habent, dissimiliter, diuerse, diuersa quadam ra
tione, prorsus alio modo.

Egli è gran differenza da te a tuo padre: tu non rasso
migli, non rappresenti tuo padre, non operi di ma=
niera, ch'egli sia riconosciuto in te stesso: sei mol=
to da tuo padre differente.

Patris tui dissimilis es: patrem non refers, non
imitaris: parentis tui consuetudo in te desideratur:
parenti tuo dissimilem te praebes: tua ratio a pa=
tris tui ratione longe distat: a patris consuetu=
dine longe discedis: non agnoscitur in te pater
tuus.

Difficile.

La cosa è difficile, ha in se molta difficoltà, è mala
geuole,

geuole, non è facile, non è tale, che facilmente pof=
sa farsi: difficilmente, malageuolmente, non facil=
mente, non di leggiero, a gran pena, con molta fatica, malamente si può fare.

Difficilis res est, laboriosa, non facillima, mini=
me facilis, difficultatis habet, negotij, laboris plu=
rimum: non ea res est, quae facile, paruo negotio, le=
ui labore, non magno studio possit effici: magnae dif
ficultatis, multi laboris, non parui negotij, non ope
ris exigui, laboriosa, operosa, grauissima res est, in
qua sudandum sit, sustinendi labores, multum ope
rae ponendum, uigilandum, excubandum animo
sit, non leuiter laborandum, studij multum, indu=
striae plurimum sit adhibendum.

Dilettare.

Se alcuna cosa al mondo, l'otio, e la quiete della uil=
la mi diletta, porge diletto, è di piacere, l'animo mi
conforta, rallegra, rende lieto, recrea, ristora, riem
pie di grande allegria, di gran piacere, di gran con
forto, pasce quasi di un cibo soauissimo, sparge di
allegrissimi, e diletteuolissimi pensieri.

Otium, & quies rustica mirum in modum me
delectat, oblectat, recreat, reficit, afficit, capt,
delectationem mihi affert, uoluptatem, iucundita=
tem, hilaritatem, gaudium, laetitiam delectatio=
ni est; delectatione me afficit: reus animo meo iu=
cundissimum est: rure, rusticoq; otio delector, mire
pascor: delectationem, uoluptatem, iucunditatem
ex rure capio, percipio, suscipio: otio illo, atque illa
quiete,

Toscane e Latine. 99

quiete, quam rustica parit habitatio, libentissime fruor: si ulla re, otio capior, & quiete rustica: animus meus uoluptate perfunditur, expletur, ex otio, rustico.

Diligente.

Loderei, che tu fossi nello scriuere piu diligente, piu diligentemente scriuessi, con maggior diligenza, maggior studio, maggior cura; che tu mettessi piu studio, e piu diligenza nello scriuere; che ne' tuoi scritti apparisse, si scoprisse, si uedesse maggior diligenza.

Velim te plus diligentiae, curae, operae, industriae, studij in scribendo ponere, locare, collocare, consumere: plus diligentiae ad scribendum conferri a te uelim: operam nauari studio maiore in scribendo cuperem: tuis in scriptis diligentiam desidero, requiro, maiorem postulo: non scribis accurate, non diligenter, non studiose, non ea, qua opus esset; qua res postulat, diligentia, minus, quam oporteat, diligenter: impiger in scribendo non admodum es.

Egli era piu di tutti diligente: uinceua ogniuno di diligenza: era superiore a tutti di diligenza: pari a lui, uguale, simile era niuno di diligenza.

Erat in omni genere officij maxime omnium diligentissimus, omnis officij diligentissimus: uincebat, superabat, anteibat, antecedebat omnes, excellebat omnes, praestabat omnibus, antecellebat omnibus: diligentia par illi, aequalis, similis, cum illo comparandus, aequandus, conferendus, compo-

G 2 nendus,

nendus in diligentia nemo fuit.
Dimandare.
Se a me non credi, dimandane a tuo padre, ricercane tuo padre, informati, intendi, fa di saperne da tuo padre.

Si mihi fidem non habes, fidem apud te si non habet oratio mea, roga patrem tuum, interroga patrem, quaere de patre tuo, sciscitare, cognosce: patris tui sententiam, uoluntatem, iudicium exquire.

Io ti domando questa gratia con molta instanza, come cosa oue si tratta di tutto l'esser mio: io ti chieggo, ti richieggo, te ne ricerco in gran maniera, con ogni affetto ti prego a farmi, a concedermi, a donarmi, a non negarmi questa gratia, a consolarmi con questa gratia, a riputarmi degno di questa gratia.

Singulari studio, quam possum studiosissime, ualde hoc ex animo a te contendo: hoc a te ita postulo, peto, contendo, ut fortunas in eo meas positas putem: uelim existimes, quod a te peto, id eiusmodi esse, ut meae fortunae omnes agantur, in eo consistāt, locatae, repositae, constitutae, sitae sint: sic a te peto, quasi in eo mihi sint omnia, quasi rationes ex eo meae pendeant, ad unum illud referantur.

Dimenticare.
Tu uiueresti piu contento, se ti scordassi delle passate sciagure: se dimenticassi, se cancellassi dell'animo tuo, se leuassi dalla memoria i tuoi accidenti

denti passati ; se tu disponessi, lasciassi, gittassi uia
la memoria de' tui infortuni.

Laetior tibi uita esset, iucundior, tranquillior,
tranquillius ageres, si tuos casus obliuiscereris, ex
animo tuo, mente, memoria deleres, euelleres, si me
moriam tuorum temporum omitteres, deponeres,
abijceres, ex animo deleres, si tua pristina mala,
tuos casus, tuorum temporum uarietatē obliuione
uoluntaria contereres, apud te deleret obliuio.

Dimestichezza.

Ho gran dimestichezza, gran famigliarità con lui già
molti anni : conuerso con lui, prattico, uso, tengo
cōuersatione molto dimesticamēte, famigliarissima
mente : e tra noi dimestichezza, e famigliarità: sia
mo l'uno all'altro molto dimestichi, e famigliari.

Multos annos utor eo ualde familiariter : magna mihi cum illo familiaritas, usus, familiaris consuetudo intercedit: mihi est famili aritate coniūctis-
simus : nihil est nostra familiaritate coniunctius : eo
sic utor, ut nec familiarius ullo, nec libentius: quoti
diana mihi cum eo consuetudo est : ita mihi familia
ris est, ut nihil esse possit coniunctius : magno mihi
familiaritatis usu coniunctus est, obstrictus est: ami
citia nostra summam ad familiaritatem peruenit.

Dimostrare.

Dimostrerotti l'animo mio, quando uerrà l'occasione,
darotti a uedere, paleserò, manifesterò, significhe-
rò, dichiarirò, aprirò, scoprirò, notificherò, renderò
palese, manifesto, chiaro l'animo mio.

Vbi res feret, cum occasio postulabit, indicabo tibi animum meum, patefaciam, significabo, declarabo, aperiam, testificabor, re tibi probabo: exstabit animus meus, patebit, constabit, perspicuus erit: significationem tibi dabo, signa ostendam, argumenta praebebo animi mei: animum tibi meum certa probabunt argumenta: ex apertis, minime obscuris, minime dubijs argumentis, signis, indicijs, testimonijs animum meum, meam uoluntatem, meos sensus cognosces, perspicies, intelliges, conijcies.

Nelle guerre mostrò di esser prode, e ualente huomo, si fece conoscere per ualent'huomo, diede chiari segni del suo ualore, fece uedere, e conoscere a sua fortezza.

In bellis ostendit se, probauit, praebuit, praestitit acrem ac fortem uirum: ita fortem, ac strenuam operam nauauit, ut magnam laudem tulerit: rem bellicam fortiter ac strenue tractauit, gessit, administrauit.

Dio.

Dio è somma bontà, somma giustitia, clementia, potestà, il rettore del cielo, fattore, e gouernatore dell'uniuerso, architetto del mondo: colui, che tutto può, a cui solo ogni cosa è palese; che tempera col ciglio gli elementi, a cui solo le cose passate, e le future sono presenti.

Bonitas in Deo, iustitia, clementia, potestas tanta est, quanta potest esse maxima: singulari Deus bonitate est, incredibili iustitia, immensa clementia,

tia, infinita potestate: is, qui cuncta creauit, cōdidit, architectatus est, ex nihilo excitauit, formauit, finxit: is, qui omnia regit, gubernat, moderatur, temperat: is qui rebus omnibus praeest, dominatur, imperat, a quo uno, cuius unius a uoluntate, nutu, imperio pēdent omnia; cuius potestas omnia cōplectitur; cuius in potestate omnia sunt; quem uerētur omnia; cui parent omnia; omnium rerum auctor, creator, cōditor, opifex, artifex, effector.

Qualunque a Dio non ricorre ne' suoi pensieri, è ingannato spesse uolte dall'humana prudenza.

Qui suas ad cogitationes Deum non adhibet, suis in cogitationibus non confugit ad Deum, sua consilia ad Deum non refert, cuius animus cum Deo numquam loquitur, saepe illum fallit humana prudentia, saepe is ab humana prudentia in fraudem, in errores inducitur, saepe labitur, aut offendit, aut errat ab humana prudentia ductus, ducē secutus humanam prudentiam, humanae prudentiae ductu, falsa quadam rerum humanarum specie deceptus.

Dio ha compaßione a gli afflitti, dona a tutti, soccorre a chi lo chiama.

Perfugium habemus ad Deum in nostris calamitatibus; tranquillitas est in nostris tempestatibus; naufragium timentibus portus est: afflictos diuina pietas excitat; amplißima est diuina liberalitas: patet omnibus, latissime patet, amplißime patet, ubiq. locorum est, nusquam non est diuina benignitas:

G 4

nignitas: qui non benigne facit Deus? ecquis est, in
quem Dei benignitas non exstet, qui diuinā benignitatem non senserit, expertus sit, re ipsa cognouerit,
perspicue uiderit, clarißime perspexerit? nemo di-
uinam opem frustra implorauit: praesto est, adest, o-
pem fert, opitulatur, subuenit Deus inuocantibus eū,
implorantibus eum, confugientibus ad eum.

Dir bene.

Auuenga che a' tuoi meriti non si conuenga; nondimeno ho detto ben di te, ho parlato di te honoratamente, cō tua lode ho ragionato, ho parlato in guisa che
lode te n'è seguito, ti ho lodato, honorato, essaltato,
sublimato ne' miei ragionamenti.

Licet non optime de me sis meritus; bene tamen
tibi dixi, honorifice de te sum locutus, mea fuit in
te honorifica oratio, uerbum ex ore meo nullum ex
ijt, nisi tua cum laude coniunctum; laudes in te contuli, licet immerentem, licet immerito tuo, laudaui
te, extuli, ornaui, affeci laudibus, extuli, ornaui: prae
clara quaedam in te contuli: dixi de te, quae tibi lau
dem parerent: iis de te uerbis usus sum, quae ad te ho
nestandum ualerent, uim haberent.

Dir male.

Ogniuno dice gran mal di te, sconciamente di te parla, stranamente ti uitupera, ua spargendo di te brut-
te cose, e dishoneste, ragiona con gran libertà contra l'honor tuo, ragiona di te in tal maniera, che
macchia

macchia & oscura l'honor tuo.

Peßime tibi omnes dicunt,turpißime, atque acer
bißime de te loquuntur:turpia quaedam, atq. inho≈
nesta in te conferunt:ualde te exagitant,iactant,in=
sectantur,uituperant,accusant,carpunt, uellicant:
omnes tibi grauißime obtrectant,de tua existimatio
ne multum detrahere conantur, liberrime inuehun=
tur in te,nefaria quaedam de te dißipant, dißemi=
nant,iactant,maledictis te onerant grauißimis:ma=
ledicta in te conferunt,congerunt, coniciunt:ita de
te loquuntur, ut honori tuo labem inferant, asper=
gant maculas,tenebras offundant,ut honorem tuum
turpi labe inficiant.

Dir molto.

Se l'eloquenza consiste nel dir molto, nel lungo ragio=
nare,nelle molte parole, tu sei il piu eloquente huo=
mo del mondo.

Si,cuius est prolixior,longior,uberior oratio,si,
qui diutius loquitur, qui lōgiorem sermonem habet,
qui plura uerba facit, is eloquentiam poßidet ; si ei,
qui uerbosior est, qui plura effundit uerba, ei laus
eloquentiae debetur.si uerborum in copia sita est elo
quentia;tu omnium qui uiuūt,eloquentißimus es, o=
mnes mortales eloquentia anteis.

Dir uillania.

Non sta bene a dir uillania ad alcuno.

Conuicium cuiquam facere non debemus: male
cuiquam dicere non decet: dicere conuicium cuiquā;
iacere

iacere conuicium, conferre conuicium in quemquã, conuicijs quemquam afficere, uexare, exagitare, iactare, turpe est, laudis non est, laudi non est.

Disagio.

Cesare nella guerra di Spagna conduffe le genti di Pompeio a grandissimi disagi, in bisogno grande di tutte le cose, a durissimo partito.

Caesar Hispaniensi bello Pompeij copias in summas angustias compulit, in maximas omnium rerum difficultates coniecit, eo redegit, ut omnium rerum paenuria laborarent, inopia premerentur, conficerẽtur, pessime acciperentur, in maximis angustijs, difficultatibus uersarentur, plurimis incommodis afficerentur, plurima sustinerent incommoda.

Non potendo darti utile, non intendo di uoler darti disagio, sconcio, disconcio, incommodo.

Si tibi utilis esse non possum, incommodare tibi nolo, incommodo tibi esse, incommodo te afficere, incommodum tibi afferre, parere, praebere.

Disconcio.

Quanto a me, me ne contento, pur che tu lo faccia senza tuo disconcio, senza disagio, senza incommodo, con tuo acconcio, agio, commodo.

Quod ad me attinet, facile patior, modo sine tuo incommodo fiat, modo ita facias, ne tibi incommodes, ne incommodo tibi sis, incommodo tibi sit, contra tuum commodum sit, tuo commodo aduersetur, quod commodo tuo facere possis, commode facere

eere poßis, sine molestia tua fiat.
Discordare.
Siamo discordanti di opinione, ma nell'amarci l'un l'al
tro molto conformi: diuerse sono le nostre opinioni,
ma gli animi si accordano: siamo differenti di opinio
ne non ci accordiamo nelle opinioni.

Discrepant sententiae nostrae, cum tamen aeq. in
ter nos amemus, mutuus inter nos amor sit: opinione
dissentimus, non uoluntate: nostrae sententiae non
congruunt, cum animi tamen nostri in amore cōsen
tiant: non idem sensus est, non idem iudicium, eadem
tamen uoluntas, eadem beneuolentia: opinionum est
inter nos dißimilitudo, non animorum: diuersa senti
mus, eadem tamen uolumus: animorum consensus in
ter nos est, opinionum dissensio.

Discordia.
Per le discordie ciuili sono ruinate molte republiche,
per le seditioni, le contese, le sette, le fattioni, le
parti.

Multas respublicas ciuiles discordiae perdide
runt, domesticae seditiones, intestina bella, cōtrouer
siae inter ciues, partium contentiones: e ciuilibus di=
scordijs, contentionibus, controuersiis, dissensioni=
bus, seditionibus multarum rerum publicarum per=
nicies fluxit, manauit, orta est.

Discortese.
Non uidi mai huomo piu discortese di lui: non co=
nobbi mai discortesia maggiore in huomo del mon=
do:

do: niuno mai conobbi a cortesia piu nimico, da cortesia piu lontano, a cortesia piu contrario.

Neminem, qui tam longe ab humanitate abesset, tam esset alienus ab humanitate, tam expers humanitatis, in quo minus esset humanitatis, umquam uidi: omnem prorsus humanitatem, liberalitatemq. naturae sic ignorat, ut nemo magis: minime omnium de humanitate laborat: officium negligit: ita nihil agit liberaliter, ut illiberalitatem esse uirtutem existimare uideatur.

Disegnare.

Ho nella mente un gran disegno: penso a cosa di molta importanza: mira l'animo mio a molto alta, e molto honorata impresa.

Magnum quiddam specto: magni momenti, magni ponderis rem in animo uoluo: praeclara quaedam, admodumq. sublimia suspicit, & cogitat animus meus.

Disegno.

Questo è stato il mio disegno, mio fermo pensiero, mia deliberatione, intentione, intendimento, proponimēto: questo ho io nell'animo proposto, disposto, deliberato, ordinato, determinato, conchiuso, fermamente pensato.

Cōsilium meum hoc fuit: hoc spectaui: hoc uolui: hoc secutus sum: id egi: huc retuli mea consilia, meas cogitationes: huc animum intendi, mentem direxi, consilia cōtuli: huc spectauit animus meus: hic animo meo, meisq. consilijs scopus fuit.

Disgra-

Disgratia.

Egli è uenuto in disgratia grandissima appresso tutti: è caduto, è incorso nella disgratia: è diuenuto odioso: è incorso nell'odio: ha operato di maniera, che si ha acquistata la disgratia di tutti.

In summam omnium inuidiam incidit, adductus est: inuidiosus apud omnes factus est: sic egit, ita se gessit, ut odio illum omnes habeant; ut in illum nemo sit optime animatus, nemo illi faueat, nemo de illo bene existimet: nulla fruitur hominum beneuolentia: premitur odio multorum: inuidiae est, odio est: in inuidia est, in odio est.

Io ho una disgratia particolare: non ha paragone, senza essempio, estraordinaria, maggior di ogni altra è la mia sciagura.

Praecipua, propria, minime communis mea fortuna est: singulari sum fato: longe alia condicione ego sum ac ceteri: ea est mea condicio, mea fortuna, ut conferri mecum nemo possit, ut exemplum simile plane nullum exstet.

Dishonore.

Ti farà dishonore il consumare la tua robba in cose uane, lo spendere le tue facoltà uanamente.

Si tuam rem male dissipaueris, perdideris, consumpseris, in res inanes erogaueris, coniecceris, dedecori tibi erit, infamiae, ignominiae, turpe tibi erit, infamia consequetur.

Disperare.

Non uoglio però disperarmi affatto, quantunque la
fortu=

fortuna mi habbi tolto ciò che di buono haueua:
non intendo di uoler abbandonar me stesso, git=
tar uia ogni speranza, pormi in disperatione, la=
sciarmi cader nella disperatione, entrar in dispe=
ratione.

Etsi fortuna mihi carißima quaeque abstulit, eri
puit, ademit, etsi me orbauit ijs rebus omnibus, quae
homini carißimae sunt in uita, nõ faciam tamen, nõ
committam, ut ipse me plane deseram, atq. destituã,
ut omnem plane spem abijciam, ut ab omni spe ani=
mum abducam, ut de meliore statu desperem, ut ad
desperationem adducar, redigar: fortuna me pror=
sus omni spe salutis orbauit; nec tamen nihil spero: ex
clusa spes omnis uidetur esse meliorum rerũ, aliqua
tamen spe nitor, sustentor, fulcior.

Dispiacere.

Gran dispiacere mi ha dato la lettera, oue scriui la mor
te di tuo padre: gran dolore mi ha recato, apporta=
to; di gran dolore mi è stato cagione: mi ha posto in
grande afflittione; mi ha generato nell'animo una
gran malinconia.

Magnum mihi dolorem, grauem solicitudinem,
acerbitatis multum attulit, peperit epistola tua de
interitu parentis tui: magno me dolore affecerunt
litterae tuae: ualde me perturbarunt, afflixerunt,
commouerunt: acerbe sum affectus litteris tuis: mo=
lestiae plurimum, doloris, solicitudinis, acerbitatis
cepi, accepi, suscepi, tuli, contraxi, hausi: legi magno
cum dolore, molestißime litteras tuas.

Sento

Sento qualche dispiacere.

Aliquid me mordet, pungit, afficit: est quiddam quod molestius feram, submoleste feram, in quo non nihil offendar.

Disporsi.

Io non potrò mai dispormi a parlargli: non potrò ottenere da me stesso, indurmi a far questa uiolenza all'animo mio.

Vt illius uultum subeam, imperare mihi non potero, impetrare a me non potero, adduci numquam potero, ipse mihi persuadere, animum inducere, animo uim inferre non potero.

Dispositione di animo.

Ti amo per li tuoi meriti, e per naturale dispositione dell'animo mio.

Fit beneficijs tuis, & inductione quadam animi mei, te ut diligam.

Distruggere.

Le discordie ciuili molte città delle piu honorate hanno distrutte, ruinate, a ruina condotte, mandate a male, gittate a terra.

Ciuiles discordiae, domesticae seditiones, ciuium dissensiones multas urbes, opibus admodum florentes, euerterunt, solo aequarunt, diruerunt, exciderunt, afflixerunt, perdiderunt, sustulerunt: multis urbibus perniciem, exitium, pestem, excidium, ruinam, interitum attulerunt, exitio fuerunt.

Diuoto.

Chi è diuoto, è riuerente uerso Iddio, in ogni cosa è felice: chi diuotamente, e religiosamente uiue, chi gouerna la sua uita con religione, chi serue a Dio, riuerisce Iddio.

Qui pius est, religiosus, pius in Deum, qui honorem Deo praestat, Deum animo spectat, Deo seruit, qui pietatem, & religionem colit, qui suum animū, suas cogitationes, sua consilia ad Deum refert, qui pie, religioseq. uiuit, qui cum pietate uitam ducit, qui omnibus in rebus ducem Deum sequitur, duce Deo utitur, ad Deum spectat, cuius est uita cum pietate coniuncta, qui nihil non pie, nihil non cogitat cum religione coniunctum; ei optata omnia contingunt, feliciter omnia succedunt, nihil non prospere succedit.

Tu non stai diuotamente in chiesa: serui poca diuotione: attendi a Dio con poca diuotione: dimostri uerso Iddio poca riuerenza, poco rispetto.

Non satis diligenter, parum pie, minus religiose, quam conueniat, sacris operam das, in templo uersaris, Deum colis: satis pie non agis in templo: pietas in te desideratur, requiritur: non eam pietatem, nō eam religionem, quae Deo debetur, praestas in templo.

Dolore.

Sento, patisco, sostengo, prouo un'estremo dolore, doglia infinita, acerba passione, graue cordoglio, amaro tormento, crudel pena, intolerabile affanno, durissimo

rißimo trauaglio, troppo fiera angoscia: il dolore mi traffigge, mi ancide, grauemente preme, fieramente cruccia, senza fine trauaglia, percuote, dibatte, ogni parte dell'animo rende inquieta: mi tormenta l'animo: di riposo mi spoglia: a me stesso mi toglie: da me stesso mi diuide: mi fa crudel uiolēza: mortalmente mi combatte: è troppo graue il dolore, intolerabile, duro, acerbo, amaro, fiero, crudele, tale che sostenere non si può.

Dolorem sustineo, patior, fero grauem, acerbum eiusmodi, qui ferri uix possit: dolorem incredibilem capio, suscipio, haurio, traho: dolore angor, conficior, excrucior, torqueor, affligor, uexor, perturbor, frangor: omnes mentis meae partes dolor exagitat, diuexat, perturbat, afficit: uersor in acerbissima solicitudine: dolore discrucior, diuellor, disrumpor, perimor, interimor, exanimor, contabesco, opprimor, perdor: concidit animus meus ictu doloris, ui curarum, ac solicitudinis, concursu molestiarum labefactus, atque conuulsus: ita cecidit animus meus dolore perculsus, ut nulla res eum ad aequitatem possit extollere: iaceo in maerore, ac sordibus: curis maceror: aegritudine animi contabesco: aegritudine animi ita laboro, ut sanari uix possim, uel potius plane non possim, ut spem salutis amiserim, salutem desperem, de salute desperem, spes salutis nulla omnino supersit: uersor in summo dolore, acerba solicitudine, graui cura, molestia, aegritudine, angore, maerore.

H   Io

Io mi dolgo, quanto ogni altro, della ruina della patria: sento dispiacere al pari di ogni altro, non meno di ogni altro.

Nemini concedo, qui maiorem ex pernicie, & peste patriae molestiam traxerit: tam doleo patriae interitu, quam qui maxime: sic doleo, ut nemo magis, ut nemini concedam.

Dolgomi del tuo dolore: affligomi della tua afflittione: è commune tra noi questa passione: parimente sostengo la tua pena.

Doleo dolorem tuum: doleo tuo maerore: socius aegritudinis tuae sum: particeps sum maeroris tui: de tuo dolore communico: communis, par, simillimus, idem utriusq. dolor est: pariter ac tu, aeque ac tu, similiter ac tu, non aliter ac tu, non secus ac tu, itidem ut tu, nihilo leuius quam tu, doleo, dolorem suscipio, capio, traho, haurio.

Donare.

Non è tuo costume di donar ad alcuno: non hai per usanza, nõ sei solito, non sei auuezzo, non usi, nõ costumi far presenti ad alcuno, usar liberalità uerso alcuno, essercitar la liberatità con alcuno.

Donare cuiquam, dona dare, largiri, munus offerre cuiquam, donis quemquam afficere, donare quemquam munere, dona in quemquam conferre, munera conferre, liberalis in quemquam esse, liberalitate uti, liberalitatem exercere non soles, non consueuisti.

Tu doni assai poco, perche poco hai da poter donare:
poco

Toscane e Latine. 115

poco sei liberale,perche poco ricco: la tua liberalità è ristretta per mancamento di robba.

Parcus es in conferendis muneribus, quia copiae tibi non suppetunt: angusta est tua liberalitas pro tenuitate copiarum : ideo benignus & liberalis ualde non es,quia non ualde abundas, non ualde copiosus es: qui potest esse prolixa,atq. ampla tua liberalitas, cum angusta sit res tua familiaris: largiris tenuiter, infra modum potius quam supra modum, quia non satis a copijs paratus es : ideo large non das, quia, quod des, non habes.

Dotto.

Egli è dotto assai in medicina: è bene intendente: ha buona intelligenza: intende bene la medicina: sa molto di cose di medicina: è passato molto inanti nella scienza di medicina: conosce eccellentemente l'arte del medicare: è assai instrutto di cose di medicina: ha molta dottrina, intelligenza, cognitione, notitia, scienza di medicina.

Bene doctus est, eruditus, instructus medica scientia, medendi arte, medicis litteris : sciens in primis est, peritus,intelligēs,gnarus medicinae: longe procesit in medicinae scientia: nouit penitus medicinam tenet, possidet, callet: medicinae scientiā ita est assecutus, ut pauci: medicinae scientia ualet, floret, praestat, excellit: medicinae doctrina, sciētia, peritia, cognitione, intelligentia, eruditione cum paucis conferendus est, inferior nemini : nota ei praeclare medicina est: patent ei, quae multos latent, ex medi-

H 2   ca

ca scientia, ex medendi arte: multum hausit ex ijs libris, unde manat medicinae cognitio: medicinae scientiam plane co‍plexus est, mente atque animo comprehendit, ingenio sibi aperuit, comparauit, peperit.

Egli era dotto leggiermente: poche lettere sapeua: non era penetrato molto inanti nelle lettere, haueua lettere da dozzina, da buon mercato, di poco prezzo, communi, poco rare, del uolgo, non delle secrete, non eccellenti, non esquisite: non era passato oltre a' principij delle lettere: non era entrato molto a dentro: non haueua beuuto de' fonti segreti: non era compiutamente, interamente, eccellentemente, da douero letterato.

Litteras plane non nouerat: parum in uia litterarum processerat: litteras uix attigerat, guftauerat: litteras a limine salutauerat: ex abditis litterarum fontibus aut nihil, aut parum hauserat: litteris erat mediocriter, leuiter, uulgariter, non admodum, haud satis, haud multum eruditus, institutus, instructus: plane, perfecte, absolute, exquisita quadam ratione, excellenter, egregie, praeclare litteratus non erat: longe aberat a perfecta litterarum scientia: reconditae, interiores, exquisitae, singulares, egregiae in illo litterae non erant, uulgares in illo litterae non erant.

Egli è molto dotto.

Multae sunt in eo litterae, & eae quidem reconditae, & exquisitae.

Dubio.

Dubio.

E dubio, è cosa dubiosa, è da dubitare, non è ben chiaro, non palese, non manifesto, che fine sia per hauere la guerra.

Dubium est, dubitandum est, dubitari potest, in dubio est, est cur dubitetur, dubitationem res habet, ambiguum est, in dubio uersatur, in dubio positum est, in ambiguo, in ancipiti, plane non constat, non patet, non liquet, apertum non est, perspicuum, dilucidum, dilucide non patet, qui sit belli exitus futurus: de belli euentu potest ambigi: certo diuinare, conijcere, augurari, affirmare non licet, exploratum non est, certa coniectura non est: in dubium uocari potest euentus belli, in dubium uenire, in dubitationem adduci potest, in utramq. partem iudicari de belli euentu: anceps, de belli exitu, ambigua, dubia, incerta, difficilis admodum, obscura, quae obscuritatis, & erroris habet multum, non simplex, non aperta, non perspicua, parum certa diui natio, coniectura, opinio est: coniecturam facere de belli exitu cui licet: quid in bello casurum sit, utram in partem inclinatura uictoria, nemo dispicit, uidet, intelligit, nouit: exitum belli certa ratio non ostendit, non promittit.

Trouomi in gran dubio, a dubioso partito: pendo in questa parte, & in quella: da due pensieri è tirato l'animo mio: non mi so risoluere: non so pigliar partito, determinare, deliberare, appigliarmi al meglio.

Anceps ualde sum: in ancipiti cura uersor: non dispicio, non dijudicio, utram in partem me dem, utrū sit rectius, conducibilius, eligendum: consilium non explico: exitum non reperio: animi pendeo: dubius sum, incertus sum: exploratum, apertum, certum non habeo: dubitatio me tenet: difficilis mihi dubitatio est: teneor implicatus: uarie distrahor: in utrā que partem animus inclinat: dubia cogitatione, ancipiti cura distrahor, iactor, uersor: pendet animus, fluctuat, labat in consilio, nutat, non consistit, nihil habet explorati: haereo: nihil explico; nihil expedio: quid consilij capiam, ignoro: explicata, explorata capiendi consilij ratio mihi non est.

E

EFFETTO.

Si trattò lungamente, ma l'effetto non segui: la cosa non si fornì, non si condusse ad effetto, effetto non hebbe, non fu mandata ad effetto, non uenne a fine: non si diede effetto alla cosa, non si operò.

Diu deliberatum, actum, consultatum est; perfecta tamen, confecta, absoluta, profligata, ad finem perducta res non est: exitum res non habuit, ad exitum non uenit, perducta non est: deliberationem consecuta res non est.

Effetto contrario.

Conforme effetto al desiderio mio non è seguito: il mio desiderio non ha hauuto effetto, non è riuscito a fine: quel, ch'io desideraua, non è successo: è auuenuto contra il desiderio mio: differente dal desiderio,

Toscane e Latine. 119

rio, dissimile al desiderio l'auuenimento è stato.

Non cecidit, ut optabam: præter meam uolun‑
tatem, contra uoluntatem, contra quam uolebam, se
cus ac uolebam, euenit: exitum res habuit alienum a
uoluntate, minime cum uoluntate congruentem, ad‑
uersum uoluntati: exitus rei, euentus rei uoluntati
non respondit: optatum exitum consecuta res nõ est,
ad exitum non peruenit: res pro uoluntate non suc‑
cessit: cupiditatem fortuna frustrata est, sefellit, delu
sit, irritam fecit: summa cupiditas, res plane nulla
fuit: speratum euentum sortita res non est, nacta
non est, adepta non est.

Effetto uicino.

Penso che a quest'hora o sia seguito qualche effetto, o
sia tosto per seguire, non sia lontano, sia uicino, si
approssimi, si auuicini: stimo che la cosa non sia dal‑
l'effetto lontana.

Puto rem aut iam esse aliquam, aut appropin‑
quare: aut confectum iam aliquid, aut imbi esse arbi
tror: ut opinio mea fert, res non abest longius, non
longe absumus a re, longinqua res non est.

Elettione.

Io ti amo e per obligo, e per elettione, indutto non tan‑
to da' benefici tuoi, quanto dal giudicio mio: oltra
l'obligo ch'io ti ho, l'opinione mia delle tue qualità
ad amarti mi costringe: seguo nell'amarti il giudi‑
cio mio, oltre che i tuoi benefici mi muouono: nasce
l'amor mio da giudicio parimente, e da obligo.

Diligo te beneficio quidem tuo prouocatus, sed
iudi‑

iudicio etiam incitatus meo : meus in te amor ex iu=
dicio fluxit: meum de te iudicium consecutus amor
est: mea de tuis uirtutibus opinio beneuolentiam pe=
perit: contuli me ad te amandum, quia te dignum
amore iudico, quoniam amabilis es, is es, qui aman=
dus uideare.

Buona elettione hai fatta, sauiamente hai giudicato, hai consigliato te stesso, ti sei appigliato a sauio consiglio, utile partito hai preso, lodeuole delibera tione hai fatto, hai eletto il meglio, mettendoti allo studio delle scienze.

Optimam partem elegisti, sapienter uitam insti=
tuisti, rectum cursum cepisti, optimo iudicio usus es,
sapienter iudicasti, cum te ad ingenuarum artium
studia contulisti.

Ho eletto di patire piu tosto ogni cosa, che di lasciare l'impresa.

Statui, decreui, hoc mihi proposui, hoc delibera=
ui, consilium hoc cepi, quiduis potius perpeti, quam
susceptam rem abijcere, ab incepto desistere, institu=
tum omittere.

Errare.

Se ti gouernerai per consiglio tuo, non commetterai er rore, non commetterai difetto, bene te ne seguirà, te ne auuerrà quel che desideri: se sauiamente ti consiglierai, non caderai in errore, seguirà al tuo consiglio buon' effetto.

Tuo consilio si uteris, te ipsum si audies, ipse ti=
bi si obtemperaueris, morem gesseris, obsecutus
fueris,

Toscane e Latine.

fueris; *nihil errabis*, *nihil contra rem tuam*, *nihil a tuis rationibus alienum committes*, *non laberis*; *non offendes*, *non cecideris*, *nullam offensionem*, *nullum casum*, *aut errorem timebis*, *sapienter statues*, *recte iudicabis*, *optimam rationem inibis*.

Io speraua una cosa, è n'e auuenuta un'altra: io mi sono ingannato di opinione.

Spes me fefellit: opinione sum deceptus: falsa me spes aluit: falsa lactauit opinio.

Esprimere.

Non posso con parole dimostrare, pienamēte esporre, esprimere a bastanza, interamente narrare quello che ho nella mente.

Mentis cogitata, *consilia*, *animi sensa*, *sensus intimos*, *non est ut possim enunciare*, *proloqui*, *uerbis*, *oratione*, *sermone depromere*, *explicare*, *explanare*, *exprimere*, *efferre*, *enunciare*, *patefacere*, *ostendere: exprimendi animi sensus impar oratio est*, *non sufficit*, *uerba desunt*, *apta uerba requiruntur*: *mentem oratio non assequitur*, *non aequat*, *exprimere satis non potest*.

Essentione.

Ottenne l'essentione d'ogni grauezza per merito della sua uirtù.

Virtute sua consecutus est, *nihil ut publice penderet*, *fructum ut nullum publice penderet*, *ut uectigalis non esset*, *ut esset immunis*, *ut ex eorum numero*, *qui publice aliquid pendunt*, *eximeretur*,
nihil

nihil ut publice solueret, ut esset expers eorum one=
rum, quae publice imponuntur, ut nullam pecuniam
commune conferret, ut publicis oneribus uacaret, tri
butarius ut nō esset, tributum ut nullum conferret.

Essequie.

Io gli feci fare assai honorate essequie: post studio, per
che fosse honoratamente sepellito.

Funus ei satus amplum faciendum curaui: dedi o=
peram, ut funere satis amplo, satis magnifico, satis
honorifico efferretur, ut exsequijs honestaretur: exse
quijs cum honorificis profecutus sum: honorifice se=
pultus est, sepultura honestatus est: funeris, exsequia
rum, sepulturae honore nō caruit: habuit in funere,
quae illum decorarent, illi honorem adderent, decori
essent, honori essent.

Essercito.

Era ualoroso l'essercito di Cesare, ma non grande: po=
co numero di soldati Cesare haueua, ma la fortezza
loro era grande.

Genere potius, quam numero, firmū exercitū ha=
bebāt Caesar: frequentes admodum Caesaris co=
piae non erant, sed fortitudine praestabāt: erat in ca
stris Caesaris uirtus, multitudo non erat: non militū
copia, frequentia, numero, sed eorum uirtute, robo=
re, fortitudine, animi praestantia, corporis uiribus
ualebat Caesar: numero exiguus erat Caesaris exer=
citus, firmitate amplissimus.

Tutta la caualleria fu tagliata a pezzi.

Omnes equitum turmae occidione occisae, cae=
sae,

ſae,cōciſae,trucidatae,obtrūcatae, profligatae sūt.
Eſſortare.

Non uoler eſſortarmi, confortarmi, configliarmi a queſt'effetto:non mi dar queſto conſiglio: non adoperar argomenti,o ragioni per indurmi a queſto.

Noli me hortari,cohortari,ut hoc faciam:ne mi hi ſis auctor huius conſilij: ne me rationibus ad hoc impellas: ne cohortatione utaris:ne cohortationem ſuſcipias: ſuadere noli. Vedi la parola, Confortare.

Età.

Egli è di età di dodici anni.

Annos duodecim natus eſt: duodecimum aetatis annum agit:aetas ei eſt duodecim annorum:duodecimum aetatis annum non exceſsit, non egreſſus eſt, non expleuit.

Tu ſei in età robuſta.

Flores aetate:integra,firma,ualida aetate es,aeta te uiges,uales,ualidus es,firmus es.

Nell'età, ne' tempi de' noſtri maggiori era grande infamia il dir bugia.

Maiorum noſtrorum aetate,tempeſtate,temporibus, quo ſaeculo maiores noſtri uixerunt, mendacium probro maximo fuit,mendacium dicere turpiſſimum fuit, ueritas ita colebatur, ut falſi homines peſſime audirent.

F.

FACCIA.

Quanto ho potuto comprendere dalla faccia, dal
nolto,

uolto, dal uifo, dalla fronte, da gli occhi, da que' fe=
gni, che nella faccia l'animo dimoſtrano, non ha
buon'animo uerſo di me, e di un mal talento, ha tri=
ſta mente uerſo di me.

Quod ex facie, ex uultu, ex oculis, & fronte po
tuerim colligere, conijcere, intelligere, ſuſpicari ; ut
potui de uultu, qui eſt index & imago animi, conic=
cturam facere, ex ea ſignificatione, quam mihi uultus dedit, ut mihi uultus ſignificat, oſtendit, ut ſigna
quaedam, quae animum in uultu coarguunt, pate=
faciunt, exprimunt, mihi demonſtrant, male ani=
matus in me eſt, peſſime de me ſentit, inimice cogi=
tat aduerſus me, animo eſt mihi inimiciſſimo, admo=
dum infenſo.

E bella di faccia.

Facie liberalis eſt, facie liberali: facies ei liberalis eſt, pulchra, formoſa, quae admodum alliciat,
quae amorem conciliet.

Facende.

Non uoglio interrompere le tue facende, le tue occu=
pationi, porgerti moleſtia tra tante cure, tanti affa=
ri, tanti negoci, tante brighe.

Nolo tuas occupationes interpellare, tibi tam oc
cupato moleſtus eſſe, moleſtiam exhibere, obſtrepe-
re: nolo tuorum negotiorum curſum impedire, tuis
rebus impedimento eſſe, auocare te a tuis negotijs, cu
ris, occupationibus.

Fa le mie facende: negocia per me: ha in mano li miei af
fari: è mio fattore, mio agente.

Meas

Toscane e Latine.

Meas rationes tractat:mea negotia gerit : meas res curat, administrat : meus procurator est: mea negotia procurat : is est, cui res meas commisi, cre= didi, commendaui, tradidi, mandaui : sustinet rerum mearum curam.

Faceto.

E gli è tanto faceto, che fa ridere ad ogni parola: è nel= le burle eccellente: sa burlare di modo, che diletta à marauiglia.

Dicta dicit eiusmodi, ijs utitur dictis, ita facetijs ualet, ita belle, scite, uenuste, argute, ingeniose, festi= ue, lepide iocatur, ut singulis uerbis risum excitet, commoueat, faciat, ut audientes mira uoluptate per fundat: eius dictis, facetijs, iocationibus mire capiun tur omnes.

Facilmente.

Facilmente, senza fatica, senza molta pena, ageuolmen te resiste il sauio alla fortuna: non è gran difficolta ad un'huomo sauio, non è di gran briga, di molto af fanno, il sostenere l'impeto della fortuna: poca fa= tica dura il sauio: assai leggier carico è ad un sauio lo schermire contro alla fortuna, il difendersi dalle ingiurie della fortuna.

Facile, non difficulter, non laboriose, paruo ne= gotio, satis leuiter, qui sapientia ualet, fortunae rest stit: sapienti facile est, non difficile, non laborio= sum, operosum non est, negotij nihil est, difficultatis non est, laboris non est, difficilis operae nō est, impe tū fortunae sustinere, tueri se ab iniurijs fortunae.

Facol-

Facoltà.

Tuo padre con essercitio honorato acquistò le facoltà, le ricchezze, la robba, le sostanze, i beni che hai; e tu bruttamente, per uie dishonorate, con infamia tua il patrimonio consumi, distruggi, mandi a male.

Pater tuus opes, diuitias, rem, ea quae tu possides, quae tibi reliquit, bonis artibus, honestis rationibus, laudabiliter, honeste bona quaesiuit, collegit; at tu malis artibus, improbis rationibus, inhoneste, turpiter, per nequitiam, per luxum, ac libidinem patrimonium exhauris, dissipas, consumis, perdis, male perdis, disperdis.

Falso.

E falso ciò che dici, non è uero, è contrario al uero, lontano dal uero, bugia, menzogna.

Quidquid dicis, falsum est, minime uerum, alienum, seiunctum a ueritate, abest a uero, aduersatur ueritati, mendacium est: falsa est omnis oratio tua: quidquid loqueris, falso loqueris.

Fama.

Deue ogniuno desiderare di acquistarsi buona fama, buon nome, buona opinione appresso gli huomini, di rendersi famoso al mondo, di mettersi in credito, e riputatione, di farsi, che si dica ben di lui, che di lui honoratamente si ragioni, che il suo nome uada attorno, e sia da molte lingue diuolgato, & honorato.

Id est unicuique optandum, ut bene audiat, bene

Toscane e Latine.   127

ne ut ei dicatur, honestam famam, egregium nomen, bonam apud homines opinionem consequatur ; ut eius nomen fama diuulget, peruulget, circumferat, circũgestet, per orbem terrarum dissipet, ad ultimas terrarum partes, ad ultimas terras peruehat: ut eius nomen fama celebretur, omnium sermonibus extolatur, sit in ore omniũ, ut nominis fama ad extremas terras peruadat, perueniat.

Se farai come infin hora hai fatto, se manterrai il tuo costume, lodeuole fama ne acquisterai.

Si tuam consuetudinem tueberis, si, ut instituisti, perges, optima consequetur fama, hominum existimatio; praemium feres famam.

Niuno è piu famoso di te, per conto di ualore, e di grã dezza di animo: niuno è riputato, tenuto, stimato piu di te ualoroso, o di maggior grandezza di animo dotato.

Tua uiriute, & magnitudine animi nihil est nobilius: singularis in te laus ob tuam uirtutem, atq. animi praestantiam confertur: maiorem aut uirtutis, aut praestātis animi opinionem apud homines, plus famae consecutus est nemo.

Eterna sarà la tua fama, se fornirai gl'incominciati cõ ponimēti: sarà perpetua, immortale, durerà sempre, uiuerà sempre: non mancherà mai, non inuecchierà, non morirà: sarai sempre nominato: eternamente di te si parlerà: tutti i posteri ti loderanno.

Si tua scripta ad exitum perduces, perficies, conficies, absolues, si tuis scriptis finem impones,
extre=

extremam manum impones, perpetua erit, aeterna, immortalis tua fama, numquam deficiet, cōsenescet, peribit, obscurabitur, exstinguetur, delebitur: nulla dies tuam famam terminabit, nullum temporis spatium circumscribet, nulla uetustas corrumpet: uigebit in omnes annos tua fama: omnis te posteritas cognoscet, tuas laudes excipiet, ac tuebitur: nomen tuū immortalitati commendabis, immortalitate donabis, immortalitatis praemia consequeris, non simul cum corpore tuum nomen mors exstinguet, delebit, auferet: tuum nomen ab interitu uindicabis, in hominum momoria retinebis, aeterna laude illustrabis, decorabis, afficies, ornabis: de te posteritas omnis & audiet, & loquetur.

Famiglia.

A qualunque nasce di honorata famiglia, di nobil casa, di chiara stirpe, fa bisogno piu, che a gli altri, di attendere a gli honorati studi, e spender l'hore nelle lodeuoli arti: l'esser nato nobilmente, di sangue illustre, apporta maggior obligo di uiuere uirtuosamente.

Quicumque honesto, claro, non obscuro, summo loco, claris parentibus natus est, ex nobili familia, clara stirpe, ei maior, quam ceteris, colendi praeclara studia, exercendarumq. laudandarum artium necessitas imponitur: habet hoc nobilitas, & familiae splendor, ut uitae laudabiliter & cum uirtute traducendae non modo occasionem, uerum etiam caußam, neque caußam tantum, sed etiam
necesː

mendata, oportet cum ad liberalium doctrinarum
studia, ac studium summae laudis, ad omnem lau=
dem, ac decus eo studiosius incumbere, ad excellen
tem omnium rerum cupiditatem eo uehementius ex
citari: si quis ex egregia, nobili, praeclara, illu=
stri domo natus est, maiore, quam quiuis alius, ur=
getur uirtutis expetendae necessitate.

Familiare.

Egli è molto mio domestico, e famigliare: ho con lui
molta dimestichezza, e famigliarità: siamo congiunti di stretta famigliarità, dimestichi, e fami=
gliari l'uno a l'altro quanto si può: prattichiamo
insieme, conuersiamo, usiamo assai dimesticamen=
te, e famigliarmente.

Summus mihi cum eo intercedit usus, summa fa
miliaritas: artissima necessitate coniuncti sumus:
uinculis artissimae familiaritatis adstricti sumus:
utor eo, isque me uicissim, ualde familiariter: ni
hil est nostra familiaritate coniunctius: alter alte=
ri familiares admodum sumus: mutua est inter nos,
eaque summa familiaritas.

Fanciullezza.

Molte cose leggiermente, e sciocamente si fanno da
fanciullo, nella tenera età, ne' primi anni, nel prin
cipio dell'età.

Multa leuiter, inani quodam studio, temere in
pueritia committuntur, in prima aetate, primis an
nis, teneris annis, primis teporibus aetatis, a puero,

I   ab

ab ineunte aetate, ineunte pueritia, primo aetatis initio.

Fanciullo.

Non uidi mai, non conobbi, non trouai, non si può uedere, conoscere, trouare il piu galante, piu gentile, piu amabile fanciullo di lui: non è gentilezza in alcun fanciullo pari alla sua.

Nihil est eo puero festiuius, nihil lepidius; lepores habet, qui amorem concilient: lepore, festiuitate, elegantia morum conferendus cum illo puero nemo est.

Far beneficio.

Niuno beneficio mi hai fatto, che sia d'importanza.

Non ualde de me meritus es: non magna in me beneficia contulisti: grauia non sunt, exigui momenti, parui ponderis ea, quae mea caussa fecisti: beneficium uel a te nullum accepi, uel accepi minimum: exigua sunt, quae apud me beneficia collocasti, posuisti: non magis a te sum affectus beneficijs: beneficia tibi debeo non ita magna: obligasti me, obstrinxisti mediocribus officijs.

Far piacere.

Desidero di far piacere, far seruigio, far cosa grata non solamente a te, ma ancora a' tuoi amici: l'operare alcuna cosa in tuo seruigio per tuo amore, per tua cagione molto caro mi è.

Cupio, uolo non solum tua, uerum etiam tuorum amicorum caussa: studeo aliquid agere, quod tibi amicisq. tuis gratum sit, gratum ac iucundum accidat,

Toscane e Latine. 131

dat, placeat, satisfaciat: inire gratiā & apud te,
& apud amicos tuos ex aliqua re uelim: opto gra=
tificari, rem gratam facere, atiquid efficere, ali=
quid praestare tua, tuorumq. amicorum cauſſa, ex
quo tu & amici tui uoluptatem, iucunditatem, lae=
titiam capiant, sumant, hauriant, colligant.

Fastidio.

Ho gran fastidio per conto della tua malatia: pati=
sco graue noia: sento gran diſpiacere, mi è la tua
malatia di gran fastidio, diſpiacere, molestia, noia,
cordoglio, paſsione, affanno, afflitione, tribolatio=
ne, amaritudine: la tua malatia mi porge, reca, ap=
porta gran fastidio: dalla tua malatia riceuo, pi=
glio, traggo gran fastidio.

Tuus me morbus ualde solicitat, solicitū habet,
graui afficit solicitudine, grauiter angit, afficit, af
fligit, acerbe uexat: molestiſsimus mihi tuus mor=
bus est, ualde grauis, uehemēter acerbus, amarus in
primis; summae molestiae, solicitudinis, acerbi=
tatis, curae doloris, angoris: summam ex tuo morbo molestiam capio, suscipio traho, haurio, sumo:
tuus me morbus in magnam solicitunem adducit,
grauiter commouet, maxime perturbat.

Hora, la Iddio merce, io mi trouo senza fastidio, li=
bero da fastidio, senza alcun molesto penſiero, in
stato di animo tranquillo, lontano da trauaglio.

Quod Deo sit gratia, uacuus molestijs nunc
quidem sum, sine molestia, cura, solicitudine,
procul absum à molestijs, extra molestiam sum,

I 2 tran-

tranquille satis ago: Dei benignitate factum est, contigit, ut nunc quidem omni molestia uacem, nullis angar curis, nulla uexer solicitudine, nulla meum animum paullo molestior, grauior, acerbior exagitet, uexet, perturbet, commoueat, afficiat cogitatio: fruitur animus meus tranquillitate: bene est, tranquille est, commode est, quies est, pax est, tranquillitas est animo meo; animo sum ab omni molestia solo, uacuo, libero, longe seiuncto: Dei me benignitas omni molestia exemit, liberauit, ab omni molestia uindicauit, eripuit, disiunxit.

Fatica.

Se tu entri in questa impresa, se pigli questa cura, haueriai da far assai, durerai molta fatica, sosterrai graue peso, fie bisogno che molto ti affatichi, dura e faticosa impresa la prouerai.

 Si hoc suscipis, sumis, aggrederis, negotij multum habebis, feres laboris plurimum, rem difficilem, grauem, laboriosam, operosam, molesta in primis ac duram senties, experieris, cognosces, ualde tibi erit elaborandum, magnus in te labor, graue onus incumbet, oneris multum, laboris, molestiae sustinebis.

Io sono uscito di grandissima fatica.

 Perfunctus sum labore grauissimo, leuatus sum liberatus, exsolutus, exeptus: labori finis impositus est, factus est: labor ad finem peruenit, terminatus est

Toscane e Latine. 133

est iam: me non urget, nō premit, nō uexat labor: labori grauißimo quies aliquando succeßit.

Faticare.

Molto ti affatichi ne gli studi: troppo faticosamente attendi a gli studi: gran fatica sostieni, troppo ti affliggi ne gli studi.

Nimis elaboras, inuigilas, sudas: exerces te nimis immoderate, supra modum, intemperanter in studijs: nimium laboriose studia tractas, colis, exerces: sustines laboris plus, quam satis est, in studijs exercendis: sic elaboras in studijs, ut uires tuas imminuas, consumas, exhaurias, debilites, infirmes, affligas.

Fatti.

I tuoi honorati fatti, le opere tue, gli effetti del tuo ualore, i tuoi gesti, le tue prodezze, le tue lodeuoli e magnifiche imprese, gli effetti da te operati hanno dato ardire a coloro, che prima temeuano.

Tua praeclara facta, actiones egregiae, tuae res gestae, ea, quae geßisti, quae tuae signa uirtutis ostendisti, uirtus re perspecta, perspicuis testata signis, praeclaris factis declarata excitauit eos, qui antea timore perculsi iacebant, animos a metu ad spem reuocauit, retulit, reduxit, transtulit.

Fauore.

Tu hai perduto il fauore del popolo nō per colpa tua, ma de' tuoi: la gratia del popolo, l'affettione, che il popolo ti portaua, è mācata: sei uscito della gratia e dell'amore del popolo: nō tua colpa, ma de' tuoi ti

ha priuato della gratia e del fauore del popolo: da
qui inanzi fauoreuole il popolo non hauerai, il po=
polo non ti fauorirà : non sarai fauorito appresso
il popolo : non ti ualerai del fauor del popolo : la
gratia del popolo non ti giouerà.

Factum est non tua, sed tuorum culpa, uitio tuo=
rum, non tuo, contigit, ut populi studium, gratiā,
beneuolentiam amiseris, perdideris, ut e studio, gra=
tia, beneuolentia populi excideris, ut populus non
amplius tibi faueat, studeat, suffragetur, tui studio
sus, tibi amicus, bene in te sit animatus: studium po
puli, gratiam, beneuolentiam non tua, sed tuorum
iniuria tibi eripuit, ademit, abstulit: non per te, sed
per tuos, non a te, sed à tuis, non tuo, sed tuorum me=
rito, iniuria tuorum potius, quam tua, effectu⁊ est,
commissum est, ut populum tui studiosum, bene in te
animatum, tibi amicum iam non habeas, ut gratio=
sus apud populum, carus populo, in populi gratia
minime sis, ut nullum populi studium, nullam gra=
tiam, aut beneuolentiam teneas, obtineas, possideas:
ut fauente populo, suffragante, benigno, tibi ami=
co, bene erga te animato, tui studioso non utaris:
gratiam tuam apud populum non tua, sed tuorum
culpa exstinxit: ex amore populi effluxisti.

I piu ricchi hoggidi hanno piu fauore: piu fauoriti
sono i piu ricchi: si da fauore a' ricchi piu che ad
altri.

Ea temporum ratio est, ut, qui plus opibus ua
lent, magis excellant gratia, gratiosiores sint:
confe=

Toscane e Latine. 135

conferunt libenter homines sua studia in locupletio=
res,diuitioribus fauent,student,suffragantur, prae=
sto sunt.
Farotti ogni fauore, qualunque uolta l'occasione mi si
offerisca.
Vbi se obtulerit occasio,mea in te studia exstabūt,
mea in te studia conferam,ornabo te, omnia tibi stu=
dia praestabo,mea studia non desiderabis.

Felicità.

Niuno è,che sempre sia felice,che possegga e goda una
perpetua felicità,a cui niuna cosa manchi, ogni de=
siderio riesca a buon fine, non sia mai contraria la
fortuna.
Quis est,qui nihil in uita mali uideat, nihil susti=
neat incommodi,nullam ferat calamitatem:cuius est
perpetua felicitas nullis interrupta malis?emo for=
tuna utitur perpetuo bona: nemini res ad uolunta=
tem semper fluunt:nemo est,cui prospere omnia suc
cedant,nihil contra uoluntatem eueniat, nullum ac
cidat infortunium, secunda sint omnia, optata o-
mnia contingant.
Niuno è piu di te felice:niuna felicità è superiore alla
tua.
Tuas fortunas nemo superat: aequas o=
mnium fortunas : prospere tecum agitur, sic, ut
inuidere nemini possis : felicitate conferri tecum
fortasse multi,praeferri tibi, anteferri, praeponi,
                 I 4   anteponi

anteponi certe nemo potest: ea fortuna uteris, quae potest esse maxima: tam beatus es, quam qui maxime: ita beatus es, ut nemo magis: ijs uel ornamentis uel praesidijs redundas, quibus maiora esse nulla possunt: nihil non optabile consecutus es: nihil ad felicitatem tibi deest: ea possides, ac tenes, quae beatam uitam efficiāt, quae sunt in uita expetenda, quae qui possidet, fortunam accusare nullo pacto possit, nullius fortunam sibi exoptare debeat: nemo est paratior ab ijs rebus, in quibus sita felicitas est: rebus omnibus affluis: non est, qđ quidquam desideres: optimus est rerum tuarum status: tibi satis est uel ingenij, uel fortunae ad bene beateq. uiuendum: animi, & fortunae bona sic in te sunt, ut in ullo magis.

Ferire.

In quella battaglia, zuffa, contesa fu ferito grauemente, toccò una gran ferita, gran piaga.

In illa pugna, illo certamine grauiter uulneratus est, percussus est: graue uulnus accepit, tulit: plagam accepit: graui uulnere est affectus.

Tale è la ferita, che non ne guarirà mai, non si risanerà, ui lascierà la uita, ne morrà.

Futurum non spero, ut ex hoc uulnere conualescat: eiusmodi uulnus est, ut sanari non possit, ut salus desperanda uideatur, ut spes salutis nulla supersit, ut medicinae non sit locus.

Fidarsi.

Non è da fidarsi in alcuno, per grande amico che sia:

non

Toscane e Latine. 137

non è da dar piena fede, da committersi alla fede di alcuno, da creder interamente ad alcuno: nõ è sicura la fede di alcuno, e dubbiosa, non è da fondarsi sopra la fede di alcuno, da confidarsi nella fede di alcuno.

Nemini, uel summa necessitudine coniuncto, habenda fides est: nusquam tuta fides: cauendum est, ne cuiusquam fidei nos credamus, committamus, res nostras commendemus: cautionis est, sapientiae est, consilij est, nemini se credere, committere, nemini plane confidere, nullius in fide omnia statuere, ponere, collocare: quis est, quem tibi fidum praestare possis, cuius fide niti tuto possis, cuius incerta, dubia, infirma, fluxa fides non sit.

Fidar lettere.

Le lettere mie sono di tale importanza, che non oso di fidarle a persona, la quale io non conosca.

Eiusmodi sunt, eius generis, eius momenti meae litterae, ut eas non audeam temere committere: non eius generis, non eiusmodi sunt meae litterae, ut eas audeam temere credere.

Figliuolo.

Hebbe di lei molti figliuoli.

Multos ex ea filios genuit, suscepit, tulit: complures ex ea filij nati sunt: filios ei peperit multos: ita fecunda uxore usus est, ut filijs auctus sit multis, ut filiorum multitudine abundauerit.

Sono al padre di molta contentezza i costumati figliuoli.

Magnam uoluptatem e moribus filiorum pater

ter suspicit: magna uoluptate patrem afficiunt bene morati liberi: magna uoluptate sunt parenti qui moribus excellunt filij: capit ex honestis filiorum moribus uoluptatem summam, ac laetitiam pater.

Fine.

Non so, se al principio risponderà il fine, se dal principio sarà differente il fine, se al principio sarà simile il fine, se la cosa, come è incominciata, così finirà.

Vtrum res cum finem, qui principio respondeat, a principio non dissentiat, nõ discrepet, habitura sit, ignoro: futurum ne sit, ut extrema cum primis contexantur, coniungantur, extrema primis respõdeãt, consentiant, similia sint, non dispicio: quem sit exitum res habitura, similem ne, an dissimilem principio, suspicari non possum.

Non ho hauuto altro fine, altro disegno, altro oggetto, altra intentione, altro proponimento, che la libertà della patria: ad altro non ho mirato, non ho indrizzati i miei pensieri, non ho atteso, che alla libertà della città.

Nihil aliud a communi libertate, nihil praeter communẽ libertatem, quaesiui, curaui, secutus sum, spectaui: ad unam ciuium libertatem meae curas intendi, cogitationes retuli, studia contuli: praeter cõmunem libertatem, proposita mihi nulla res fuit.

Io porrò fine alla lettera con pregarti che mi ami: chiuderò la lettera con questo fine; metterò fine alla lettera

lettera con questo fine, con queste parole: sarà que
sto il fine e l'estrema parte della mia lettera.

Finem scribendi faciam, si te primum rogauero,
ut me diligas: epistolae clausula haec erit, ut beneuo
lentiam in me tuam abs te petam: epistolam ita concludam, ita finem faciam, imponam.

Fingere.

Il fingere non è cosa da buomo da bene: non è segno di
bontà il simulare: l'esser doppio, è brutta cosa: il dir
una cosa per un'altra, non è costume de' buoni.

Virum bonum simulatio non decet: non cadit in
uirum bonum simulatio: ab omni simulandi studio
uir bonus longe abest: non decet simulare: figmenta
non probantur: aliud sentire, & loqui, non eius est,
qui uir bonus haberi uelit: uiri boni non est fingere:
artem simulandi qui sequitur, bonorū in numero non
est, bonorum numero excluditur, longe a bonorum
consuetudine discedit.

Fornire.

Non so come fornire il mio ragionamento, con qual fi
ne chiuderò il mio ragionamento, come a fine condurrò il mio ragionamento.

Quemadmodum exitum expediam institutae ora
tionis, non reperio: non uideo qui possim institutae
orationi finem imponere, quo fine institutam oratio
nem claudere, absoluere, perficere.
Attendi a fornire affatto la guerra, a por fine alla
guer=

guerra, a condurre la guerra a fine, ad espedire la guerra.

In eam curam incumbe, ne qua belli scintilla relinquatur, ut belli extrema deleas, ut belli reliquias persequare, atq. conficias, ut profligatum a te, confectum, absolutũ, sublatum penitus bellum laetari possimus.

E fornito l'anno del mio gouerno.

Annuum munus confeci, absolui: annuo munere sum perfunctus: absoluta est annua administratio: administrationis annuae finem attigi: ad finem perueni, abijt annus imperij mei.

Forte, in uece di animoso.

La fortuna mi combatte fieramente; ma la mia consciẽza mi dona fortezza contra tutti gli accidenti humani, mi arma di fortezza, mi porge ualore, forze mi accresce, mi da maggior uigore, piu animoso mi rende, piu prode, e piu ualente mi fà, è cagione ch'io sprezzi ogni sua forza, che alle sue forze con maggiore animo resista, faccia resistenza, mi opponga, alle sue forze non ceda, non mi smarrisca di animo, non smarrisca l'animo, non inuilisca, pigli ardire.

Vehementer, acriter, acerbe, grauiter me oppugnat, uexat, exagitat, urget, premit, aduersa mihi est, infesta est, infensa est, iniqua, inimica fortuna; ego tamen ad humana omnia, ad oēs casus, qui humanae uitae impendent, quibus humana uita subiecta est, proposita est, exposita est, patet, fortis sum, contra fortunā paratus, armatus, firmus, ualidus, fir-
missi-

Toscane e Latine. 141

mißimis conscientiae praesidijs munitus: res humanas praeclare cötemno, negligo, despicio, aspernor:
ualet animus meus, firmus est, se ipso nititur, sua in se
ipso praesidia ponit, a se ipso praesidium omne pe-
tit, aduersus fortunae uim, impetum, conatus, iniurias, tela omnia: minimum res humanae me mouent,
afficiunt, perturbant: minimum laboro de rebus humanis, susq. deq. res humanas facio: humanis casibus animi praestantia, uirtute, fortitudine resisto;
fortunae conatibus obuiam eo, occurro, obijcio me,
oppono me fortiter, atque acriter: fretus conscientia
fortunam sperno: mea me contra fortunam conscien
tia fortem facit, confirmat, auget uiribus, ualidiorē
reddit, mihi animos addit, uirtutem, uires, robur, for
titudinem, firmitatem.

Forte, in uece di gagliardo.

Niuno piu di lui forte ho conosciuto, piu di lui gagliar
do, piu ualente, piu robusto, di maggior nerbo, di
maggior forze.

Neminem cognoui fortiorem, ualidiorē, in quo
plus roboris, firmitatis, uirium inesset, qui firmior es
set a uiribus, qui uirium firmitate praestaret, qui ro
bore corporis illum anteiret, qui uiribus magis uale
ret, cuius esset praestantior fortitudo.

Fortuna.

Non mi dispiace, che tu sia dato alla mercatantia,
onde facilmente arricchirai, ma ti conforto a darti
in mano della fortuna, a creder alla fortuna, a com-
metterti

metterti in potestà della fortuna, cõfidarti nella fortuna, esporti alla fortuna quanto meno potrai.

Non improbo, non displicet mihi, tuum consilium non reprehendo, quod ad mercaturam exercen
dam, negotia gerenda, administranda, ad negotiandum te contuleris, ad mercaturae studium adiunxeris; te tamen hortor, tibi suadeo, auctor tibi sum, ne
fortunae fidem habeas, confidas, credas; ne te fortunae committas, credas, tribuas; ne fortunae potestati committas, ne multum in fortuna ponas; ne fidam, stabilem, firmam, constantem, certam fortunã
ducas, ut a fortuna caueas, caute agas cum fortuna, minimum tibi de fortuna polliceari, spem in
fortuna nullam reponas, constituas, ut fortunae in
stabilitatem, leuitatem, inconstantiam, uarietatem, mutationem, uarios casus, uicissitudinem extimescas.

*Se hauerai la fortuna prospera, amici non ti mancheranno, ma se l'hauerai contraria, ogniuno ti lascierà: nella seconda fortuna, nello stato felice, nel prospero e facil corso delle cose tue, nell'abõdãza de' be
ni, copia, e moltitudine d'amici hauerai, ma se fortuna le spalle ti uolge, se acerba la fortuna ti si mostrerà, se saranno in cattiuo stato, a strano partito
le cose tue, se turberà qualche accidente la tranquillità dello stato tuo, solo ti trouerai, priuo di amici,
abãdonato da tutti, non fia chi ti porga aiuto, ti souuenga, ti mostri amico.*

In prospera, secunda, commoda, optima fortuna,
floren=

Toscane e Latine. 143

florentißimis, prosperis, optimis rebus tuis, si tibi for
tuna suffragabitur, fauebit, facilis erit, facilem se ti
bi, ac benignam praebebit, si tibi optime cum fortu=
na cōueniet, si fortuna uteris prospera, secunda, faci
li, benigna, si tibi erit optime, si commode tecum age
tur, trāquillus erit rerū tuarum status, res tibi ad uo
luntatem fluet, cōmodis abūdabis, amicorū copia flo
rebis, amicorum multitudinē nō desiderabis, sin ages
infeliciter, fortuna uteris aduersa, tuis commodis,
atq. optatis aduersabitur fortuna, inimicā fortunā
experieris, tuis optatis fortuna nō respondebit, male
tibi cum fortuna conueniet, male tecum agetur, in=
commode tibi erit, casus aliquis rerum tuarum tran
quillitatem perturbabit, perculsus fortunae ui iace=
bis, languebis, iacebit fortuna tua, iacebūt res tuae,
aliqua te premet, & urgebit difficultas, infesta fortu
na uteris, infensa, iniqua, aduersa, difficili, dura, acer
ba, parum prospera, parum secunda, parum facili,
parum benigna, tum amicos requires, amicorum ino
pia laborabis, omnes te destituent, deserent, a te de=
sciscent, discedent, recedent.

Forze.
In questa impresa metterò, adopererò, impiegherò, spē
derò, consumerò tutte le mie forze: quanto per me si
potrà, tanto opererò, non risparmierò punto le
mie forze: sēza risparmio alcuno delle mie forze mi
adopererò: porrò ogni studio, & ogni a me possibil
industria: con tutto l'animo, cō tutto il corpo mi affa
ticherò, mi adopererò, niuno studio, niuna opera, o
diligen=

diligenza lascierò addietro.

In arcem huius cauſſae, in ſummam cauſſam totus inuadam, omni ui, toto pectore incumbam, agam pro mea uirili parte, pro mea parte, pro uirili, pro uiribus, toto pectore, cunctis uiribus, omnibus neruis, omni meo studio, quantum est in me, quantum in me positum, in me situ, quo ad possum, quātū ualeo, quātū quidem praestare ipſe possum, quantum conſequi uiribus licet: cōtendā oī ſtudio, ſumme conabor, enitar oībus tum animi, tū corporis uiribus: conſeram ad hanc rem oēs uires, omnia studia, quidquid erit in me industriae, operae, curae, diligentiae: minime parcam uiribus: elaborabo pro uiribus: nullum studiū, nullā operā, aut industriā praetermittā: dabo operam quantum in me erit, pro eo quod in me erit.

Egli ha cercato di nuocermi con quelle poche forze, che gli erano rimaſe: quanto ha potuto, con quella debolezza, nella quale ſi troua, ha procacciato il mio danno.

Fractam illam, & debilitatam uim ſuam in me cōtulit: pro ſuarū uirium infirmitate, imbecillitate, tenuitate nihil non egit, mihi ut incommodaret, obeſſet, damnum inferret, afferret, crearet: cunctis uiribus, quae illi ſupererant exiguae, infirmae, imbecillae, ad meam perniciem incubuit, uſus est.

Io fui cagione, che tu ti riſanaſſi, racquiſtaſſi le ſmarrite forze, ripigliaſſi l'uſato tuo uigore, di debole diueniſſi gagliardo.

Ego te languentem, iacentem, male affectum

ad

ad pristinam ualetudinem uirtutemque reuocaui:
meo beneficio pristinas uires recuperasti, recepisti,
confirmatus es: factum est a me, ut ex morbo plane
conualesceres, ut ex infirmo ualidus fieres, ut amissam ualetudinem recuperares, ut in statum ualetudinis pristinum, optimum restitueretis.

Fuggire.

Hauendo combattuto un pezzo, fuggirono chi in
qua, e chi in la, si misero in fuga, si diedero a
fuggire.

Cum aliquandiu pugnassent, in fugam se conie
cerunt, dederunt, fugam arripuerunt, fuga salutem petiuerunt, fugati sunt, fuga sibi consulere coe
perunt; fuga distracti sunt, dissipati, dispersi, disie-
cti; distraxit eos fuga; dissipauit, disiecit.

Fulminare.

Haueuano gli antichi per cattiuo augurio, e contrario segno, quando le quercie erano fulminate, da
fulmini percosse; quando cadeua il fulmine sopra
le quercie, percoteua, feriua le quercie.

Male ueteres ominabantur, augurabantur, in-
faustū omen, mali euentus omen, aduersum, calamitatem portendens, incommodum significans, iudicabant, si quercus fulmine percuterētur, ferirētur,
fulminis ictum sentirent, de caelo tangerentur.

Fuoco.

L'andare al fuoco mi nuoce.

Igne uti sine ualetudinis damno mihi non licet: si ad ignem accedo, obest ualetudini, ualetudi
nis

ris cum detrimento fit, laeditur ualetudo, damnum facit, infirmatur, incommodo afficitur.

Furioso.

È diuenuto furioso, è uscito di mente, ha perduto il senno, è entrato nella pazzia; per dolore di hauer perduta la lite.

Quia caussa cecidit, litem perdidit; furere coepit, ad insaniam, furorem, dementiam, amentiam redactus est, mente captus est, mentem amisit; mens cum reliquit, defecit, destituit, incidit in insaniae morbum, prolapsus est in furorem, a se ipso discessit, a mente discessit.

G

Gabella.

Con poco guadagno tu serui nella gabella, nel datio.

Tenui mercede, leui quaestu, exiguo lucro das operas in scriptura; operam nauas ijs, qui uectigalia tractant, uectigalibus praesunt.

Gagliardamente.

Merito somma lode, perche difese la patria gagliardamente, ualorosamente, brauamente, da prode e ualente huomo, fortemente, con fortezza, con ualore, con uigoria & animo grande, in tal maniera, che prode, e ualente, ualoroso, forte, animoso ne fu giudicato.

Egregia laude se dignum ostendit, summam laudem consecutus est, quia patriam fortiter tutatus est, acriter, strenue, uehementer, acerrimum se

patriae

patriae defensorem praebuit, hostibus patriae suū
corpus obiecit, opposuit; ita pro patria pugna=
uit, ut fortitudinis laudem tulerit, proelia susti=
nuit pro patria: uires omnes ad salutem patriae
tuendam contulit: pro salute patriae defendenda
contendit omnes neruos.

Gagliardo.

Tu sei gagliardo al pari di chi si uoglia: di gagliardia pareggi qualunque altro: a niuno sei inferio=
re di forza: niuno è di te piu gagliardo.

Tam firmus, tam ualidus, tam fortis, tam robu=
stus, quam qui maxime: ita paratus es a uiribus, ut
nemo magis: uiribus uales: nemo tibi uiribus supe=
rior est, praestat, antecellit: superiorem uiribus
neminem habes, paucos pares: firmitate corporis
excellis: uires in te sunt firmissimae: uirium, robo
ris, neruorum in te plurimum est: egregie robustus
es, ualidus, firmus, fortis.

Galant'huomo.

Egli è galantißimo huomo in ogni cosa: ha del buono
in ogni cosa: riesce in ogni cosa: acconciamente
sa operare qual si uoglia cosa.

Aptißimus est ad oēs res: nemo est illo cōmodior,
aut aptior: in omni re, in omni iudicio elegātißimus
est: egregio iudicio perpolitus: summa est in illo in=
genij suauitas & elegantia: nihil agit non apte, non
commode, non eleganter, non laute, non uenuste,
non lepide, non egregie: lepores habet, elegantiam,
lautitiam, uenustatem in omni re: quidquid agit,

cum

cum lepore agit, cum elegantia, sic, ut gratiam ab omnibus ineat, ut aptior, accommodatior, idoneus magis uideatur esse nemo: proprie factus a natura uidetur ad omnes res, natus ad omnia, appositum quiddam possidet ad omnes res.

Gentilezza.

Questo fai non da premio, non da speranza di premio commosso, ma da gentilezza, amoreuolezza, humanità, cortesia sospinto.

Agis hoc non praemij spe commotus, sed humanitate adductus, benignitate impulsus, studio liberalitatis incitatus: non te ad hanc rem utilitatis, aut praemij spes, sed humanitas, benignitas, naturae facilitas, naturae tuae ad humanitatem, benignitatem propensio, adduxit, impulit, incitauit: dedisti hoc humanitati tuae, non praemijs: agnosco tuam humanitatem: debet hoc humanitati tuae acceptum referri: fructus hic est humanitatis tuae.

Giorno.

Si fa giorno: si aggiorna: uien la luce: comincia il giorno, nasce: sorge la luce: piglia principio il giorno.

Lucescit: albescit dies: dies appetit, aduentat, adest: crepusculum matutinū adest: sol exoritur: tenebras fugat lux: nocti succedit dies: noctem subsequitur dies: abeunte nocte dies aduenit: lux apparet.

Giorno determinato.

Al giorno deliberato, determinato, ordinato, statuito, predetto partiremo della prouincia.

Ad

Ad constitutam, praestitutam, praefixam, prae
scriptam, pactam diem de prouincia decedemus:
ea, qua constitutum est, quae conuenit inter nos, die
proficiscemur, in uiam nos dabimus.

Giorno in uece di tempo.

Verrà pur quel giorno, quel tempo, quella stagione,
che la uirtu fie prezzata secondo il suo merito: lu-
cerà quel giorno, apparirà quella luce, che fie gradi
ta, tenuta in grado, prezzata la uirtù.

Erit aliquando illa dies, lucebit ille dies, ueniet
illud tempus, lucem illam aliquando uidebimus,
quae uirtutem illustret: erit aliquando, cum uirtuti honos habeatur, suus tribuatur honos, debita
merces persoluatur, locus honestus ubiq. sit.

Giouamento.

Se farai quel uiaggio, che hai disegnato, e proposto,
gran giouamento ne piglierai, grande utilità, gran
de utile ne riceuerai, ne trarrai, ne goderai, buon
frutto ne mieterai; saratti di molta utilità, a molta utilità ti tornerà, a grande utile; te ne segui
rà gran giouamento:

Constitutum iter si suscipies, emolumenti, utilitatis, commodi plurimum, praestantem fructum ca
pies, sumes, colliges; ualde erit aere tua, ualde in
rem tuam; tuis rationibus uehementer conducet;
in eo tibi maxime consuletur; utilitas maxima con
sequetur: uehementer expediet, proderit, fructuo
sum erit, cum fructu, utilitate, commodo, emolumento, bono rerum tuarum.

K 3 Io non

Giouane.

Io non mi marauiglio, se tu non uedi le occulte insidie del fallace mõdo, essendo tu ancor giouane, nell'età giouanile, nella giouanezza, in quella parte dell'età, doue non è perfetta la prudenza, doue è difficile il sapere, in quelli anni, doue non è maturità, quasi nel primo fiore dell'età.

Si, quid insidiarum in uita sit, minus dispicis, intelligis, uides, minime miror; cum adhuc intra iuuentutis annos tua uersetur aetas; cum ex iuuentute nondum excesseris, cum in ea sis aetate; quae ualet uiribus, à prudentia infirma est, uiribus floret, à prudentiae maturitate procul abest, longe distat à prudentia, in qua prudentia locum non habet, cum adhuc aetatis tuae tamquam in uere sis, cum aetas iuuentutis, in qua tu es, inopia fere iudicij laboret, expers iudicij, prudentiae, grauitatisq. sit; usu rerum, & experientia, unde oritur prudentia, prorsus uacet, uacua sit, careat.

Giudicare.

Niuna cosa giudico piu lodeuole, che non tener conto della ingiurie: nen penso, non reputo, non stimo, non ho opinione, che sia maggior lode, che non far caso delle ingiurie, non mirar punto alle ingiurie, sprezzar le ingiurie, scordarsi delle ingiurie: per opinione mia, per mio giudicio, secondo il mio giudicio, secondo ch'io giudico, per quanto il giudicio mi porge, la ragione mi dimostra, è somma lode non alterarsi per le ingiurie, non riceuer passione dalle ingiurie,

Toscane e Latine. 151
giurie, non procacciare uendetta delle ingiurie, can
cellare dell'animo la memoria delle ingiurie.

Nihil iudico, duco, censeo, statuo laudabilius,
quam iniuriarum rationem non habere, non ducere: quo modo quidem ego existimo, ut ego quidem
arbitror, opinor, puto, autumo, sentio, ut opinio
mea est, ut mea fert opinio, quantum quidem assequi iudicio possum, ut mihi suadet ratio, ostendit
ratio, nisi iudicio fallor, iudicij sum expers, rudis
plane sum, nihil est praestantius, laudabilius, ad lau
dem illustrius, quam iniurias contemnere, nihili face
re, obliuisci, ex memoria delere, minime persequi, ul
cisci nolle, ultione non persequi, referendae iniuriae
curam non suscipere, de iniuria persequenda, ul-
ciscenda, referenda, de iniuriarum ultione minimum laborare, nihil omnino cogitare, ultionem
iniuriarum non spectare, non curare: in conte-
mnendis iniurijs, obliuiscendis, ex animo euellen-
dis, ex memoria delendis, obliuione uoluntaria con
terendis eximia sita laus est, ea laus est, qua nulla
praestantior.

Giudicio.

Ancora non hò ben risoluto nell'animo, non ho intera
mente determinato, se, l'hauer giudicio, nasca; proceda, uenga dalla natura, o dalla disciplina, sia dono
di natura, ouero effetto e frutto della disciplina:
la eccellenza del giudicio, il diritto, e ben sicuro
giudicio, il saper dirittamente giudicare, il conoscere le cose a dentro, il penetrare all'intimo delle
K 4 cose,

cose, il discernere il meglio dal peggio, non so compiutamente, non intendo bene, se sia priuilegio donato dalla natura, o frutto dall'arte, dalla disciplina prodotto.

Nondum plane constitui, nondum satis habeo constitutum, deliberatum, exploratum, explicatum, certum, naturae ne munere, an disciplinae beneficio iudicium contingat, iudicij praestantia, excellentia, ius, subtilitas utrum a natura, an ab arte, ac disciplina proficiscatur, contingat, manet; naturae ne priuilegio concedatur, an sit ab arte, ac disciplina petendum, utrum is, qui recte iudicat, qui optime iudicio utitur, qui iudicio ualet, praestat, excellit, facultatem habet optime iudicandi, iudicio abundat, naturae debeat, an arti, bonum illud! acceperit a natura, an hauserit a studio, ab arte, a disciplina, naturale ne bonum sit iudicium, an potius in studio, arte, disciplina, doctrina, ratione situm, eiusmodi, quod doctrina tradatur, a praeceptis ducatur, discatur a magistris.

Giuramento.

Ti giuro, che la cosa sta, come dico: affermoti con giuramento, tale esser lo stato della cosa: cosi Dio mi dia bene, faccia bene, mi salui, prosperi, guardi, mantenga, della sua gratia faccia degno, di ogni mio desiderio l'effetto mi doni, ogni mio desiderio a fine, a termine desiderato, ad effetto conduca: cosi ad ogni mio desiderio segua l'effetto: cosi uiua lunga e felice uita, cōe la cosa sta cosi: possa io morire:

male

male mi auuenga: non mi uegga contento di cosa,
ch'io desideri: cada sopra di me la disgratia d'Iddio:
cadano tutte le humane sciagure: uega in odio a me
stesso: uegga presto l'ultima hora: ogni bene mi man
chi, se la cosa non sta cosi.

Iuratus tibi affirmo, iureiurando tibi polliceor,
atq. confirmo, eiusmodi rem esse, ita se rem habere,
eiusmodi rei statum esse, in hoc statu rem esse: ita mi
hi Deus bene faciat, faueat, adsit: ita me respiciat
Deus, seruet, tueatur, non destituat, non deserat: ita
mihi a Deo prospera contingant omnia: ita mihi optata contingant: ita, quae opto, feliciter eueniant:
ita mihi bene sit, meis rebus feliciter eueniat, ad uoluntatem cuncta fluant: ita uiuam, diu feliciterq.
uiuam, diuturna lucis usura fruar: ita mihi cum
diuturnus uitae cursus, tum facilis etiam, tranquillusq. sit: ita meis optatis fortuna respondeat:
ita sim saluus, incolumis, felix, beatus, malorum expers, ignarus aduersae fortunae: ita nihil aduersi ui
deam in uita: ita numquam aduersam, perpetuo secundam fortunam experiar: ita fortuna utar perpetuo bona: ita moriar: ne uiuam: ne sim saluus: disperea, perdat me Deus, male mihi Deus faciat, Deū
sentiam iratum: male mihi sit: nihil ex animi senten
tia succedat, excludat omni commodo: aduersa mihi
sint omnia: cadat infeliciter, quidquid ago: infensa
omnia, iniqua aduersa experiar.

Giustificarsi.

Voglio ad ogni modo giustificarmi: intendo di mostrare le mie ragioni: propongo, dispongo, fermamente delibero di far palesi, prouare, dar'a ueder le mie ragioni, render conto di quello, che mi ha mosso, difendere e prouare la mia causa, dar a conoscere con la ragione, persuadere per uia di ragione, con assai chiari argomenti insegnare, che non a caso, non temerariamente, non senza ragione, non per subito, uano capriccio mi son mosso, mi ho lasciato indurre.

Omnino constitui, decreui, deliberaui meum factum purgare, probare, rationibus tueri: id mihi propositum, planeq. certum est, ut rationem reddã consilij mei: agere, probare, tueri, defendere, sustinere meam causam prorsus uolo; argumentis minime dubijs ostendere, rationibus persuadere, non me casu, me temere, non inani quadam uoluntate, repentino mentis impetu, nulla satis firma, certa ue caussa commotum, adductum, impulsum: quod feci, ostendam iure factum, consilio factum, optimis de caussis, ratione suadente, ratione duce, certo iudicio, recte, & considerate, ita factum, ut reprehendi non possim, ut mihi temeritatem, imprudentiam, inopiã consilij nemo possit obijcere, nemo possit in controuersiam, in dubium uocare, merito damnare, uituperare, accusare, exagitare, uitio dare.

Giustitia.

La giustitia abbraccia, comprende, contie ne in se tutte le

Toscane e Latine 155

te le uirtù: chi la giustitia possiede, niuna uirtù
ha cagione di desiderare: dou'è la giustitia, iui so=
no tutte le uirtù: sono congiunte, attaccate, colle=
gate con la giustitia, comprese nella giustitia tutte
le uirtù: dalla giustitia dipendono tutte le uirtù: al
giusto niuna uirtù manca.

Omnes insunt in una iustitia uirtutes, iustitia
continentur, comprehenduntur: continet iustitia,
comprehendit, complectitur omnes uirtutes: omnes
ad unam iustitiam uirtutes referuntur, ab una iu=
stitia pendent, in una iustitia includuntur: qui iu=
stitiam tenet, non est ut uirtutem ullam praeterea
desideret, requirat, expetat: nulla uirtute iustus
caret: nulla uirtus abest a iusto: coniunctae sunt,
colligatae, connexae cum iustitia uirtutes omnes.

Nel gouernare la republica si deue attendere sola=
mente alla giustitia, mirare al giusto, seguire la
giustitia per guida, ubidire alla giustitia, & alle
leggi, dipendere dal giusto, dal dritto, dall'honesto,
osseruare quel che la ragione commanda, e la con=
scienza ricorda.

In administranda, gubernanda, regenda, ca=
pessenda, tractanda, curanda, gerenda republica,
in administratione reipublicae, in omni publico
munere id solum spectare debemus, quid iustitia
postulet, ratio praecipiat, conscientia proponat,
quid sit iustitiae, quid rationi consentaneum, quid
cum iustitia, cum ratione congruat, conueniat, con
sentiat; habenda iustitiae summa ratio est: una spe=
ctanda

ctanda iustitia, nihil praeterea: de una iustitia laborandum, sequi ducem iustitiam debemus, agere cum iustitia, iuste, recte, honeste: honestum tuendum est solum; nostra consilia, nostras actiones ad unam iustitiam referri decet: propositam habere iustitiam, iustitiae seruire, ad iustitiam incumbere, iustitiam exercere debemus: non est in administranda republica ne latum quidem unguem, ne minimum quidē, ne tantillum quidem a iustitia discedendum, recedendum.

Pochi hoggidi amministrano giustitia, indrizzano alla giustitia le loro opere, operano cō giustitia, mostrano di esser giusti.

Pauci sunt hac aetate, his temporibus, quibus iustitia curae sit, cordi sit: qui iustitiam colant, exerceant, curent, tueantur, qui de iustitia laborent, apud quos iustitia locum habeat, iustitiae locus sit, qui iustos praebeant.

Gloria.

La gloria sempre accompagna la uirtù, è compagna della uirtù, segue la uirtù, ua dietro alla uirtù, è congiunta con la uirtù, nasce della uirtù, esce della uirtù.

Gloria comitatur uirtutem, uirtutis comes est, uirtutem sequitur, cum uirtute coniuncta, ad uirtutem adiūcta, nascitur a uirtute, oritur ex uirtute, manat, proficiscitur a uirtute: uirtus gloriam parit, largitur, affert, ad gloriam ducit.

Le fatiche, che hora tu duri, glorioso ti renderanno
appres=

appresso a i posteri,ti doneranno l'eternità, daran=
noti per premio l'immortalità del tuo nome, perpe=
tua fama,sempiterna uita dopò morte: sarà il tuo no
me,in premio delle tue fatiche,da tutte le lingue, tut
ti gli scritti,in tutti i secoli raccolto,custodito, celebrato, adornato dalle maggior lodi.

 Quos nunc suscipis labores, ij te apud posteros
aeterna gloria donabunt, afficient,illustrabūt, orna
bunt,decorabunt, tuum nomen immortalitati com=
mendabunt,ab hominum obliuione, ab interitu uin=
dicabunt,tui nominis famam in omnia saecula diffi=
pabunt,posteritati tradent, omnium sermonibus &
scriptis exornandum,extollendum,celebrandum,ho
nestandum,tuendum: consequeris tuis laboribus, ne
qua dies tui nominis famam delere possit,ut omnis de
te posteritas loquatur,nullae tuas laudes litterae ta=
ceant,de tuis laudibus conticescant.

      Gouernare.

Se le cose mie fossero state gouernate,maneggiate,am=
ministrate,trattate da te,se fossero state sotto il tuo
gouerno,sotto la tua cura,in tua mano, sarebbono
riuscite a prospero fine, felicemente,secondo il desi=
derio mio,haurebbono hauuto prospero fine, lieto,
desiderato,conforme al desiderio mio.

 Res meae bene & ex sententia successissent, pro=
spere cecidissent, nihil in rebus meis accidisset in=
commode,si tu eas gessisses administrasses, tractas=
ses,curasses, procurasses, si rebus meis praefuisses,
          ope=

operam dediſſes,ſi rerum mearum, fortunarum cu=
ra penes te fuiſſet, ad te pertinuiſſet, ſi tua in rebus
meis opera uſus eſſem,ſi rationes meae te curatorē,
procuratorem habuiſſent.

Intendo che tu ſei gouernatore di Milano con aſſoluta
poteſtà,che tu reggi Milano,che ſei rettore di Mila
no,che Milano è ſotto il tuo gouerno, e dalla tua
ſomma poteſtà dipende.

Audio te Mediolanum ſummo cum imperio ob
tinere,tuam eſſe ſummam poteſtatem,ſummum ius
in adminiſtrandis Mediolani rebus: praeeſſe te Me
diolano eo iure, quod amplißimum eſſe poteſt, ea
poteſtate,quae poteſt eſſe maxima; ita te Mediola=
num regere, ut ſummo utaris imperio, liceat tibi
quidquid uelis.

Io gouerno la prouincia in un modo, & egli in un’ al=
tro: diuerſa e la maniera del gouernare dell’uno e
dell’altro:ſiamo differenti nel gouernare la prouin=
cia,diuerſamente gouerniamo.

Diſſentimus in regenda prouincia: in adminiſtra
tione prouinciae diuerſa eſt utriuſque ratio: non ea
dem ſunt utriuſque inſtituta: longe diſtat ab illius
inſtitutis mea conſuetudo: aliud ille ſpectat, aliud
ego ſequor:inſtitutorum noſtrorum dißimilis,diuer
ſa ratio eſt.

E fornito l’anno del mio gouerno,è giunto a fine.

Annuum adminiſtrationis meae tempus confeci,
abſolui, decurri: emeritae mihi ſunt annuae ope=
rae,emeritum annuum tempus: perfunctus ſum an=
nuo

Toscane e Latine 159

nuo munere:dies annua praeterijt,abijt:annui impe
rij finem attigi,ad finem perueni.
Ho hauuto grandißimi gouerni.

Geßi maxima imperia:sustinui,administraui ma
ximas res:summis rebus praefui: summa mihi com=
missa sunt imperia,credita,mandata,tradita:curam
geßi rerum maximarum:amplißimo imperio non se
mel usus sum:magno saepe cum imperio fui.

Grado.

So in che grado egli è appresso te, che grado tiene, in
che grado tu lo tenga.

Noui locum,quem tenet apud te:noui,quo sit a=
pud te loco,qui sit apud te,quanti eum facias.
Non sono in grado, non in pregio, non in stima, come
douerebbono,le buone arti:non sono gradite, non
prezzate,stimate,riputate,honorate, non è fatto al
le buone arti il douuto honore, non è portato rispet
to:mancano le buone arti di quel grado,honore, ri=
spetto,luogo,che loro è douuto.

Non, ut deberent, honestae sunt, non, quan=
ti deberent,aestimantur, non quo deberent, quo ae=
quum esset,loco sunt,non,quem deberent,locum ob
tinent, non admodum in honore sunt, dignitatis,
existimationis,honoris, loci non habent satis, exi=
gui pretij sunt, parui sunt , haud magni putantur
bonae artes,bonis artibus honor non est, locus non
est,honor non tribuitur:bonae artes honore uacāt,
dignitate carent, non coluntur, iacent, minime
uigent,

uigent, spernuntur, negligantur, contemnuntur.

Grande.

Dicesi, che i giganti sono grandi di corpo, fuori di misura, fuori dell'ordinario, senza paragone, oltra il costume naturale; sono di grandezza estraordinaria, inusitata, maggiore dell'ordinario, auanzano gli altri huomini di grandezza, soprastano a gli altri huomini, sono altissimi di statura.

 Maximi inter ceteros homines feruntur esse gygantes, extraordinaria, inusitata, immensa magnitudine, magnitudinis immensae: uastissima sunt gygantum corpora, horribili magnitudine: non sunt gygantes cum ceteris hominibus corporis magnitudine conferendi: nemo nostrum est, qui gygantes magnitudine adaequet, qui gygantum magnitudinem aequet, assequatur, qui gygantibus par sit: excellunt gygantes magnitudine inter homines reliquos, ceteris hominibus praestant, antecellunt: gygantum magnitudo caret exemplo, extra ordinem est, praeter naturae morem, uastior est, quam mos naturae ferat.

Di quel giorno grandissima lode riportò, lodeuole fama si acquistò, uenne in gran riputatione, di molto honorata opinione sommamente fu lodato, essaltato, fu celebrato il suo nome, inalzato insino al cielo, sublimato.

 Summam ex eo munere laudem, eximiam, egregiam, miram, mirificam, insignem, immensam, singularem, unicam, incredibilem, excellentem, praestantißimam, amplißimam, aeternam, sempiternã, immortalem, non mediocrem, non minimam, non uulgarem consecutus est, adeptus est, obtinuit, tulit, quaesiuit, sibi peperit, comparauit.

Grandemente.

Sommamente, notabilmente, singolarmente, unicamente, egregiamente, marauigliosamente, incredibilmente, molto, in gran maniera, quanto dir si possa, quanto creder si possa, quãto huomo possa credere, quanto si possa il piu, quanto maggiormente si possa, quanto esprimere con parole non si può, quãto a pena col pensiero imaginar si può, quanto possibile è, quanto cape nella mente, quanto l'animo, la mente, il pensiero abbraccia, comprende, oltra modo, fuori di modo, senza modo, oltra misura, fuori di misura, senza misura, smisuratamente, fuori dell'ordinario, oltra l'ordinario, estraordinariamēte, senza paragone, senza essempio, fuori dell'uso cõmune, in disusata, nuoua, estraordinaria, rara, marauigliosa maniera, fuori di ogni credenza, oltre ad ogni credenza, fuori di ogni opinione, fuori dell'opinione di tutti, talmente, cosi fattamente, in tal maniera, in tal modo, che maggiormente non si può, infino al sommo, infin quanto si può, infino a quel termine, oltre al quale non si può.

Summe, uehementer, ualde, magnopere, etiam, atque etiam, maxime, mire, mirifice, incredibiliter, singulariter, unice, egregie, insigniter, cum primis, in primis, praecipue, apprime, admodum,

L maiorem

maiorem in modum, mirum in modum, mirandum
in modum, supra modum, extra modum, opido, exi-
mie, maximopere, non uulgariter, non mediocriter,
non minime, non ad aliorum exemplum, non ex cō-
muni consuetudine, non ut solet, non ut mos est,
non more, non ordine, non aliorum exemplo, extra
morem, extra ordinem, praeter exemplum, sic, ut
nihil magis, nihil supra, nihil ultra, nihil tale, nihil
ad illud, ut conferri nihil possit, simile, par, aequa-
le, ciusmodi, eius generis nihil sit.

Auuertisca il lettore, che la predetta copia non egual
mente tutta caderà a proposito di un sentimento;
ma sic bisogno di accommodarla, e dispensarla, secondo che richiederà la uaria natura de' concetti. a
noi è bastato di raccorla, perche seruisse a significa
re grandezza o di quantità, o di qualità, il rimanen-
te all'altrui giudicio si rimette, non essendo qui luo
go d'insegnare, doue propriamente ciascuna paro
la o col cōcetto, o con altra parola si possa congiun-
gere. ilche, a Dio piacendo, per auuentura un gior
no si farà.

Grasso.

Egli è grasso oltra modo, il che è segno, che non può
hauere molto ingegno: tale è la sua grassezza, che
lo rende simile ad un mostro: come può l'intelletto
hauer luogo in cosi sconcio corpo? non è credibile,
non è ragioneuole, che, doue tanta carne, iui sia
molto

molto spirito, iui alberghi nobilità di concetti, copia di honorati pensieri.

Pinguis est, obesus est, pinguedine diffluit ex=
tra modum, quod hebetis, tardi, stupidi, ingenij signum est; quod ingenij tarditatem arguit: qui po
test in tanto abdomine, in tam uasta corporis mo-
le, spiritus locum habere, ingenio, aut menti locus
esse? ex illa pinguedine, illo abdomine, illo sumine
nobiles, elegantes, praeclarae cogitationes minime
excitantur.

Gratificare.

Desidero di far piacere, far cosa grata, gratificare,
far seruigio non solamente a te, ma a qualunque è
da te amato.

Volo, cupio non solum tua, uerum etiam eorum,
qui a te diliguntur, caussa: cupio rem gratam face=
re, gratificari, seruire non solum tibi, uerum etiam
amicis tuis, seruire uoluntati, & commodo non solum tuo, uerum etiam amicorum tuorum, inire gra=
tiam officijs meis non a te modo, uerum etiam ab
amicis tuis: tuam, amicorumq. tuorum officijs uteis
gratiam quaero: praestare aliquid, efficere, naua=
re, quod tibi, amicisque tuis gratum sit, placeat,
satisfaciat, uoluptatem, iucunditatem, laetitiam
afferat, ualde uelim.

Gratitudine.

Ti farò conoscere in ogni occorrenza, in ogni occasio
ne, in tutte le cose, douunque potrò, in ogni tempo,

che non sono ingrato, che non mi scordo de' benefici da te riceuuti, che serbo nella memoria, custodisco nella mente i tuoi cortesi, & amoreuoli effetti, che non mi sono usciti di mente i tuoi benefici, che tengo memoria di quanto hai operato a beneficio mio, che sarai da me ricompensato, rimunerato, ricambiato, riconosciuto della tua molta humanità, che hauerai da me la ricompensa, il contracambio, il guiderdone de' tuoi meriti.

Semper meminero, memoria retinebo, tuebor mēte atque animo, numquam obliuiscar, numquam apud me delebit obliuio beneficia, officia, merita erga me tua: memorem me tibi, quaecumque se occasio dederit, obtulerit, probabo: gratum me tibi, memoremque praestabo: praestabo tibi eam, quam debeo, memoriam meritorum tuorum: gratum me nullo non loco, nullo non tempore, memorem, gratiae referendae studiosum senties, experieris, cognosces: grati animi laudem in me non requires, non desiderabis: non committam, ut ingratum me appellare possis, ut in illo officio, quod bene merentibus debetur, iure me, ac merito quisquam reprehendat, ut in uitium ingrati animi non incidam, ne quis mihi turpem ingrati animi notam possit inurere, ingrati animi uitium, crimen, culpam possit obijcere, ut ab ingrati animi uitio, crimine, culpa, turpi infamia longissime seiungar, discedam, absim, ualde procul absim; ut ea culpa uacem, uacuus sim, caream, eius culpae sim expers,

quam

quam committunt, qui nullam referendae gratie curam suscipiunt, qui de referenda gratia minimum laborant: enitar, &, ut spero, consequar, ut te de me optime esse meritum laeteris, ut officia erga me tua uoluptati, ac laetitiae tibi sint, ut ex tuis in me officijs uoluptatem capias, officiorum tuorum fructum feras, percipias, colligas, ut gratiae tuae gratiam a me feras, ut parem tibi referā gratiā, par pari ut referam, ut officia tua paribus officijs aequem, compensem, remunerem, remunerer.

Graue, in materia di peso.

Questa cosa è molto graue, pesa molto, è di gran peso, di molta grauezza.

Grauis admodum haec res est, grauitatis, ponderis habet multum, minime leuis est: inest in hac re grauitatis, ponderisq. multum, non mediocre pondus.

Graue, con significatione di lode.

L'ho sempre conosciuto huomo graue, e ueridico: niuna leggierezza in lui, niuna inconstanza, niuna bugia ho mai ritrouata: non ha punto del leggiero, non del uano, non dell'inconstante, mutabile, instabile.

Hominem grauem, certum, minime mendacem, minime falsum, studiosum ueritatis cognoui, expertus sum: nihil in eo leuitatis, aut inconstantiae, nihil inane, uarium, mutabile, inconstans, nullam animi infirmitatem, nullam sententiae uarietatē, nullā consilij mutationē deprehendi:

magna praeditum grauitate semper cognoui: is mi hi *semper uisus est, qui sibi optime constet, nihil leue committat, nihil inane cogitet, non facile discedat a se ipso, aegre discedat a sententia, mutet consilium, susceptam opinionem abijciat, sensum deponat, de suo statu demigret, quem nulla res facile abducat, auellat a sententia; cuius mentem huc, & illuc, in hanc, aut in illam partem, in quam uelis partem, utram in partem uelis, non facile stectas, aegre traducas, cum labore torqueas: alieno tempore nihil loquitur: nihil agit inepte, nihil non loco: idē ei uultus in omni re, eadem in omni fortuna mens est.* Consideri il lettore la predetta copia, & altre simili, non solamente quanto alla lingua, ma ancora quanto alla prudenza. percioche nella uarietà dell'elocutioni, che fanno risplendere il concetto, o maggiore il rendono, trouerà sparsa alcuna uolta, qualche dotrina, onde si puo apprendere quelle uirtu, e quelli uffici, che lode apportano: e molto sono giouuoli e necessari alla uita humana, come qui (per essempio) habbiamo descritto, e dimostrato, qual sia l'officio dell'huomo graue, & in che consista.

Graue, con significatione di molestia.
Tra molte ingiurie da lui riceuute, niuna piu graue mi e stata, niuna piu grauemente ho sopportato dell'ingiuria, e scelerità commessa dishonore dell' amico mio.

Ex omnibus iniurijs, quas in me contulit, conie
cit,

cit,quibus me affecit,uexauit, exagitauit, infecta‑
tus est,nulla mihi fuit grauior, nulla me grauius af‑
fecit,grauiorem nullam sensi, grauius nullam tuli,
quam cum amici mei dedecus,ignominiam, dehone‑
stamentum per summam iniuriam, nefandumq. sce‑
lus quaesiuit,infamiam amico meo machinatus est.

Guadagnare.

Molti si fanno auuocati per guadagnare, tirati da desi
derio di guadagno,inescati nella dolcezza del gua‑
dagno, per auanzare robba, per accumular dannia‑
ri, per arricchire col guadagno.

In forum multi ueniunt, ut lucri plurimum fa‑
ciant, ut lucrentur plurimum, ut quaestus maximos
faciant,lucri cupiditate adducti, lucelli dulcedine il
lecti,lucrum spectantes,lucrum secuti, lucro commo
ti, lucri spe: multos in forum lucri cupiditas addu‑
cit, ad agendas caussas impellit: facit augendae rei
cupiditas,ditandi spes, congerendarum opum, com‑
parandarum diuitiarum, pecuniae colligendae, ut in
forum se conserant,ut uocem in quaestum conferat,
ut agendis caussis se dent, ut industriam suam in a‑
gendis caussis exerceant.

Guadagnò molto, ma per uie honorate.

Quaestus maximos, sed turpissimos fecit:rem fe‑
cit turpissime : diuitias quaesiuit malis artibus :
multum ille quidem, sed inhoneste,sordide, parum
laudabiliter: cum dedecore lucratus est: cum infa‑
mia lucrum secutus est:tanti lucrum fecit, ea cupi‑
ditate ad lucrum incubuit, ut expetendum sibi uel

cum

eum dedecore, cum infamia, turpi cum fama existimauerit.

Guardare, per auuertire.

Guarda, auuertisci, pon mente, metti studio per nõ trascorrere oltre a' termini della continenza.

Caue, uide, studium adhibe, consilio utere, diligenter animaduerte, aduerte, attende quam diligenter potes, ne continentiae terminos transgrediare, ne longius progrediare, quam continentiae ratio praescribit, ne, quos tibi continētia terminos praescribit, eos transeas, transilias, transilicias, transgrediare, praetergrediare, ijs excedas, ab ijs excedas.

Guardare, per uedere.

E costume de gli huomini, guardare, riguardare, mirare al cielo, inalzar gli occhi al cielo ne' subiti e contrari accidenti.

Hic est mos hominum, ita more comparatū est, ut in repentinis aduersisq. casibus, si quid & praeter opinionem, & contra uoluntatem accidit, caelum intueantur, suspiciant, adspectent, ad caelum suspiciāt, adspiciant, spectent, oculos tollant, intendant.

Guarire.

Difficilmente guariscono coloro, che peccano nella quātità, o nella qualità de' cibi: malamente guariscono; con gran fatica racquistano la sanità; durano gran fatica a risanarsi, a liberarsi dal male, e riuocare le smarrite forze, a rimetterse nello stato pristino di sanità.

Non facile conualescunt, quibus neque, quantum

Toscane e Latine. 169
tum comedant, neque, quid comedant, curae est; qui quod comedunt, neque, quantum, neque, quale sit, aniamduertunt; quibus omnem in cibis modum, omne iudicium, omnē prorsus rationem gula eripuit; quibus neq. modus edendi, neq. ulla deligendi cibi ratio est; qui & plus appetunt in mensa, quam satis est, & ex eo genere, quod obsit.

Guerra.

La guerra fa di molti e graui danni, è cagione di molti danni, & acerbe ruine, affligge, guasta, distrugge, manda à male i paesi: nascono dalla guerra molti e graui danni: sostengono i paesi per la guerra ogni sorte di calamità, & ogni ruina.

Multa dāna, eaq. grauia, bellum creat, infert, importat: multis, & grauibus damnis bellum regiones afficit: uehementer bellum regiones uastat, uexat, affligit, corrumpit, deijcit, prosternit, opprimit: perdit bellum regiones, corrumpit omnia, perdit omnia, quasi flamma urit, & consumit omnia: nulla calamitas est, nullum exitium, nihil tam durum, tam acerbum, quod in bello, regiones non sentiant, experiantur, ferant, sustineant, perpetiantur: ecquod infortunium est, ecquae calamitas, acerbitas, diritas, quae non ex bello nascatur, oriatur, crectur? nullius mali expers est, nulla uacat calamitate regio illa, in qua bellum geritur: perculsa bello, atq. prostrata iacent omnia: inuebitur bello quidquid mali excogitari potest.

L'incominciar la guerra è cosa spesso temeraria, il
fornirla

fornirla felicemente, non solamente di fortuna, ma ancora di ualore è segno: il dar principio alla guerra nasce molte uolte da temerario consiglio; ma il condurla a fine con prosperi successi, è argomento non tanto di fortuna, quanto di ualore.

Bellum suscipere, inire, inferre, mouere ad bellũ aggredi, arma capere; ire ad arma, saepe temeritatis est, conficere autem, perficere, absoluere, restinguere, ad exitum feliciter perducere, uictoria terminare, optato exitu concludere, non fortunae solum, sed uirtutis etiam est argumentum: qui bellum suscipit, is temere saepe facit, temerario impellitur consilio, temeritatis impulsu peccat; qui uero belli extrema delet, bello finem imponit, finem facit, finem statuit, belli reliquias aufert, conficit, delet, non fortunae solum, sed uirtuti quoque acceptum referre debet.

Lepido rinouò la guerra ciuile, suscitò la guerra ciuile, ch'era già spenta, fece rinascere la guerra.

Lepidus bellum ciuile inter ciues renouauit, redintegrauit, suscitauit iam exstinctum, inflammauit iã restinctum, rursus excitauit, concitauit, denuo commouit, conflauit, nouo bello ciues implicauit; ciues in bellum denuo coniecit, magnis belli fluctibus obiecit, ex praesenti tranquillitate magnas belli tempestates commouit, excitauit.

Una gran guerra si aspetta, si teme.

Belli magni timor impendet: res ad arma spectat: graue bellum in metu est: uersamur in timo=
re

Toscane e Latine 171

re magni belli:aduentare, appropinquare, adesse
iam in graue bellum uidetur : graue bellum time=
mus,metuimus, formidamus, extimescimus, time=
mus,pertimescimus.

H

HAVERE.

Hanno molta robba i mercanti Fiorentini:posseggono
molte ricchezze:abondano di sostanze:sono abõdã
ti di sostãze:sono abondãti di facoltà:hãno robba in
molta copia,in molta abondanza,in gran quantità.
  Rem possident bene magnam,amplissimam,uber
rimam,copiosam in primis mercatores Florentini:
diuitias tenent summas:abundant,affluunt re,copijs,
diuitijs,opibus:diuites opido sunt,locupletes,opulen
ti,copiosi, a re parati,instructi,firmi, bene numma=
ti,bene peculiati:ampla res est,prolixa,copiosa,mi=
nime angusta,bene multa mercatoribus Florentinis:
ampla re utuntur,prolixa,copiosa, bene multa.

Hauere a male.

Alcuni hanno a male di uedermi cosi honorato nella
republica,hanno dispiacere,sentono dispiacere,fasti
dio,molestia,mal uolentieri mi ueggono cosi hono=
rato:reca molestia ad alcuni,è molesto,apporta di=
spiacere questo mio stato honorato.
  Sunt, quos meus in hac republica splendor of=
fendat, laedat, pungat , angat, solicitet, afficiat,
urat,

urat,dolore,cura,molestia,solicitudine afficiat: florere me dignitate,existimatione,honore,tantum ho
noris mihi haberi,tantum mihi dignitatis in republi
ca esse,auctoritatis,gratiae,existimationis,splendo
ris,non nulli moleste ferunt,grauiter,acerbe,aegre,
inique,iniquo animo,non satis aequo animo, non fa
cile,non leuiter, non patienter: tangit animos quo-
rundam,solicitos habet quosdam hic splendor meus,
haec species,dignitas.

Honesto.

L'honesto deue essere anteposto all'utile: deuesi all'honesto mirare piu che all'utile: è da tenere dell'honesto maggior cura, farne maggior stima,che dell'uti
le, amare, tenere l'honesto in pregio, tenere in
grado,seguire, prezzare,stimare, gradire piu che
l'utile.

Honestum utili praeferendum, praeponendum,
anteponendum:debemus honestum spectare, colere,
diligere,curare,sequi magis,quam utile, pluris quã
utile, aestimare, facere, pendere, putare, re-
putare, ducere; de honesto potius, quam de utili,la
borare,cogitare,curam gerere ; propositum habere
honestum potius, quàm utile ; ad honestum potius,
quam utile,nostra consilia, studia,cogitata, intendere,dirigere:antiquior, potior, prior nobis debet
esse de honesto cura, quam de utili : utile contemni
prae honesto decet: in nostris consilijs & cogitationibus plus honesto,quam utili, debet esse loci: spectare honestum potius, quam utile : conferri,refer-
ri ad

Toscane e Latine. 173

ri ad honestum potius, quam ad utile, nostra consi=
lia, nostra studia, nostra debet industria: maiorem
decet honesti rationem habere, ducere, quam utili=
tatis.

Non è honesto, non è ragioneuole, non è ragione, non
è il douere, non è conueneuole, non sta bene, non è
ben fatto, l'honesto non comporta, la ragione non
permette, che tu abbandoni tuo padre tra tanti suoi
disagi, di pouertà, malatia, uecchiezza.

Deseri a te, destitui patrem, tot affectum in=
commodis, inopiae, ualetudinis, senectutis, mini=
me honestum est, haud aequum est, haud par est, minime rationi consentaneum est, non decet, non con=
uenit, non oportet, ius non est, fas non est, nefas est,
iniquum est, flagitium est, criminis est, turpe est:
ut parentem deseras afflictum inopia, morbo, sene=
ctute, in summis, constitutum difficultatibus, ino=
piae, ualetudinis, senectutis, honestum non fert,
non patitur, ratio non concedit, non permittit: si
patrem destitues, culpam committes, flagitium fa=
cies, flagitiose facies, inique, iniuste, inhoneste, tur
piter, improbe, praeter honestum, aequum, ius,
contra honestum, aequum, ius, non, ut honestum
suadet, non, ut aequum est, ius est, par est, decet,
conuenit.

Honorare.

Lodo il tuo costume, di honorare, riuerire, offer=
uare, hauere in grado piu tosto i uirtuosi, che i ric=
chi, portar honore, riuerenza, osseruanza, ri=
spetto

spetto à coloro, che uirtù posseggono, non a quelli, che de' beni della fortuna abondano.

Placet mihi, probatur ualde satisfacit, mos, & consuetudo tua, laudem tuae consuetudini tribuo, quod eos colas, uerearis, obserues, in honore habeas, honore, obseruantia, studio prosequaris, honore afficias, obseruantia colas, quod ijs honorem habeas, tribuas, praestes, obseruantiam, ac studiū praestes, qui uirtute potius, quam diuitijs abundant, excellunt, eminent, ualent, qui sunt a uirtute paratiores, quam diuitijs, quos uirtus potius, quam diuitiae, commendant, qui uirtutem magis, quam fortunas, possident.

Honore.

Benche io ti conosca, nell'amicitia poco stabile; nondimeno ti honorerò, procaccierò l'honor tuo con quanti modi potrò, ogni mia cura, nell'honor tuo, nell'accrescerti riputatione, nel procacciarti honore impiegherò, metterò ogni studio, porrò ogni diligētia, & industria, sarò fauoreuole all'honor tuo.

Etsi te in tuenda, colenda, conseruanda amicitia satis leuem, parum constantem, minus firmum cognoui; a me tamen omnia in te ornamenta proficiscentur; nullum in te ornando, honestando, colendo locum aut tempus, nullum studij genus, officij, obseruantiae praetermittam; fauebo tuae dignitati, existimationi, honori, nullo non loco, nullo non tempore, quibuscunq. rebus potero: cōferam, referam, intē dā ad honorem, ac dignitatem tuam omnia mea studia,

dia, officia, omnem industriam, curam, operam, dili=
gentiam: figam & locabo in tua dignitate omnia
mea studia: augebitur, amplificabitur meo studio tua
dignitas: accesio tibi dignitatis meo studio fiet; tuae
dignitatis accesiones meo studio consequeris, meum
studium honori tuo nullo loco deerit.

Duolmi, che sia offeso l'honor tuo, che riceua danno, pa
tisca ingiuria, sia mal trattato.

    Violari tuam dignitatem, imminui, offendi, lae=
di, oppugnari, damno affici, iniurias, pati, detrahi de
tua dignitate, minui, adimi, auferri, iacturam fieri
tuae dignitatis, inique patior.

Io mi rallegro, che ti uegga esser diuenuto e piu hono=
rato, e piu ricco, esser cresciuto e di honore, e di rob
ba, esserti cresciuto l'honore parimente e la robba,
hauer fatto acquisto e di honore, e di robba, essere
uenuto in maggior grado, in maggior pregio, salito
a maggior riputatione, a piu alto grado di honore.

Laetor, quod magnas tibi tum fortunae, tum di=
gnitatis accesiones uideo esse factas: multum &
ad fortunam, & ad dignitatem tuam accesisse, ad
ditum esse, tum fortunam, tum dignitatem tuam ma=
gnopere creuisse, auctam esse amplificatam esse, ual
de te fortuna simul & dignitate auctum: quod tua
sit dignitas illustrior, domestica res amplior, quod
& honore magis, quam antea, florere, & abundare
coeperis fortunae bonis, uehementer gaudeo.

Il primo ricordo, che io ti do, è questo, che tu hab=
bi cura dell'honore, in tutte le cose, tu miri all'ho=
nore.

nore, tu ti proponga, metta inanti a gli occhi l'honore, niuna cofa tu operi, niuna penfi, che non fia con
l'honore congiunta.

Hoc primum te moneo, ut referas omnia ad dignitatem, propofitum decus tibi fit ante omnia, dignitati feruias, dignitatem fpectes, fequaris, dignitatis rationem habeas, nihil cogites a dignitate feiunctum, nihil alienum a dignitate, nihil non
cum dignitate, non cum dignitate coniunctum, tuo
rum confiliorum, tuarum actionum finis, terminus,
fcopus honor fit: prima tibi fit, praecipua, antiquiffima dignitatis cura.

Se, come hai cominciato, feguirai, otterrai i primi honori della noftra republica, farai rimunerato, premiato co' primi honori, premio della tua uirtù faran
no i primi honori, falirai a piu alti gradi di honore, ti aprirai la uia a quelli honori, che maggiori
la noftra republica può dare.

Si, ut inftituifti, perges: fi curfum inftitutum tenebis: fi tuam confuetudinem feruabis, omnia, quae
funt in republica amplifsima, cõfequeris: praemium
feres tuae uirtutis eximios honores: ad fummos honores, ad ea, quae fumma funt in republica, tua te
uirtus efferet, extollet: merces tuorum meritorum
erit amplifsima dignitas: aditum tibi ad maximos
honores aperies, patefacies, uiam ftrues, munies, honorem in republica nullũ fruftra petes, multi etiam
non petenti utro deferentur.

La pouertà molte uolte non lafcia hauere de gli honori,

ri, chiude la uia a gli honori, uieta l'hauere de gli honori, impedisce il corso de gli honori, nella uia de gli honori si attrauersa a' uirtuosi.

Saepe facit inopia, ut honore, consequi non liceat: prohibet, arcet, summouet ab honoribus rei familiaris inopia: impedimento egestas est, quo minus ad ea, quae sunt in ciuitate amplissima, liceat peruenire: aditum ad honores intercludit rei domesticae difficultas: euntibus ad honores magnas difficultates obijcit, magna impedimenta opponit, uia obstruit. obuiam it, occurrit inopia: imparatis a re domestica honores obtinere non facile est, multi negotij, magni operis est: honorum cursum impedit, interrumpit egestas: egentibus non facilis est, nõ expeditus honorum cursus: non patent honores inopiae.

Humanità.

Niuna uirtù è piu dell'huomo propria, piu conueneuole all'huomo, che l'humanità.

Ex omnibus uirtutibus nulla est, quae magis hominem deceat, magis in hominem conueniat, in hominem cadat, ad hominem pertineat, homini magis propria sit, quam humanitas: cum omnes uirtutes, tum una in primis homini colenda humanitas est: ita decent hominem uirtutes omnes, ut primum sibi locum uindicet humanitas: ita colendae sunt, ita expetendae, ita diligendae uirtutes omnes, ut praeter ceteras amplectenda sit humanitas: inter omnes uirtutes una maxime lucet, eminet, excellit humanitas:

M   quaerenda

quaerenda sunt omnes uirtutes, sed humanitati dan
da in primis opera est: ut Hesperus inter sidera, sic
inter uirtutes praecipue fulget humanitas.

Niuno ho conosciuto piu humano di lui : maggior hu
manità non uidi mai : piu disposto, piu pronto a
far seruigio, piu amoreuole, gentile, benigno in
fin' hora non ho ritrouato : tale humanità in lui
ho prouata, che maggiore in alcuno non conob=
bi mai.

Qui plus habeat, possideat, ostendat humani=
tatis, in quo plus humanitatis, plus officij sit, qui sit
illi humanitate praeferendus, magis ad humanita=
tem propendeat, humanitatis laude sit illo praestan
tior, humanitate magis abundet, illum humanitate
uincat, ei praestet, antecellat humanitate, adhuc cog
noui neminem : nemo est illo maioris officij, huma=
niore sensu, officij studiosior, in officio diligentior.

I

IGNOBILE.

Molti sono ignobili, uili, oscuri di stirpe, di bassa con
ditione, di luogo oscuro, ignobilmente, uilmente,
oscuramente nati, i quali con la industria s'inalza=
no, e riccuono splendore dalla uirtù.

Multos infimae condicionis, humillimae sortis,
obscuri loci, nulla parentum, aut maiorum laude
commendatos, obscuro loco natos, ignobili, obscu=
ro, infimo genere editos extulit, atque illustrauit
uirtus : multos generis humilitate iacentes uirtus ere
xit :

xit: *nobilitantur, atque honestantur uirtute multi genere ignobiles, & obscuri.*

Ignoranza.

Non è da marauigliarsi, se spesso pecca, chi è piu di tutti ignorante, chi sa meno di tutti, chi è di tutti inferiore di sapere, chi non ha punto di scienza.

Non est, cur miremur, si saepe labitur is, qui est omnium imperitissimus, maxime rudis, maxime inscients, cuius ignorantia, inscitia, inscientia summa est, qui omnes inscitia uincit, cui neminem inscitia parem inuenias, quem omnia latent, qui nihil prorsus nouit, omnium rerum ignarus est, nihil omnino uidet, nullam partem doctrinae tenet.

E gran uergogna esser ignorante, non hauer notitia de' fatti della sua patria, non sapere i fatti della sua patria.

Turpe in primis est, dedecus est, in patria peregrinari, hospitem esse in ijs rebus, quae ad patriam pertinent, ea non tenere, scientia non comprehendere, usu, doctrinaque non percipere, in quibus patriae res agitur.

Impaccio.

Gran dispiacere ho sentito, intendendo che coloro ti danno impaccio, trauaglio, disturbo, molestia, a' quali tu hai fatto benefici grandissimi.

Valde sum commotus, cum eos audiui negotium tibi facessere, molestiam exhibere, molestos esse, infensos esse, solicitudinem inferre; te uexari, iniurias accipere, affici molestia ab ijs, de qui-

M 2 bus

bus ipse bene meritus es maxime, qui summa tibi beneficia debent.

Questa cosa è di grande impaccio, di gran fastidio, nõ è di poca occupatione, non è di leggier cura, non richiede picciola diligenza.

Haec magni negotij res est, admodum operosa, occupationis non exiguae, eiusmodi, ut curam, ac diligentiam non mediocrem postulet, non leuiter curanda, non frigide, aut languide agenda, tractanda uideatur.

Imparare.

Impariamo molte cose dall'esperiēza: l'esperienza molte cose c'insegna, ci da notitia di molte cose, ci fa sapere molte cose, è cagione che molte cose impariamo, appariamo, apprendiamo, imprendiamo, conosciamo, intendiamo, è maestra di molte cose, è guida per condurci alla scienza di molte cose: nell'esperienza, nella pratica, nell'uso è riposto, dall'esperienza, dalla prattica, dall'uso dipende l'intelligenza, la notitia, la cognitione, la scienza, la dottrina di molte cose.

Multa discuntur, percipiuntur ab experientia: multarum rerum scientia, cognitio, intelligentia, doctrina capitur, sumitur, hauritur ab experientia, et usu: multa cognoscuntur experientia duce: multarum rerum magister est usus, multa docet, ostendit, patefacit: uiam aperit usus ad multarum rerum scientiam: erudimur ualde, instruimur, expolimur, ex ignorantiae tenebris educimur:

mur, ad scientiam multarum rerum experientia du
ce peruenimus: multarum rerum scientiam con-
sequimur, experientiam secuti, experientia docti,
experientia magistra.

Impaurire.

Sono alcuni di cosi uile, e cosi debole animo, che im-
paurischono per qual si uoglia accidente, si spauenta
no, temono, riceuano temenza, a' quali ogni cosa da
temenza, porge paura, genera spauento.

Multos ita pusillis, infirmiq. animi uideas, inue
nias, qui ad omnes casus extimescant, pertimescāt,
timeant, metuant, terreantur, deterreantur, perter
reantur, timore commoueantur, metu perturbentur,
afficiantur, timorem suscipiant: multos, ob infirmitatem, imbecillitatem, tenuitatem animi, quilibet
casus terret, deterret, perterret, perterrefacit, metu afficit, perturbat, in timorem conijcit, ad timorem impellit.

Impazzire.

Impazzi talmente per il dolore, che non ripiglió il
senno mai piu: cadde nella pazzia, entrò, trascor
se, smarri l'intelletto: perde il senno: usci di se stesso: diuenne pazzo, forsennato: usci di mente.

Vi doloris ita insanijt, ut mentem, rectum animi
sensum, rationem numquam receperit, in perpetuum amiserit, ad sanitatem numquam redierit: in
saniae morbo ita est affectus, in morbum insaniae
ita incidit, ut numquam postea conualuerit, ut
furorem numquam deposuerit, ut bonam mentem
numquam

numquam reuocauerit, ut a furore, a dementia nũquam se ad sanitatem retulerit: ita discessit a mente, ita mentem perdidit, ut illum nemo postea ratione praeditum uiderit.

Impedimento.

Io sono cosi spesso uisitato da gli amici, che mi manca tempo per studiare: le uisite de gli amici m'impediscono gli studi, mi sono d'impedimento, mi danno, porgono, apportano, recano impedimento, talmente mi tengono occupato, che in tutto il giorno non ho hora libera per gli studi: gli amici col uisitarmi spesso mi uietano l'attendere a gli studi, mi priuano del cõmercio de gli studi, mi tolgono ogni libertà, & ogni potestà di studiare, mi rimuouono da gli studi.

Crebrae amicorum salutationes ita me interpellant, ut prorsus me a studijs abducant, auocent, abstrahant, abripiant, auellant, amoueant: omnem prorsus colendi studia facultatem, potestatem frequentes amicorum salutationes eripiunt, nullam mihi studiorum copiam, nullam ad colenda studia, ad tractandas litteras uacuam horam, nullum liberum tempus relinquunt: fit salutationibus amicorum adeuntium ad me, uentitantium ad me amicorum officio, ut spatij nihil habeam ad animum litteris excolendum, ad ingenium studijs exercendã: ita sũ occupatus, occupationis habeo tantum in excipiendis ijs, qui ad me officij caussa adeunt, ut otij nihil supersit ad studia litterarum tractanda, ut

nullam

nullam diei partem arbitratu meo in studijs pone=
re, ad studia conferre liceat.
Imperatore.
L'Imperatore ha rimosso ogni pensiero dalle guerre.
Omnem cogitationem omnia consilia, mentem
prorsus omnem a bellis auocauit, abduxit: impera=
tor, is, qui nomine imperatoris insignitur, impera=
toris titulo decoratur, imperatoris eximia dignita
te fungitur, imperium in omnes habet, cuius im=
perium est, cui potestas est, atq. ius imperandi.
Imperio.
Sotto l'imperio Romano in poco tempo uennero molti
paesi: il popolo Romano in poco tempo s'insignorì
di molti paesi, soggiogò, ridusse in sua potestà molti
paesi: uennero sotto la signoria di Roma, in potestà
del popolo Romano molte nationi in breue spatio
di tempo.
Multis regionibus breui auctum est imperium
Romanum : multarum regionum accessio facta est
ad imperium Romanum : multae regiones in ditio=
nem uenerunt, in potestatem redactae sunt, sub=
actae sunt, ad imperium accesserunt, additae sunt,
adiunctae sunt, iura, potestatemq. subierunt populi
Romani.
Imporre.
Tu hai per costume d'impormi alcune cose troppo gra
ui: tu mi cometti cose, lequali malamete posso sostenere: mi dai carico di cose troppo dure, e troppo dif
ficili: mi comandi cose, che sono sopra le mie forze.

M 4   Soles

Soles ea mihi imponere, quae sustinere uix possum: ea imperas, praecipis, iubes, mandas, committis, quae uires meas exsuperant, quae praestare, perficere, exsequi uix possim: magni negotij est, summae difficultatis, operae non exiguae, ad exitum ea perducere, quae in mandatis a te habeo: dura nimis, grauia, difficilia mihi imperas.

Importanza.

Questa è tutta l'importanza: questo è quello, che rilieua, importa, monta piu di tutto: in questo consiste il tutto, è riposto ogni cosa: di qua dipende.

Hoc rem continet: in hoc tota res agitur: in hoc sunt omnia, sita sunt, posita, collocata, constituta: ex hoc omnia pendent: hoc interest in omnes partes, ualet in omnes partes: hoc tanti est, eius ponderis est, eiusmodi est, ut omnia comprehendat, complectatur.

Questo a te niente importa, niente rilieua, non è di uerua importanza, & a me importa molto.

Hoc tua nullam in partem interest, mea multum: tua minimum refert, mea plurimum; ad te nihil, ad me ualde pertinet: tua res in hoc nulla, mea uero agitur maxima: hoc ad tuas res momenti nihil habet, uim nullam habet, minimum ualet, ad meas ualet in omnes partes, multum interest, refert, multum habet ponderis.

Impresa.

Coloro, iquali à grande impresa si mettono, meritano

no di essere lodati, quantunque non riesca loro il pensiero : nelle honorate e nobili imprese, benche l'effetto non succeda, lode pero si merita: è cosa bella, honorata, degna di lode, nelle magnanime imprese ottenere il primo, o il secondo luogo, se il terzo non si può.

Qui facinus egregium aggrediuntur, ijs, etiam si non succedat, laus tamen aliqua debetur : qui ad res praeclaras animum adijciunt, animum adiungunt, sese applicant, sua studia conferunt, praeclaris in rebus industriam suam exercent, operam ponunt, ij, uel si spem fortuna frustretur, fallat, uel si spei exitus non respondeat, ut id, quod uelint, minus assequantur, ut, quo spectant, minime perueniant, omni tamen excludendi laude non sunt, aliqua tamen eos ornari laude aequum est : magna suscipientibus, ad res egregias, nobiles, praeclaras, eximias aggredientibus, uel si frustra labor suscipiatur, inanis opera sit, non plane feliciter, non prospere, non optime, non omnino ex animi sententia res cadat, habēdus tamen honor est: prae clara coñantes, in secundis, tertijsq., si consequi prima non liceat, consistere laus est : qui ad summā gloriam suae uitae cursum dirigunt, qui summa petunt, ad summa contendunt, etiam si spe frustrentur, etiam si, quo intenderint, non perueniant, etiā si metā non attingant, est tamen cur laudentur, non sunt omni prorsus laude summouendi, decus aliquod, mercedem uoluntatis egregiae, magni, praestantis,

*præstantis, excellentis, excelsi, erecti animi præ=
mium ferre debent.*

Considera bene a quanto grande impresa tu ti metta,
quanto difficil cosa tu pigli ad operare, a sostenere,
sotto a che graue peso tu ti ponga.

*Etiam atque etiam uide, quantum facinus co=
nere: animaduerte quid suscipias, quid sustinere
possis, quam graui subeas oneri, quantum tibi
oneris imponas, quantam ineas rem, cuius dif=
ficultatis, cuius industriæ, cuius operæ sit, quam
difficile, durum, spissum, laboriosum, operosum, quā
tum industriæ, quam facultatem, quas uires, quos
neruos, quantum roboris postulet id, quod cona=
ris, moliris, tentas, instituis, suscipis, aggrederis.*

In questa impresa mettero tutte le mie forze.

*In arcem huius caussæ inuadam, totis uiribus,
toto pectore contendam.*

E cosa di grande oratore inalzare le cose basse, e dan
lume alle oscure.

*Magni oratoris est, humilia tollere, efferre ea,
quæ iacere uidentur, excitare, atq; erigere, ob=
scuris dare lucem, splendorem afferre, obscura il=
lustrare.*

Inalzare.

Tu inalzerai il tuo nome con la liberalità: in alto e
sublime luogo la tua lode porrai: a somma lode
uerrai.

*Tuum nomen liberalitate extolles, efferes:
tuam laudem excelso, sublimiq. in loco, atq; in
illustri*

illustri quadam specula liberalitas constituet, collo-
cabit: ad summam laudem, ad summa, ducem secutus
liberalitatem, duce liberalitate, peruenies.

Incendio.

Questa notte è suscitato un grande incendio, gran fuo
co è acceso.

Hac nocte non mediocre excitatum est incendiũ,
uehemens ignis est accensus, aedes multae conflagra
runt, combustae sunt, igni corruptae sunt, consum-
ptae, absumptae: grauis admodum periculi, summi
damni exorta flamma est.

Inciampare.

Chi è, che non inciampi, non intoppi, e non cada nella tã
to difficile, e tanto incerta uia del mondo?

Quis est, qui non offendat, non labatur in tam dif
ficili, tamq́. lubrica rerum humanarum uia? cui timē
da offensio non est? cuinam effugere, ac uitare offensionem licet? quis ab offensione praestare sibi quidquam possit?

Inclinato.

Da molti segni ho compreso, che tu sei inclinato naturalmente, che la tua natura t'inclina, ti conduce, per natura tu pendi nel brutto uitio dell'auari
tia.

Multis argumentis inclinatum, ac natura propensum te ad turpissimum & exsecrabile uitium
auaritiae, iudicaui: quod multis argumentis potuerim conijcere, colligere, intelligere, suspicari,
ad

ad auaritiae uitium natura propendes tua, te ad aua
ritiam natura ducit: auaritiae studiosus es hortante
natura: naturali quodam studio ad auaritiam incli=
nas: sequeris auaritiam quadam naturae inductione.

Incolpare.

Tu lo incolpi a torto: tu l'accusi senza sua colpa: colpe
uole il fai senza cagione.

Accusas, culpas immerentem: expertem culpae,
uacuum a culpa, remotum a culpa damnas, in iudi=
cium uocas, reum facis, persequeris: uitio tribuis, ui=
tio uertis, fraudi das immerenti, ei, qui culpam non
commisit, culpae sibi conscius non est: confers cul=
pam in expertem criminis, insontem, immerētem, in
noxium: exagitas illum, in culpam uocas, in infamiā
uocas, adducis; iniuste, sine caussa, iniuria; immerito,
contra quam ius est.

Incominciare.

Tu non hai fornita tutta l'opera, anzi l'hai solamente
incominciata, le hai dato principio, a pena ui sei en=
trato.

Opus non modo non perfectum, confectum, abso
lutum, ad unguem factum, sed inchoatum, ac ru=
de reliquisti: tantum abes a perfectione operis, ut
principia uix appareant: tantum abest, ut opus ad
finem perduxeris, ut minimum ultra principia pro=
cesseris, ut in ipsis paene principijs constiteris, hae=
seris: uix opus instituisti, uix aggressus es: ope=
ris initium fecisti, a fine autem longe distas, rem
tu

*tu quidem habes institutam, sed perpolitio requiri=
tur: instituta res est, non perpolita: operis tu quidem
fundamenta iecisti, fastigium adhuc tamen nullum ui
demus, nullum exstat .*

Incomportabile.

Sostengo dolore incomportabile, insopportabile, into=
lerabile, il piu graue del mondo, tale, che comporta=
re, sopportare, tolerare, sostenere non si può: regge
re a cosi duro affanno, resistere a cosi fiera passione
non si può.

*Tantum doloris, solicitudinis, acerbitatis susti=
neo, quantum ferri uix possit: ferendo dolori non
sum: impar dolori sum: impares dolori uires meae
sunt, ad dolorem infirmae, dolore franguntur, uim
doloris minime sustinent: roboris in me tantum non
est, ut acerbitatem tam grauem queam perpeti.*

Inconsiderato.

Troppo inconsiderato ti conosco, troppo imprudente,
priuo di consiglio, senza ragione, temerario.

*Nimium te inconsideratum, imprudentem, ex=
pertem consilij, inopem consilij, expertem rationis,
inopem rationis, auersum a ratione, propensum ad
temeritatem, immoderati sensus, praecipitis consilij,
nimis in agendo praecipitem, insipientem, stultum
cognoui.*

Inconstante.

Non penso di douer esser tenuto inconstante, se non ho
voluto far beneficio ad un'huomo cosi ingrato: non
temo

temo il nome, e la fama dell'inconstanza: non credo
douere essere notato di leggierezza, d'instabilità, di
animo poco fermo, che mi debba esser attribuito ad
inconstanza.

Non puto mihi famam inconstantiae pertime=
scendam, si tam ingratum hominem, tam imme=
morem officij, prosequi noui officijs nolui: non ue=
reor, ne quis mihi tribuat, adscribat, asignet incon=
stantiae, leuitati; ne quis in me inconstantis animi, le
uis, mobilis, instabilis, parum firmi uitium confe=
rat; ne quis mihi notam inurat inconstantiae; ne in=
constantiae nomine male audiam, suspectus sim, ne
accuser, quasi parum in officio constans, quasi dis=
cesserim a pristina consuetudine, quasi desciuerim a
me ipso.

Incontanente.

Incontanente, immantinente, di subito, subito, subitamē
te, senza indugio, senza dimora, senza metter tempo di mezzo, senza porui tempo, senza tardanza,
senza allungare la cosa, presto, prestamente, tosto,
tostamente, rattamente, benche pare che questi due
ultimi habbino troppo del Toscano. Vedi il latino
nella parola Subitamente.

Incontrare, per andar incontro.

Anderò ad incontrarlo, gli anderò incontro, per satis=
fare il debito dell'amicitia.

Obuiam ibo, obuiam procedam, occurram, ut of=
ficium amicitiae debitum persoluam, ut id praestē,
quod amicitia postulat.

Incre-

Incredibile.

Questa cosa non è credibile, non è da credere, non è degna di essere creduta, non è tale, che si debba, o possa credere, che sia da darle credenza, sia d'hauerle fede, non ha simiglianza di uero, ha sembianza di menzogna.

Credibile non est: credendum non est: non est ut credatur, ut credi possit, ut habeda fides uideatur: fidem superat: uerisimile non est: mendacium uidetur: mendacij speciem habet: mendacium praesefert: ueritatis imaginem nullam ostendit: eiusmodi est, ut fide careat, ut adiungi fides nulla possit.

Increscere.

M'incresce di esser uiuo, poi che morte mi ha tolto chi di ogni allegrezza mi era cagione: emmi graue la uita: pesami la uita: mi spiace di esser uiuo: la uita m'è noiosa.

Vitae me tedet: uitam fastidio: uitam mihi acerbam puto: acerbe uiuo: molesta, grauis, amara prorsus mihi uita est: aegerrime, molestissime, prorsus misere uiuo; quando mihi mors eum eripuit, ex quo mea gaudia, meae laetitiae manabant omnes.

Incrudelire.

Non è mai da incrudelire uerso i figliuoli: non è da usar crudeltà uerso i figliuoli: niuna ragione può difendere quella crudeltà, che contro a' figliuoli si adopera.

Saeuire in filios, saeuitiam aduersus filios exercere, crudeliter agere cum filijs numquam debemus:

tanti

tanti esse nihil debet, ut crudeles in liberos simus, ut crudeles nos liberi nostri experiantur: si quid agitur cum filijs, crudelitas absit, nunquam crudelitati locus sit.

Indarno.

Hora mi auueggo di essermi affaticato ïdarno: l'effetto mi dimostra, che nõ ho bene impiegata l'opera mia, che ho speso male il tēpo, ho guttata uia la fatica, ua namente ho sperato, ho fondata la mia speranza so pra deboli ragioni, cieca sperãza mi ha guidato, ho seminato in sterile campo, nell'arena.

Nunc me sentio frustra elaborasse, inanem laborem suscepisse, spes meas infirmis, & labantibus fundamentis esse nixas, me ducem habuisse, ducem secutum esse, incertam caecamq. spem, arido solo, infructuoso campo, arenæ semina commisisse, mandasse: imprudentiam consilij mei exitus rei mihi declarat: spe sum deceptus; ductus sum inani studio: laterem laui: operam male posui: oleum & operam perdidi: studium inutiliter consumpsi, locaui, posui.

Indebolire.

Il tuo uiuere poco regolato, e dissoluto ti ha indebolite le forze del corpo: deboli sono diuenute le forze del tuo corpo per la poco regolata maniera del uiuere: l'intemperanza del uiuere le forze del corpo ti ha tolte, ha diminuite, sminuite, scemate, ti ha leuato parte delle tue forze, della tua gagliardia,

del

*del tuo uigore, della tua uigorosità, men gagliar=
do, men robusto, men forte, men possente, men uigo=
roso ti ha renduto: sono scemate le tue forze per
il uiuere troppo disordinato, licentioso, smoderato.*

*Vires corporis tibi minuit, deminuit, imminuit,
comminuit, infirmauit, debilitauit, ademit, abstu=
lit, afflixit uitae ratio minime moderata, inconti=
nentia, intemperantia, nequitia, luxus, libido: uita
immoderate, incontinenter, intemperanter, dissolu
te, nequiter, sine modo, luxuriose traducta, ad in=
firmitatem, ad imbecillitatem, tenuitatem, corporis
te redegit, adduxit, minus te firmum, minus uali=
dum, minus ualentem, minus robustum, infirmio=
rem, imbecilliorem reddidit.*

Indegno.

*Tu sei indegno, non meriti di esser lodato: non hai ope
rato di maniera, tali non sono i tuoi meriti, che tu
debba essere con lode essaltato.*

*Laude indignus es: indignum te laude praebuisti,
ostendisti: non cum te praebuisti, praestitisti, osten
disti, probasti, non ita egisti, non ita te gessisti,
non ea gessisti, non ea tuae uitae ratio fuit, non e=
iusmodi sunt merita tua, non te talem uidimus, cog
nouimus, sensimus, experti sumus, non is nobis
cognitus es, ut afficiendus, ornandus, decorandus,
honestandus, efferendus, extollendus laude sis; ut
laus in te conueniat, tibi debeatur, ut laudis prae=
mium, quasi tibi debitum, possis exigere, ut laus,
quasi tuis meritis debita merces, persoluenda tibi*

N   *esse,*

esse, tribuenda, deferenda uideatur.

Indigestione.

La indigestione molti giouani conduce a morte: perischono molti giouani per il troppo mangiare, per la troppa copia del cibo, p nō digerire il troppo cibo.

Multos adolescentes conficit, perdit, immatura morte afficit cruditas, crapula, immoderata, dissoluta uictus ratio: largiore, uberiore, pleniore cibo utuntur adolescentes, quam ut stomachus digerere, ferre, sustinere possit, quam ut uitae conducat: id quod saepe illis immaturae mortis caussam attulit.

Indiscreto.

Non riusci nella corte di Roma, per esser huomo indiscreto, inconsiderato, poco moderato, poco modesto, di poco giudicio, di poca prudenza, poco senno, poca ragione, temerario.

Locum in aula Romana non habuit, locus ei non fuit, ob immodestiam, impudentiam, temeritatem, imprudentiam, immoderatam uitae rationem, quia parum modestus est, non satis modeste uiuit, modestia, modo, ratione non utitur, modestiam ignorat, longe abest a modestia, parum modestis est moribus, de modestia nihil laborat, nullum ei modestiae studium est, expers est modestiae, iudicij, prudētiae, rationis, temere agit, imprudenter, sine ratione, sine modo, immoderate, immodice, inconsiderate, inconsulte, prorsus sine consilio: quia inconsultus est, te-

Toscane e Latine. 195

merarius, imprudens, inconsideratus, immoderatus, immodestus, immodicus.

Indouinare.

Non è da ragionare intorno a cose, lequali indouinare, antiuedere non si possono, allequali arriuare col pensiero, con l'imaginatione, col discorso dell'intelletto non si può, l'auuenimento delle quali è dubioso, incerto, oscuro, occulto, non si può sapere, delle quali niuno può sapere, imaginare, discernere quello che s'habbi da essere, da seguire, da succedere, accadere, auuenire, non si può sapere l'auuenimento, il fine, gli accidenti, l'ultimo effetto.

Abstinendum est earum rerum sermone, omittendus est, dimittendus, praetermittendus, abijciendus earum rerum sermo, suspiciendus, inducendus, habendus ijs de rebus sermo non est, quae positae non sunt in coniectura, minime a coniectura pendent, a coniectura procul absunt, extra coniecturam sunt, quas coniectura ante capere, praecipere, prospicere, prouidere, assequi, conijcere, conie ctare, augurari, diuinare non licet: quae sunt eiusmodi, ut eas uaticinari, ad eas coniectura propius accedere, de ijs certo conijcere, certam coniecturam facere, certus uates esse, coniector esse nemo possit, de quibus difficilis admodum coniectura, incerta, & obscura diuinatio, obscurum augurium est, in quibus quid futurum sit, euenturum, quid afferre, parere dies, casus fortuna, sors possit, suspicari non licet.

N 2 Indugiare

Eleganze
Indugiare.

Non posso piu indugiare, dar indugio alla cosa, dimorare, far dimoro, dimoranza, dimora, tardare, ritardare, prendere alcun'indugio, allungare, prolungare, menar in lungo, metter tempo, piu oltre aspettare.

Morari diutius, moram facere, moram interponere, procrastinari, differre, diem ducere, referre me in aliud tempus, rem proferre, ducere, producere, protrudere, protrahere, extrahere, in aliud tempus reseruare non possum.

Indugio.

Senza ueruno indugio mi porrò alla impresa: senza troppo indugio, senza dar alcun'indugio all'opera, senza dimora, dimoro, dimoranza, senza tardanza, prestamente, tosto.

Rem aggrediar sine mora, absque mora, statim, confestim, e uestigio, nulla mora facta.

A questa copia si può aggiugnere quella, che è posta sotto la parola, Incontanente.

Indursi.

Io non potrò mai indurmi, dispormi all'andare a parlargli: non potrò ottenere dal mio animo, impetrare da me stesso, durerò gran difficoltà, sosterrò molta fatica, difficil cosa, e molto laboriosa mi sarà l'andare a parlargli.

Vt illum adeam, ad illum accedam, ad illum me conferam, illum alloquar, sermonem cum illo habeam, illius uultum subeam, adduci numquam potero, im ro, impetrare a me nõ potero, imperare mihi nõ potero, perſuadere ipſe mihi non potero, neque a dduci mea ſponte, neque ulla impelli ratione potero: nihil mihi difficilius, laborioſius, moleſtius, nihil maioris negotij, quam ut cum illo ſermonem iungam, ut illi ſermonem edem.

Infamia.

Tu cerchi d'infamarmi, di generarmi un brutto nome, di pormi in infamia grande, di macular l'honor mio con eterna infamia, uituperarmi per ſempre, rendermi infame in tutti i giorni di mia uita.

Vehementer ſtudes de mea fama detrahere, meam famam laedere, detrimento afficere, obeſſe, nocere, officere meae famae: id agis, ut aeternas mihi infamiae notas inuras, ut ijs meum nomen ſordibus, ijs maculis afficias, inficias, inquines, inſpergas, eas meo nomini ſordes, eas maculas inijcias, inſpergas, inferas, quas nulla dies, nulla deinde res poſsit eluere, abſtergere, auferre, delere: tuum conſilium, tuum ſtudium illud eſt, ut me in omne tempus, in omnes annos, in omnes meae uitae dies, in perpetuum infamem reddas; infamia notes, infamiae tradas: id ſpectas, ut perpetuo male audiam, perpetuam in infamiam adducar, aeterna ut infamia flagrem, laborem, ut in ſordibus infamiae numquam non iaceam, ut perpetua uerſer in infamia.

Infelice.

Molti credono di eſſer infelici, perche ſono poueri: molti, per eſſere in ſtato di pouerta, ſi danno a credere

N 3   di eſſere

di essere infecei, sfortunati, suenturati, da tutte le miserie oppressi, a tutte le sciagure soggetti, in somma disgratia della fortuna, nel colmo di tutti i mali.

Videre licet multos, qui se credant, quia laborant inopia, egestate premuntur, in summa infelicitate uersari, constitutos esse, pessime fortunatos esse, afflicta penitus fortuna esse, miserrimae condicionis esse, omnibus malis affligi, omnibus miserijs opprimi, omnibus infortunijs uexari, se redactos esse ad summam infelicitatem, prorsus infeliciter, miserrime, pessime secum agi, suas rationes, suas fortunas pessimo loco esse, afflictas, euersas, perditas esse, fortuna se iniquissima, aduersa, graui, insensa in primis uti.

Io nacqui per non hauer mai bene, per esser sempre misero, per gustare a tutte l'hore un'amarissima fortuna, per sostenere tutte le angoscie, prouare tutti i mali.

Fatum hoc meum est, ut miserrima quaeque sustineam: haec mihi nascenti dicta lex est, ea uideor condicione natus, ut amarissimam fortunam in omni uita degustem, nihil ut boni uideam in uita, nihil ut mali non subeam, sustineam, perferam.

Infermarsi.

Tanta fatica nel uiaggio sostenne, che infermò di graue malatia, amalò grauemente, cade in pericolosa infirmità, fu da graue malatia assalito, sopragiunto, mortal malatia gli sopra uenne.

Itineris

Itineris laborem ita grauem sensit, **expertus est**, *itineris labore ita est affectus, defatigatus, fractus, ut in grauem inciderit morbum*, *ut morbo sit affectus difficillimo, ut aegrotauerit periculose*, *dubia uitae spe: labor itineris ita grauiter eum affecit, afflixit, ut morbi cauſſam attulerit, & eius morbi, qui uitam in diſcrimē adduceret, in quo de uita prorſus ageretur, uita ueniret in dubium.*

Ingannare.

Come ſi auidde eſſere ingannato, colto al laccio, nella re te preſo, come l'inganno conobbe, la frode ſcoperſe, uolle ucciderſi.

Vbi ſe fraudatum, in fraudem inductum, fraude circumuentum, irretitum, captum, deceptum, fictis uerbis inductum, fallacijs a ueritate abductum ſenſit, intellexit, uidit, cognouit; ubi fraus illi patuit, manifeſtae fallaciae fuerunt, patefactus dolus; ipſe ſibi manus afferre conatus est, uoluntariam ſibi mortem inferre, conſciſcere, uoluntaria morte uitam abrumpere.

Inganno.

Hauendo tu conoſciuto per eſperienza la natura mia, non dei credere ch'io ſia perſona da far inganno o frode, doureſti credere, che da me ogni frode ſia lontana, ch'io ſia huomo di ſincera fede, di ſchietta e diritta mente.

Cum ingenium meum re perſpexeris, cognoueris, expertus ſis: uſu perſpectum habeas, ipſa re cognitum,

gnitum, nihil in me infidiofum, aut fallax debes ag
nofcere: abeffe me ab omni dolo, omniq. fraude, mi=
nime dolofum, aftutum, infidiofum, fraudulentum,
nectendis fraudibus, parandis dolis, ftruendis infi
dijs affuetum, finceri animi, fimplicis ingenij, aper=
tae uoluntatis, rectae mentis, alienum ab arte fimu
landi, fraudandi, fallendi, decipiendi.

Ingegnarfi.

Ingegnati, metti ftudio, affottiglia l'ingegno tuo, per
trouare la uia di riftorarti di cotanto danno.

Ingenium intende, adhibe, confer huc, in hanc
unam curam; intende aciem ingenij tui, acue tuum
ingenium, ut aliquam tam grauis damni farciendi
rationem ineas, ut, quod accepifti, damnum aliqua
re compenfetur.

Ingegno.

Io ti giudico di grande ingegno, e tale, che maggiore
non poffa ritrouarfi: là natura ti ha dotato di ec=
cellente ingegno: d'ingegno pochi ti agguagliano,
niuno t'auāza: non ho ueduto ingegno fimile al tuo:
l'ingegno tuo e fenza paragone, fenza effempio. e=
ftra ordinario; tu accrefci l'ingegno con lo ftudio.

De ingenij tui praeftantia, ui, acie ita ftatuo, ne
minē anteferri tibi poffe, paucos admodū conferri:
excellere te ingenio, praeftare, florere, ualere, uel
omnibus antecellere, uel certe nemini concedere iu
dico: acutifsimam effe aciē ingenij tui, egregio te a
natura inftructū ingenio, minime te effe hebetē ad
id, quod melius fit, intelligendū: eā effe ingenij tui
aciem,

aciem, nihil non ut non uideas, assequaris, facile intelligas, scientia comprehendas: ingenij tantum in te duco esse, quantum esse potest plurimum: ingenium in te sentio esse summum, eximium, egregium non mediocre, non uulgare, non quale multis contingit, exquisitum, rarum, singulare, praestans, acutissimum, plane diuinum: acutum ingenium etiam arte limas.

Ingiuria.

Se io ti hauessi fatto alcuna ingiuria, haurestiragione di trattarmi a questo modo: se io ti hauessi fatto alcun torto, in alcuna cosa ti hauessi offeso, se tu hauessi da me riceuuto alcuna ingiuria, fossi stato punto ingiuriato da me, con alcuna ingiuria prouocato.

Iure haec in me conferres, si quando ipse tecum iniquius egissem, iniquior tibi fuissem, iniurius tibi fuissem, iniuriosus in te fuissem, iniuriosius te tractassem, iniuriam tibi fecissem, intulissem, imposuissem, obtulissem, si te aliqua affecissem iniuria, si a me accepisses iniuriam, tulisses iniuriam, si me iniurium, iniuriosum, iniquum, grauem, tuis commodis aduersum, infensum tibi sensisses, cognouisses, expertus esses, si qua re te laesissem, tuus esset animus a me offensus, molestiam aliquam accepisset, si de tuis commodis aliquando detraxissem, tuis commodis obfuissem, obstitissem, aduersatus essem: si qua esses a me lacessitus iniuria, prouocatus, commotus.

Sono huomo da renderti le ingiurie, che mi hai fatto, da

to, da renderti il cambio, da ricambiarti, da operare altrettanto contro a te.

Facile idem reponam: is sum, qui referre iniuriã facile poßim, par pari referre, aeque te tractare: ferre a me, quod intulisti: impune tibi non erit, quod iniuria me affeceris: impunita non erit iniuria tua, inulta non erit, inulta non relinquetur: ulciscar iniurias tuas: memorem iniuriae me senties, experieris.

Ingordo.

E proprio della natura de' fanciulli, l'essere troppo ingordo.

Puerorum hoc est, auidius appetere, ut ad appetendum procliuiores sint, ut eos ab appetendo ratio non satis arceat, contineat, ut in appetendo nimis efferantur, minime sibi temperent, sibi moderentur, sibi parcant.

Ingrassare.

Se tu non ti moderi nel mangiare, non ti astieni della copia de' cibi, non ti temperi nel uiuere, troppo ingrasserai, troppa carne metterai, diuerrai troppo grasso, a troppa grassezza ti condurrai.

Nisi cibo parcas, a cibo abstineas, cibum minuas, de cibo detrahas, tibi temperes, modereris in cibis, nisi cibo parcius utare; pinguior euades, quam satis est, nimium pinguesces, nimiam pinguedinem indues, lenior fies, obesior fies, nimia pinguedine laborabis.

Ingra-

Ingratitudine.

Ho molto in odio l'ingratitudine: niun peccato piu, che l'esser ingrato, mi dispiace: l'ingratitudine mi è in grandissimo odio.

Vitium ingrati animi peßime odi: nullum odiosius mihi crimen est ingrati animi culpa: cum omnia crimina, tum uero praetermissae gratiae, neglecti officij culpa grauis admodum, molesta, odiosa mihi est; nullum hominum genus acerbius odi, peius odi, acerbiore insector odio, quam qui gratiam bene meritis non referunt, qui de gratia referenda minimum cogitant, parum laborant.

Tu non sai quello, che io ho fatto per te: ti porti ingratamente: trascorri nel uitio dell'ingratitudine uerso me: malamente mi rimuneri: non mi rendi il cambio.

Meis in te meritis non respondes: gratiam non refers: non soluis id, quod debes: officia mea tuis officijs non compensas: gratiam non reddis: officium non praestas: ingrate agis: ingratum te praebes: officium in te requiro, desidero: gratiam a te non fero: mea erga te non imitaris officia.

Inhumano.

Egli è il piu inhumano huomo del mondo: maggior inhumanità di quella, che in lui si uede, non puo ritrauarsi: men cortese di lui, meno amoreuole, men disposto a far piacere niuno è.

Omnis officij & humanitatis expers est; longe
abest

abest ab officio, & humanitate, prorsus humanita=
tem ignorat: ab humanitate remotißimus est: nihil
poßidet humanitatis:minime omnium humanitatem
colit,diligit,exercet.

Inimicitia.

Entrerai in grande inimicitia : genererai odio grande
contro a te: aspra nimista ti nascerà : ti sarà portato
odio capitale.

Graues suscipies inimicitias, subibis, adibis; ue=
nies ad inimicitias: graue odium aduersus te concita
bis: grandae tibi erunt inimicitiae: odium subibis a=
cerbißimum : habebis qui tibi uehementer infensi
sint: incurres in odium capitale : excitabitur odium
aduersus te, creabitur: in odium uenies: odium susci=
pies: odium in te conuertes.

Inimicitia lasciata.

Non siamo piu nimici: siamo ritornati in amicitia.

Inimicitias deposuimus: in gratiam redijmus: re=
conciliati sumus: odia dimisimus, abiecimus, deposui
mus.

Inimico.

Non mi è troppo amico: non ha buon animo : è di mal
talento uerso me.

Aequißimus mihi non est, paullo iniquior in me,
iniquiore animo erga me, animo est in me non satis
aequo.

Innocenza.

Son' innocente, senza peccato, non colpeuele, non di
colpa macchiato : non ho commesso peccato: son da
colpa

colpa lontano: della mia innocenza ho per testimonio la conscienza mia.

In me conferenda cauſſa non est: culpa uaco: culpam ego non suſtineo: expers culpae ſum: affinis culpae non ſum: purus a culpa ſum: culpam ignoro: longiſsime abſum a culpa: longe remotus a culpa ſum: tam abſum a culpa, quam qui maxime: culpae mihi non ſum conſcius: extra culpam ſum: in culpa non ſum.

Non ſi puo imparare coſa piu bella.
Nulla eſt hac praeſtantior diſciplina.

Inſegnare.

Inſegna a tuo figliuolo ad eſſer ſimile a te.

Filium tuum imitatione tui uelim erudias: ijſdem ſtudijs, quibus ipſe excellis, imbuatur filius tuus: eat filius tuus ijſdem itineribus, quibus ipſe ad ſummam ſcientiae gloriam peruenisti.

Inſignorirſi.

Se tu ſei certo di poter inſignorirti di quel regno, non è da tardare.

Si exploratum tibi eſt, poſſe te illius regni potiri; non eſt cunctandum.

Inſtanza grande.

Tuo padre me ne ha fatto quella inſtanza, che poteua maggiore.

Pater tuus ita contendit, ut nihil umquam magis.

Tu mi dimandaſti con grande inſtanza.

Singulari ſtudio contendiſti a me.

Ceſare

Cesare dapoi fece ogni instanza.

Caesaris postea mira contētio est consecuta: quo maxime potuit studio, Caesar incubuit, enixus est, laborauit.

Intendere.

Ho inteso quel, che di me hai detto.

Perlatus est, delatus est ad me tuus de me sermo.

Intendimento.

Ho inteso.

Allatum est ad me.

Questo è stato il mio disegno.

Consilium meum hoc fuit: hoc spectaui: hoc uolui: id egi.

Intendere senza nominare.

Io intendo di tuo padre, quantunque nol nomino.

Patrem tuum nutu significationeq. appello.

Interesse.

Si tratta dell'interesse, dell'honor tuo.

Tuus honor agitur: honor tuus in discrimen adducitur: de honore periclitaris.

Inuidiare.

Si strugge d'inuidia.

Disrumpitur inuidia.

Gl'inuidiosi dauano a Cicerone grande impaccio.

Valde Ciceronem exercebat inuidia: Ciceroni multum erat cum inuidis negotij.

Iscusare.

Se troppo mal di lui ho detto, le sue qualità mi scuseranno.

Toscane e Latine

Si paullo in eum liberius inuectus sum, uindicabit me personae turpitudo.

Isperienza.

Huomo di grande isperienza.

Homo in rebus admodum uersatus, magno rerum usu, in rebus agendis exercitatus.

L

Lacrime.

Io piango troppo amaramente.

Conficior lacrymis, sic, ut ferre non possim.

Lasciar opinione.

Mi è stato forza di lasciare quella mia antica opinione per i pessimi uffici di costoro.

Istorum maleuolentissimis obtrectationibus de ue tere illa mea sententia depulsus sum.

E cosa difficile ad un'huomo da bene lasciar una buona opinione.

Bono uiro sensum rectum deponere, difficile est.

Leggierezza.

Non pensaua che tu fossi tanto inconstante.

Non ita flexibilem esse tuam uoluntatem putaram.

Lettere amoreuoli.

Tu mi scriui lettere humanissime, e pienissime di amore.

Quas ad me litteras mittis, multo sunt officio refertae,

fertae, multis insignes amoris notis.

Nelle tue lettere chiaramente ho ueduto l'amore che tu mi porti.

Omnis amor tuus ex omnibus se partibus ostendit in tuis litteris.

Lettere da gentilhuomo.

Egli ha ogni sorte di lettere, che a gentiluomo si conuengono.

Est omni liberali doctrina politissimus.

Lettere fuor di tempo date.

Non mi diede la lettera a tempo.

Epistolam mihi non loco reddidit: reddendae tempus epistolae parum scite obseruauit: tempus epistolae reddendae parum commode cepit.

Lettere grate.

Facilmente ho compreso, che le tue lettere gran piacere gli hanno recato.

Tuae litterae, quod facile intellexerim, ei periucundae fuerunt, summam uoluptatem, laetitiam, gaudium, iucunditatem attulerunt: summa cum uoluptate tuae litterae affecerunt, extulerunt, perfuderunt.

Lettere humane, cioè gli studi.

Insin da giouane tu fosti dotto nelle lettere humane.

A pueritia floruisti artibus ijs, quae ab humanitate nomen acceperunt.

Lettere importanti.

Le lettere mie son di tal importanza, che non mi attento di fidarle a persona, che non conosca.

Non

Non eius generis meae litterae sunt, ut eas audeam temere committere.
Lettere lunghe.
Ti scriuerò piu a pieno, come hauerò alquāto di tempo.
Cum otij paullum nactus ero, uberiores a me lit-
teras exspectato.
Lettere rare.
Tu mi scriui rare uolte.
Infrequens es in officio scribendi: raras a te accī
pio litteras.
Leuar uia un bello essempio.
La nostra patria per tua cagione non hauerà quel bel-
lo essempio, che hauerebbe hauuto, di punir gli huo
mini che cercano le discordie ciuili.
Praeclarum exemplum in posterum uindican-
dae seditionis de republica sustulisti.
Liberalità.
Tu non sei ne liberale, ne ricco.
Neq. benignitas, neq. copiae apud te sunt.
Libertà.
Se io fossi in libertà compiutamente.
Si mihi integra omnia, ac libera essent: sī essent
omnia solutissima.
Libri di gran prezzo.
La mia libreria uale assai.
Multorum nummorum est mea bibliotheca.
Libri tenuti in gouerno.
Egli ha hauuto in gouerno i miei libri.
Tractauit meam bibliothecam.

O   Lingua

Lingua Greca, e Latina.
Tu sei dottissimo nella Latina, e nella Greca lingua.

Praeclare tenes & quae a Graecis, & quae a nostris prodita sunt: unus optime nosti non nostra solum, sed etiam Graeciae monumenta omnia.

Litigare.
Due fratelli litigano insieme.

Iudicijs turpibus fratres conflictantur.

Lodare.
Predicherò sempre il beneficio, che mi hai fatto.

Tuum beneficium omnibus meis sermonibus illustrabo, efferam, exornabo.

Bruto è lodato, perche si sforzò di rimettere la patria in libertà.

Brutus effertur laudibus, in caelum tollitur, in caelum effertur, laudibus ornatur, illustratur, afficitur, celebratur; Bruto laus tribuitur, impertitur, laudi datur; in Brutum laudes conferuntur, quia contendit, ut in pristinam libertatem patriam uindicaret, restitueret.

Catone lodò grandemente quel, che haueà fatto Cicerone.

Cato res Ciceronis ornauit diuinis laudibus, extulit, prosecutus est.

Ogniuno ti loda sommamente.

Omnes te summis laudibus extollunt, efferunt, exornant, in caelum ferunt.

Di questa tua cortesia sempre parlerò, e sempre pensero.

Istam

Istam tuam liberalitatem semper in ore, ani=
moq. habebo.
Lodar di fedeltà, e diligenza.
Non mancò mai ne di fede, ne di quanto gli si conueni
ua, richiedena.

Fide semper fuit & officio singulari.
Lodar la pace.
L'anno passato lodaui la pace piu di tutti, hora pare
che tu sii di altra opinione.

Anno proximo superiore, anno superiore pacis
auctor praeter ceteros eras, nunc uideris a pristi=
na caussa desciuisse.
Lodar un parere.
Lodo il tuo parere.

Consilium mihi tuum probatur.
Lodato
Mi reputo a gloria grandissima, che mio figliuolo sia
tanto lodato.

Florere laudibus filium meum, summae mihi
gloriae duco.
Lode d'ingegno.
Io ti stimo sommamente e per l'amicitia, che è tra noi,
e per l'eccellenza dell'ingegno tuo.

Cum amori, quem inter nos mutuum esse in=
telligo, multum tribuo, tum de ingenij tui prae=
stantia ita iudico, ut neminem tibi anteponam,
comparem paucos.
Lode importante.
Tanto io stimo le tue parole, che, doue io sia lodato
da te,

Eleganze

da te, mi riputerò felice.

Tanta eße puto uerborum tuorum pondera, ut ex tua laude omnia me consecuturum existimem.

Lode meritata.

Il perseuerare in una buona opinione è gran lode.

Si quis in recta sententia sibi constat, ei magna laus debetur.

Lode nata.

Io finirò la lettera con pregarti, che mi ami, è confortarti ad attendere a quel studio, ond'è per nascerti somma lode.

Epistolae clausula haec erit, ut te rogem, ut me diligas, te horter ad illud studium, unde laus emanat maxima.

Lontananza.

Siamo molto lontani l'uno dall'altro.

Magno locorum interuallo disiuncti sumus.

Lontano.

Io son tanto lontano, che niuna cosa posso intendere se non tardi.

In ijs locis sum, quo propter longinquitatem tardißime omnia perferuntur.

M

MAESTRO.

Se io haueßi hauuto nella mia fanciullezza buõ gouerno, non haurei commesso tanti difetti.

Si ducem, auctorem, moderatorem aliquem puer habuißem, non ita grauiter erraßem.

Magistra-

Magistrato.
Non ho dubio, che tu non sia per essere il piu honora‑
to di questa città.
Non dubito, quin summum atq. altissimum gra
dum ciuitatis obtineas.
Magistrato, ben gouernato.
Questo magistrato honorò grandemente tuo padre.
Pater tuus eximiam ex hoc magistratu laudem
collegit, tulit, cepit, adeptus est, consecutus est: prae‑
clare pater tuus hunc honorem gessit: egregie se
pater tuus in hoc munere tractauit: pater tuus
hunc magistratum pro sua, reiq. publicae dignita‑
te administrauit.
Mai.
Non fu mai cosa di maggior lode.
Post hominum memoriam, post homines natos,
ex omni memoria, nihil gloriosus.
Malcontento.
Niun'è contento del suo stato.
Nemini sua condicio satisfacit: nemo est, qui ac
quiescat fortunae suae: nemo sua sorte cōtētus uiuit.
Malignita.
Tu non giudichi a passione; il che gli altri per maligni
tà non fanno.
A certo, & uero sensu iudicas, quod isti ne fa‑
ciant, maleuolentia & liuore impediuntur.
Malinconia.
Io mi trouo in gran malinconia: sento grauissimo do‑
lore: son tutto di mala uoglia: in gran maniera

sto cō l'animo turbato: noiosi pensieri mi affligono: graue cordoglio la mente mia sostiene: non e tale il mio cordoglio, che possa da alcuna ragione riceuer alleggiamēto, che possa alcuna ragione mitigarlo.

Tristis ualde sum: animi dolore torqueor: hilaritas a me omnis abest: maeror summus ad me uenit: maerore premor grauißimo: maerore laceror, urgeor, affligor, conficior: iaceo; uersor in maerore, ac sordibus: dedi me totum maerori; tristitiae me totum tradidi: maerorem suscepi: maerorem sustineo quantum ferre uix poßim: iacet animus meus, maerore oppressus: nihil me tristius: maeror meus non is est, quem ulla ratio mitigare, lenire, mollire, sanare, minuere, auferre, demere, eripere, consolare, leuare, abstergere, exhaurire poßit. Quibus autem uerbis Maeror, ijsdem adiungi potest maestitia, tristitia, animi dolor, animi cura, animi solicitudo, angor.

Maluagia.

Il tuo ualore farà riuscir uana la uiolenza de' maluagi, de' tristi.

Impetum proditorum hominum tua uirtus franget, reprimet, ac retundet.

Tu sei stato cagione, che uiua questo sciagurato.

Tuo beneficio uiuit haec pestis.

Maluagità.

Tu uincerai con la prudenza tua l'altrui maluagità.

Hominū improbitatem infringent consilia tua.

Maluagi.

Toscane e Latine. 215
Maluagi uffici.
Mi è stato forza di lasciar questa mia antica opinione per li peßimi offici di coloro.
Istorum maleuolentißimis obtrectationibus, de uetere illa mea sententia depulsus sum, deiectus, detrusus.

Mancamento di ufficio.
Tu non sai uerso di me quel, che doueresti.
Officium in te requiro, desidero.

Mangiar poco.
Io non mangio troppo.
Non multi cibi sum: minime sum edax: tenui cibo utor.

Mangiar troppo.
Molti giouani perìscono per mangiar troppo.
Cruditas multos conficit adolescentes.

Maniera di operare.
Non mi piace, che tu operi in questo modo.
Haec mihi ratio rei gerendae non probatur.

Maniera di uita.
Questa tua maniera di uiuere dispiace a coloro, che ti amano, e uorrebbono uederti in ottimo stato.
Hic tuae uitae cursus offendit eos, qui te diligūt, optimeq. tibi cupiunt.

Manifesto.
Tu conoscerai meglio l'animo mio.
Notior, & illustrior meus in te animus erit.
Hora le tue rare qualità sono chiaramente uedute da tutti.

O 4 Nunc

Nunc tuæ summæ laudes excelso, & illustri lo
co sitæ sunt.

Mattina.
Nel far del giorno.
Prima luce: summo mane: diluculo: primo mane:
cum lucesceret: albescente die: in ortu solis: oriente
sole.

Messo fidato.
Sempre ch'io hauerò messo fidato, ti scriuerò.
Quoties mihi certorum hominum facultas erit,
litteras ad te dabo.

Metterſi in uiaggio.
Non ti metter in uiaggio, se non sei sano.
Ne te uiæ, nisi confirmato corpore, committas.

Moderarſi.
Vorrei che tu ti moderaſſi.
Velim te cohibes: uelim te colligas: uelim te ad
modum reuoces, ad rectam rationem reducas, intra
rationis girum reuoces, traducas.

Moderato.
E persona moderatiſſima.
Homo est a cupiditate omni longe remotus.

Molto.
Molto grandemente, sommamente.
Valde, maxime, magnopere, maximopere, uehementer, admodum, etiam atq. etiam, non mediocriter, non parum, in primis, præcipue.

Morire.
Se bisognerà, morrò uolontieri per l'honor tuo.

Si

Toscane e Latine.

Si res exiget, pro tua dignitate uitam libentißi=
me profundam, decedam, cedam e uita: excedam
uita, & e uita:discedam e uita: mortem obibo: mor
tem oppetam: uitam cum morte commutabo: lucis
usuram amittam. extremum spiritum effundam: &
quae proxime sequuntur.

È da desiderare il morire in uecchiezza.

Optabile est, affecta aetate diem obire ultimum
summum obire diem, migrare e uita, huius lucis usu
ram amittere, obire, occidere, interire, perire, mo=
ri, uitam finire, animam efflare, abire a uita, disce=
dere, decedere, ex corporis uinculis euolare, ex cor
poris carcere, uel ergastulo solui, aut liberari, ab
hominibus demigrare.

Se mi conueniße morire, non muterò opinione.

Si uocer ad exitum uitae, non faciam ut hunc sen
sum deponam.

Morte commune.

Nella morte di tuo padre confortati con quella ragio=
ne, che la morte a tutte le cose create è commune.

Paterni obitus dolorē haec ratio depellat, quod
omnibus impendet mors, hac omnia lege creata
sunt, ut morte deleantur, exstinguantur, tollantur.

Mostra di soldati.

Ho fatto la mostra delle mie genti.
Copias meas lustraui.

Mostrar animo.

Tu non mi mostri quell'animo che douresti.

Non praestas mihi eum animum, quem debes.
>Muro fesso.

Questo muro si fende.
>Hic paries uitium facit, rimam ducit, rimam agit, labem facit, labefactatur.

>Mutar animo.

Tu sei forte mutato di uolontà.
>Magnus animi tui motus est factus.

>Mutar opinione.

L'anno passato lodaui la pace piu di tutti, hora pare che tu sia d'altra opinione.
>Anno proximo superiore pacis auctor praeter ceteros eras, nunc uideris a pristina caussa desciuisse.

Non posso credere, che tu sii tanto mutato.
>Adduci non possum, ut te a tua consuetudine tam ualde, tam longe discessisse existimem.

>Mutatione niuna.

Intorno alla cosa di Padoa non far altro insino al mio ritorno.
>Integrum tibi de re Patauina ad meum reditum reserua.

N.

NATVRA.

La natura de' suoi beni ti è stata poco liberale, poca parte ti ha dato, nel darti i suoi beni è stata alquanto ristretta, ti ha trattato di maniera, che non madre, ma madregna par esserti stata: poco fauoreuole ti è stata la natura: non hai cahione di render gratie
alla

alla natura: poco alla natura sei tenuto: meno hai riceuuto dalla natura di quello che ti bisognaua: ti mancano i beni della natura.

Satis angustae natura te suis copijs instruxit: parum in te benigna, parum liberalis natura fuit: non est, cur naturae gratias agas: non multum naturae debes: naturam expertus es parum liberalem: parce tibi sua bona est elargita natura: naturae bona, adiumenta, opes, diuitiae, subsidia tibi desunt, te deficiunt, in te non agnoscuntur, in te desiderantur, requiruntur: ita natura tecum egit, ut nouerca potius, quam mater fuisse uideatur: iniquior in te natura fuit: tibi non contigit, ut naturae bonis excelleres: possum in te quiduis! potius, quam naturam laudare: natura tibi de suis muneribus, non quantum opus erat, impertiuit: suis te donis abundare natura uoluit: inops es a naturae bonis: est, cur desideres naturae bona: non optime de te merita natura est: multa naturae accepta referre non debes.

Natura conforme.

Egli è molto secondo la mia natura.

Valde mihi aptus est: mire factus est ad naturam meam: uehementer est ad meae uitae rationem, & consuetudinem accommodatus: conuenit optime cum ingenio meo.

Natura gentile.

Tu fai questo per costume della tua gentil natura.
In hoc humanitatem tuam agnosco.

Natura

Naturale costume.
Ogniuno ha questo costume per natura.
 Omnibus hoc est a natura tributum, insitum.
Negligenza.
Conosco, che tu mi hai per negligente.
 Intelligo suspectum me tibi esse nomine negligentiae.
Qui non si fa niente.
 Hic omnia iacent: hic ueternus omnes occupauit: omnes languent: omnes torpent: omnes frigent.
Nobile.
Nobilmente nato, di honorata famiglia, di grado honorato.
 Honesto loco natus, ex honesta familia, primarius, honestus, optimae inter ciues condicionis, honoratus.
Nouità.
Tu cerchi nouità.
 Res nouas quaeris: cupidus es rerum nouarum: status hic te minime delectat: nouitatem amas: nouitati studes, faues.
Numero maggiore.
Molto è maggior il numero de' cattiui, che de' buoni.
 Improbi multis partibus plures sunt, quā boni.
Nuocere.
Se le mie opinioni a te nuocciono, giouano alla republica.
 Sententiae meae si minus e re tua sunt, reipublicae rationibus conducunt.

OBLI

O

Obligo.

Io son tenuto ad amarti oltra modo, & a fare in seruigio tuo quanto io mi possa.
Incredibilem tibi quendam amorem, & omnia in te summa, ac singularia studia debeo.
So che tu uedi, quanto sia l'obligo mio.
Videre te scio, quantum officij sustineam.
Ti sono tenuto della uita.
Pro te mori possum.
Tu mi sei forte obligato, ne però sodisfai al debito tuo.
Magna mihi debes beneficia, nec soluis.
Malamente potrò sodisfare all'obligo che ho teco.
Tantum tibi debere existimo, quantum persoluere difficile est.
Se io non posso sodisfare con gli effetti all'obligo, non è conueneuole, ch'io debba sodisfare con le parole.
Cui re uix referre gratias possum, ei uerbis non patitur res satisfieri.
Io gli sono non solamente obligato, ma obligatissimo.
Magna eius in me non dico officia, sed merita.

Obligo accresciuto.

Io riputerò di esserti molto piu obligato, che non sono.
Magnus ad tua pristina erga me studia cumulus accedet.

Occasione.

Parmi di hauer occasione di lamentarmi teco.

Locus uidetur esse tecum expostulandi, querendi de te, tui accusandi.

Occasione perduta.

L'occasione è perduta.

Amissum tēpus est: elapsa de manibus est, abijt, praeterijt, fugit, euanuit, amissa est, nulla iam est, prorsus perijt occasio, tempus, opportunitas.

Occorrenza.

Se tu vorrai prender cura di lui, non trouerai ne' tuoi bisogni il piu ardito, ne piu amoreuole amico.

Si complecti hominem uolueris, neminem habebis, cum res tuae postulabunt, neque praestantioris animi, neq. maioris in te beneuolentiae.

Occultamente.

Alcuni hanno contra di te mal'animo, ma nol dimostrano apertamente.

Nonnulli sunt in te obscurius iniqui.

Occupato.

Son'occupatissimo.

Grauissimis rerum susceptarū oneribus premor.

Odiato.

Chi è colui, che non sia mai odiato?

Quis est, quem nulla unquam attingat inuidia?

Odio.

Conosco, che tu non porti odio ad alcuno.

Noui animum tuum nulla in quemquam maleuolentia suffusum.

Offendere

Offendere.

Non ho mai fatto cosa, oue pensasti di nuocere all'honor tuo.

Nihil umquam feci, quod contra tuam existimationem esse uellem.

Non è scelerità maggiore, che il far uiolenza al padre.

Nullum est grauius piaculum, quàm patri uim afferre.

Offerta.

Io prometto di douer operare in seruigio tuo quanto potrò.

A me omnia in te studia, atq. officia, quae quidem ego prestare potero, uelim exspectes.

Vorrei che tu mi adoperasti.

Velim utaris opera mea.

Ti farò conoscere l'animo mio uerso di te, doue maggior occasione di poterti honorare mi si offerirà: farò con diligenza tutte quelle cose, ch'io potrò, u commodo, e seruigio tuo.

Quaecumque tibi cõmodare potero, omni cura, ac diligentia complectar: quae tibi intelligam esse accommodata, omnia studiose persequar, diligenter praestabo: meum erga te studium in ijs maxime declarabo, quibus plurimum significare potuero, tuam mihi existimationem & dignitatem carissimam esse.

Vederanno tutti, quanto mi sta a cuore l'honor tuo.

Studium meum dignitatis tuae uel tuendae, uel
etiam

etiam augendae summum omnes intelligent.

In ogni tuo affare promettiti di me piu che di ogniuno.

Nihil tibi erit tam promptum aut tam paratum, quam in omnibus rebus, quae ad uoluntatem, ad commodum, ad amplitudinem tuam pertineant, opera, cura diligentia mea uti: profiteor, atq. polliceor eximium & singulare meum studium in omni genere officij, quod ad honestatem, ad gloriam, ad rem tuam spectet: nulla tibi in re neque studium, neq. beneuolentia mea deerit, praesto non erit.

Come nel passato, cosi nell'auuenire attenderò all'honore, & util tuo.

Qui antea fui, idem in posterum futurus sum in te ornando, & amplificando.

In ogni occasione ti honorerò o con gli effetti, o con le parole.

Quaecumque mihi tui honestandi potestas dabitur, nihil praetermittam, quod positum sit aut in ipsa re, aut in honore uerborum.

Non mancherò mai di honorarti e con l'animo, e con gli effetti.

Numquam mihi tui aut colendi, aut ornandi uoluntas deerit.

Io mi ti offerisco a tutte le cose senza alcun risparmio.

Polliceor tibi studium meum, operam, sine ulla exceptione aut laboris, aut occupationis, aut temporis.

Farò per te ciò che potrò.

Omnem meum laborem, omnem operam curam,
studium in tuis rebus consumam, ponam.
Mi ti offerisco di ciò, che posso.
Quidquid ualeo, tibi ualeo: uniuersum studium
meum & beneuolentiam ad te defero.
Farò in seruigio tuo piu, che tu non penst.
Vincam meis officijs cogitationes tuas.

Oggetto.

L'huomo astuto ha per fine l'utilità, mira l'utilità,
l'utile riguarda.
Astuti id hominis est, ad suam utilitatem omnia
referre, utilitatem sequi, spectare, rebus cunctis
anteferre, rerum omnium habere antiquissimam,
primam ducere, in primis ponere.
Questo è stato il mio disegno.
Consilium meum hoc fuit: hoc spectaui: hoc uo=
lui: hoc secutus sum: id egi: eo mentem intendi.

Operare.

Nõ mi piace, che tu operi in questo modo: non è que
sto tuo operare al mio giudicio conforme: altra ma
niera di operare da te richieggo.
Haec mihi ratio rei gerendae non probatur:
non agis, ut agendum censeo: aliter agis, atq. ego
agendum existimo: cum ita agis, à iudicio discre=
pas: meo, discedis, dissentis, procul abis.

Operare honoratamente.

Niuna cosa hai operato, che non sia piu che honore=
uole: in ogni tua attione hai mirato all'honore: in
ogni cosa tuo principale oggetto è stato l'honore:

P   ciò

ciò che hai fatto, merita somma lode: lodeuolmente
sempre hai operato: riguardo sempre alla gloria
hai hauuto: sempre tuo fine, sempre inanti gli occhi
ti fu l'honore: le tue operationi tutte sono degne di
eterna lode, e di esser inalzate al cielo con l'ale del
la fama.

Nihil fecisti, nisi plenißimum amplißimae di=
gnitatis: omnia tua facta cum dignitate uehemen=
ter consentiunt: in omnibus rebus maxime dignita
tem spectasti: in omnibus tuis factis proposita tibi
dignitas fuit: omnia tua facta ad dignitatem retuli
sti: quaecumque egisti, ad dignitatem omnia spect
cunt, gloria tibi semper prima fuit, antiquißima
fuit, maximi fuit, ante omnia, summo loco, pri=
mum apud te locum obtinuit: scopus tibi ac finis in
omni re dignitas fuit: tuarū actionum norma quae
dam & regula dignitas fuit: tua sunt eiusmodi fa=
cta, ut eximijs ornanda praeconijs, diuinis decoran
da laudibus, tollenda ad astra, ad caelum efferen=
da uideantur: tuis omnibus factis aeterna gloria,
immortalitatisq. praemia debentur.

Operare contra l'honore.

Egli ha parlato acerbißimamente contra l'honor tuo,
ficramente, amaramēte ha parlato in dishonor tuo,
a uergogna tua, in biasimo, in uituperio.

Acerba nimis aduersus tuam dignitatem eius
oratio fuit: inhoneste admodum de te locutus est:
grauißime tuā dignitatē oppugnauit: locutus est in
te sic, ut acerbius, aut inhonestius non potuerit.

Operare

Operare in seruigio di uno.

Farò per te, quanto potrò.

Nihil non agam tua cauſſa:nullum pro te laborem, nullum onus, aut officium recuſabo: ſubibo omnia tua cauſſa: tuis in rebus toto pectore: cunctis uiribus coniendam;neruos omnes, ubi res tuae poſtulabunt, intendam: omnia mihi pro te ſuſcepta, nec difficilia, & iucunda erunt: mea tibi ſtudia, atque officia praeſto erunt.

Opinione.

Non mi ſi può leuar queſta opinione.

Ab hac ſententia deduci non poſſum: hanc deponere, & aliam ſuſcipere opinionem uix, aegre, nullo modo, nulla ratione, nequaquam, neutiquam, minime poſſum, prorſus non poſſum.

Perche debbo io mutare opinione?

Quid eſt, quod aliam in partem traducere me debeat? cur hanc opinionem abijciam? cur hunc deponam ſenſum? cur ab hac ſentētia deſciſcam, diſcedam? cur aliter ſentiam? cur a meipſo diſſentiā?

Opinione buona.

E coſa difficile ad un'huomo da bene, laſciare una buona opinione: non poſſono i buoni ageuolmente mutar opinione: malamente può, chi ama la uirtù, cangiarſi di parere.

Vir bonus, ut ſententiam mutet, non facile adducitur, impetrare a ſeipſo nullo modo poteſt: bono uiro ſenſum rectum deponere difficile eſt, magni negotij eſt: uir bonus in ſententia firmiſsime cōſtat: uir bonus a recta sententia desciscere uix potest: ut sententiam mutet, non facile adducitur : tenet arcte quam semel complexus est sententiam.

Opinione difesa.

Io ti farò conoscere, che ho buona opinione, e farò che loderai il mio parere ; che rimarrai sodisfatto della mia opinione ; che il mio parere conforme a ragione giudicherai.

Probabo tibi meam sententiam: efficiam, ut opinio tibi mea cum ratione congruere uideatur: ostendam esse, cur probes meam sententiam, acquiescas meae sententiae.

Opinione di molto tempo.

Già gran tempo si credeua così.

Erat haec in animis hominum inueterata opinio, peruetus, diuturna, multi temporis, minime recens: in animis hominum penitus insederat.

Opinione diuersa.

Non ti è honore l'hauere opinione diuersa da tuo padre: a biasimo ti è, discordare di opinione da tuo padre.

Honeste a parente tuo dissentire non potes : turpe tibi est a parente dissentire : non potes a patre sine infamia, sine dedecore, sine graui culpa, sine turpi nota dissentire.

Siamo diuersi d'opinione.

Opinionum dissensione discrepamus: non idem, aliter, diuerse, uarie sentimus : non, quid tibi, mihi idem uidetur, placet, probatur.

Opinione

Opinione falsa.

Tu non sei portato verso me in quella maniera, ch'io aspettaua.
Fefellisti opinionem meam, tractasti me secus, atq. existimabam: non eum in me, quem putabam, te praestitisti: exspectationi meae nequaquam respondisti: cum animo meo tua facta non conueniunt, consentiunt, congruunt: prorsus te alium, atq. arbitrabar, sum expertus, re ipsa cognoui, sensi.

Opinione istessa.

Habbiamo una medesima opinione: cõcorriamo in una istessa opinione: ci accordiamo di parere: il mio parere si confà col tuo: piace il medesimo a l'uno e l'altro, ad amendue.

Coniunctum est meum consilium cum tuo: consentiunt, concinunt sententiae nostrae: nihil a tua mea distat, dissentit, discrepat opinio: idem sentimus: a tuo iudicio mea sententia non abhorret: idem utriq. nostrũ probatur, uidetur, placet: idem sequimur: idem est utriusq. sensus: congruit cum opinione tua sententia mea: dissensio inter nos nulla est: dissensionis, aut controuersiae nihil, conuenit inter nos.

Opinione lasciata.

Mi è stato forza, non ho potuto far di meno, io sono stato constretto di lasciare quella mia antica opinione per li pessimi officij di costoro.
Istorum maleuolentissimis obtrectationibus de

uetere illa mea sententia depulsus sum, deiectus, deturbatus: factum est horum culpa, commissum est horum iniquitate, ut a mea illa uetere sententia desciuerim, ut ueterem illum sensum deposuerim, ut, abiecta uetere illa sententia, nouam susce= perim.

Opinione mutata.

L'anno passato lodaui la pace piu di tutti, hora pare che tu sia di altra opinione.

Anno proximo superiore pacis auctor praeter ceteros eras, nunc uideris a pristina caussa desciuis se: non, quod anno proximo, nunc idem de pace sentis: tua de pace sententia cum superioris anni sen= tentia conuenire non uidetur: non eadem tua est, quae anno proximo superiore, de pace sententia: pacem unus omnium maxime tuebaris anno supe= riore, nunc alia tua mens uidetur, non idem sen= sus, diuersa opinio.

Tu sei mutato di opinione.

In sententia non permansisti: sensum mutasti: aliter existimas: a pristina sententia desciuisti: a te dissentis: diuersam opinionem suscepisti, cepisti.

Opinione stimata.

La tua opinione è stimata molto appresso gli huomini giudiciosi.

Magnam apud eos, qui recte iudicant, tua sen= tentia pondus habet, magnifit, magni aestimatur, magni penditur, auctoritatis habet plurimum, gra uissima est: recte sentientes in opinione ac iudicio
tuo plu=

tuo plurimum ponunt, opinioni tuae multum tri=
buunt, multum deferunt, facile assentiuntur, ac
quiescunt.

Opinione uniuersale.
Tutti sono di una medesima opinione.

Vnus omnium bonorum est sensus:idem omnibus
probatur:eodem concurrunt omnium sententiae;se=
quuntur idem omnes,spectant,probant,opinione tuē
tur,eadem est omnium sine ulla uarietate opinio,opi
nionum nulla uarietas.

Opinione utile.
Se le mie opinioni a te nuocciono,giouano alla republi=
ca.

Sententiae nostrae,si minus e re tua sunt,reipubli
cae rationibus conducunt; tuam si utilitatem oppu=
gnant,reip.commoda tuentur; si tibi detrimentum,
reip.commodum afferunt; tua si minuunt, reip. au=
gent commoda:si tuis aduersantur, reip. rationibus
expediunt.

Ordinare.
Ho dato ordine alle cose della guerra: ho dato buona
forma, ho disposto, ho ridotto in buon stato le cose
della guerra.

Rem militarē constitui,collocaui,composui,opti
me digessi.

Ottenere.
Se tu sei certo di poter insignorirti di quel regno, non
è da tardare.

Si exploratū tibi est,posse te illius regno potiri,

illo regno potiri, regnum illud obtinere, non est cun
ctandum, producenda res non est: protrahenda, dif=
ferenda non est: mora facienda nulla est, interponen
da non est: immorandum non est, omnis tollenda mo
ra, languor omnis abijciendus.

Ottener desiderio.

Credo, ch'io condurrò la cosa a quel fine, che desidero:
spero, che la cosa mi riuscirà secondo il desiderio,
al desiderio conforme, non sarà diuersa dall'animo
mio.

Puto fore, ut rem ex sententia geram, feliciter,
prospere, ex animi sententia, ut animus fert.

P

PAESE.

Stando a sedere nella mia camera, io uedeua tutto quel
paese.

Tota mihi illa regio in cubiculo meo sedenti erat
in conspectu, ante oculos erat, in oculis erat, sese ocu
lis offerebat, ante oculos uersabatur, egregie pate=
bat.

Pagare.

Voglio, che tu mi paghi di quel, che per lui mi hai pro=
messo: quanto egli mi promise, tu attenderai: atten=
derai tu la promessa di lui.

Pro illo solues: illius promissa tu praestabis: de=
pendendum tibi est, quod mihi pro illo spopondisti:
illius promissio, solutio tua erit, ad te pertinet.

Non posso pagare.

Soluendo

Soluendo non sum: non est, ut possim soluere: non habeo, unde soluam: non suppetit, unde creditoribus satisfaciam.

Parentela.
Spero, che ci troueremo contenti di questa parentela.

Spero nobis hanc coniunctionē uoluptati fore: optimam de hac habeo coniunctione spem : de hac coniunctione spero optime, spes me tenet optima, su stentat, alit, pascit, fouet.

Hai molti parenti.

Propinquis, & affinibus flores: a propinquis op time paratus es, munitus es: propinquis abundas: copia flores propinquorum.

Romper la parentela.

Dirimere coniunctionem, discindere, dissuere, disiungere, ius omne coniunctionis tollere, delere, ex=stinguere.

Parer buono.
Lodo il tuo parere.

Cōsilium mihi tuum probatur: idem sentio, quod tu: meus cum tuo sensus congruit: assentior tibi : tuā sequor sententiam: recte sentire mihi uideris: accedo ad tuam sententiam.

Parlar lungamente.
Di questo ho parlato lungamente, ho ragionato a lungo con tuo fratello.

Hac de re cum tuo fratre multa uerba feci : sa=tis prolixe sum locutus : longum habui sermonem: multis uerbis egi: longam habui orationem: oratio

mihi cum tuo fratre fuit uberrima.
Parlar poco.
Non debbo pregarti con piu parole: nõ debbo spender in pregarti molte parole: non debbo esser lungo nel pregarti: non debbo stendermi a piu parole per pregarti: piu oltre stendermi non mi si conuiene.

Pluribus tecum agere non debeo: longiorem orationem tua non exspectat humanitas, non patitur, non fert, non sustinet, reijcit, recusat, renuit, respuit: amicitia nostra minime patitur, ut te pluribus rogem.

Participare.
Non uolere, che io habbia poca parte del tuo amore, che picciolo frutto mi nasca dell'amor tuo.

Ne patiaris me partem amoris tui minimam ferre: noli committere, ut partem amoris tui minimam capiam, ut exiguum ab amore tuo fructum feram, colligam, sumam, percipiam: fructum amoris tui uelis esse non exiguum, non uulgarem, non mediocrem.

Partire.
Penso di partire: miro al partire.

Mihi est in animo discedere, digredi, abire, proficisci, locum mutare: de discessu cogito, discessum cogito: discessum specto, in animo habeo, meditor: animus est in discessu.

Partire della patria.
Metello parti della patria molto uolontieri, e con allegro animo fuori ne stette.

Summa

Summa uoluntate Metellus patria cessit, egregia q. animi alacritate abfuit: discessum e patria aequissimo animo tulit Metellus, & abfuit nullo dolore: Metelli animus, cùm a patria discessit, aequissimus, dum abfuit, laetissimus fuit, erectus, alacer, minime demissus, aut deiectus.

Partito.

Io non so prender partito.

Difficilis deliberatio est: lubricus ad deliberandum locus: consilium capere nescio, ualde haereo, impedita deliberandi ratio est, consilium deest, explicare nihil queo, expedire me nequeo, inops consilij, inops a consilio sum, consilium diu frustra quaero.

Partito cattiuo.

Dubito di hauer preso un partito, che non sia per riuscire a buon fine: dubito, che al partito preso non seguirà buon' effetto.

Metuo, ne id consilij ceperim, quod explicare nõ facile possim, exitum consilij mei extimesco: consilium a me captum ut eum, quem uolo, exitum habeat opto magis, quam spero, utinam consilio meo respondeat exitus, timeo tamen, ne non ita sit: uereor; ne nõ optime, quod deliberaui, succedat, procedat: meum consilium quo sit euasurum, timeo, quàm feliciter mihi euenturum sit, ex consilio meo, plane non uideo; equidem aduersa metuo: timeo, mei consilij qui sit exitus futurus.

Partito

Eleganze

Partito lodeuole.

Buon principio hai fatto della tua uita, essendoti posto al seruigio di Dio,

Optimum cursum cepisti, rationem praeclaram iniuisti, optimam partem elegisti, sapienter uitam instituisti, cum te Deo addixisti.

Pasfione.

Tu non giudichi a pasfione: la pasfione non ti acciéca, non ti contende il uero; il che costoro per malignità non fanno.

A certo, & uero sensu iudicas; quod isti ne faciant, maleuolentia, & liuore impediuntur: non tuae mentis oculos liuor obducit: rectum animi sensum in iudicando sequeris: tuum iudicium ratio dirigit, ac moderatur: qd̃ ratio praescribit, ac probat, id iudicas, quod istis per maleuolentiam non licet; quam istis facultatem eripuit liuor, & maleuolentia.

Pasfione niuna.

Tu non potresti credere, quanto io son hora senza pasfione: non potrebbe caderti nell'animo, quanto sia la mente mia libera da ogni passione: difficil cosa ti sarebbe a credere, in che tranquillo stato si troui hora l'animo mio.

Vix credas, non facile putes, aegra possis cogitatione assequi, quam aequo animo sim, tranquillo, quieto, ab omni cura uacuo: quam omni uacem perturbatione: quam sim omnis expers curae: quam procul absit animus meus ab omni cura: quam tran
quillo

quillo animo sim, quam tranquille agam, quam tranquille agat animus meus, qua meus fruatur animus tranquillitate, quae sit animi mei tranquillitas, quā nulla sit animi mei perturbatio, cura, molestia: quam parum animus meus cura fluctuet, iactetur, agitetur, commoueatur, aequitatem animi mei, tranquillitatem, securitatem, quietem uix credas, haud facile coniycias, assequi cogitatione uix poßis.

Pasſi ſtrani.

Nel monte Apennino ſono di ſtrettißimi, e molto ſtrani paßi: malageuolmente ſi può caualcare per il monte Apennino: gran diſagio ſi ſoſtiene, è diſconcio grande il caualcare per il monte Apennino.

In alpibus Apennini magnae ſunt, admodūq. difficiles locorum anguſtiae: impeditißimus eſt ad iter faciendum mons Apenninus: labor eſt maximus per montem Apenninum iter habentibus.

Paſſo chiuſo.

E uietato il paſſo.

Tranſitus interdictus eſt, incluſa uia, non patet aditus, non datur.

Paura.

Voglio leuarti la paura, trarti di paura, aßicurarti, renderti ſicuro.

Abſtergere uolo animi tui metum: leuare te metu, liberare metu, a metu abducere, metum expellere, eijcere, auferre, animum confirmare, conſtituere; efficere, ne quis animum tuum metus perturbet,

turbet, afficiat, commoueat, exagitet.

Pazzo.

Egli è pazzo, sciocco, stolto, forsennato, priuo di mente, di senno, d'intelletto, di ragione, del senso commune.

Desipiens est, delirus, stultus, demens, insanus, a ratione auersus, omni ratione carēs, delirat, desipit, insanit: discessit à mente: desertus est à mente: destitutus à mente: mens eum, & ratio reliquit: mentem amisit: mente captus est: mentis lumine obcaecatus: mentis compos non est: mentis inops: mentis expers: inops à mente.

Peccato.

Grauemente pecchi: grandissimo difetto commetti: operi gran scelerità: fai cosa maluagia, ingiusta, scelerata.

Grauissime peccas: scelerate agis: summum dedecus admittis: piaculum committis: maximo te scelere adstringis, obstringis: culpam grauem committis: iniquissime facis: scelus committis, perpetras.

Non ho mai peccato in questo: non feci tal' errore: non commisi mai cotal diffetto.

Hanc ego numquam attigi culpam: hoc me numquam crimine contaminaui, inquinaui, infeci, pollui: hanc numquam subiui culpam: haec me numquam culpa polluit, labefecit: huius criminis, flagitij, sceleris, uitij, labe, macula infectus numquam sum uacaui semper ista culpa.

Non è peccato, che hoggi non si commetta: in qual si
uoglia

Toscane e Latine. 239

uoglia colpa ogniuno trafcorre: cade in ogniuno ogni forte di peccato: commettonfi tutti i mali.

Omnes in omnem culpam prolabuntur: incurrūt homines in omnem iniquitatē: nulla culpa est, quae non hodie fubeatur: omnes in omni fcelerum, flagitiorumq. genere uolutantur: omnem improbitatem omnes amant: nullum hodie flagitium ignoratur, praetermititur, non committitur.

    Pena fcapolata.

Non fu punito, pena non foftenne, fu liberato di fupplicio, ottenne affolutione, fu affoluto.

Poenam effugit, elapfus eft, impune illi fuit, impunitatem eft affecutus, poenam nullam tulit, fufti nuit, perpeffus eft, euafit ex iudicio, abfolutus eft, abfolutionem eft adeptus.

    Penfare attentamente.

Fifo penfare, attentamente confiderare, con attento ftudio effaminare, riguardare una cofa, recarfi in fe fteffo, tra fe fteffo riuolgere, confiderare con l'animo fuo.

Colligere fe, animum intendere, meditari accuratius, diligentius animaduertere, confiderare cum animo fuo, uerfare in animo, diligenter animo tractare, agitare animo diligenter, ftudiofe cogitare, intenti aliquid animo intueri, attentius examinare, perpendere, ponderare.

Penfa a quefto: miri a quefto l'animo tuo: intendi a quefto i tuoi penfieri: mira quefto fine: habbi quefto oggetto: tuo proponimento, intendimento,
         difegno,

disegno, fermo pensiero, principal fine, termine de' tuoi pensieri.

Hoc tibi ante oculos propone, pone, statue, constitue, ad animum refer: huc mentem intende: huc spectet animus tuus: dirige tua consilia, tuas cogitationes ad huc finem: hoc tibi propositum sit: mētis aciem in hoc intende.

Pensar molto.

Sempre io penso di te, e delle cose tue: sempre mi sei nel pensiero: da te mai, e dalla cura delle cose tue l'animo mio non si diparte.

Numquam de te non cogito: nullum a me tempus praetermittitur de te, tuisq. rebus cogitandi: numquam mihi ex animo effluis, excidis, discedis: excubo animo tua tuarūq. rerū caussa: in te tuisq. rebus animus meus perpetuo est: meae curae omnes in te sunt: te semper spectat animus meus: meae cogitationes in te tuisq. rebus consumuntur omnes, ad teq. referuntur.

All'utile tuo, & all'honore grandemente penso: a' tuoi commodi, & alla tua riputatione mirano tutti i miei pensieri: intende del continuo l'animo mio, il pensier mio.

Toto animo de tuis commodis, ornamentisq. cogito: ualde laboro de tuis cōmodis, & ornamentis: mihi tuus honor, & tuae fortunae etiā atq. etiam curae sunt: de utilitate, ac laude tua aeque, ac de me ipso, cogito; ita cogito, ut nemo magis, tam cogito quam qui maxime.

Io

Toscane e Latine

Io non penso ad altro, che all'insegnarti la virtù, a far ti possessore del thesoro della virtù.

Omnem meam cogitationem in ostendenda tibi uirtute fixi, & locaui: in tradenda tibi uirtute sum totus: hoc unum mea spectat industria, thesauros tibi uirtutis ut aperiam, ac tradam: uersor in hoc studio totus, ut aditum tibi ad uirtutem patefaciam, ut ornem te uirtute, ut ad uirtutem, duce me, peruenias, hac in re, atque cura mens mea tota uersatur, quae sit dignitas, qui splendor, quae pulchritudo uirtutis, me magistro ut intelligas.

Pensieri.

Tu sai compiutamente i miei pensieri.

Mea consilia plane tibi nota sunt: tenes consilia mea, meum animum, meos sensus: non te latent mea consilia: cognitum habes, ac perspectum animum meum: qui sit meus sensus, probe nosti, praeclare intelligis.

Pensiero.

Di un picciolo pensiero son'entrato in un grandissimo affanno: leggier cura mi premeua; hora graue pensiero mi affligge.

A minore cura maximam ad solicitudinem traductus sum: curam equidem antea sustinebam, ferendā tamē, nunc solicitudine premor ea, quae ferri non possit: hac solicitudine nihil grauius: uincitur animus mens, planeque frangitur hac tam graui solicitudine.

Q   Pensiero

Pensiero grande.

Sono entrato in gran pensiero: graue pensiero mi è soprauenuto, sopragionto.

Grauem curam suscepi: grauis me excepit cura: grauis in me incubuit solicitudo: acerba mihi inuasit solicitudo.

Pensiero lasciato.

Lascio uolentieri ogni pensiero di uendetta: uolentieri mi scordo ogni uendetta: cancello uolentieri dell'animo mio ogni memoria di uendetta: punto non penso alla uendetta: al uendicarmi non miro.

Vltionis omne libenter consilium obijcio depono, omitto: omnem acceptae iniuriae memoriam ex animo delco: de ultione nihil plane cogito: ultionem minime cogito: animus meus ultionem non spectat: abduco animum ab ulciscendi consilio.

Pensiero uano.

Non mi è riuscito il pensiero: al mio pensiero non è seguito l'effetto: non è auuenuto quel ch'io credeua: conforme effetto al pensiero non è seguito: diuerso dal pensiero è stato l'effetto: l'auenimento non è stato simile all'effetto: non è la cosa peruenuta a quel fine, doue l'animo miraua.

Spes me frustrata est: aliter, atq. opinabar, euenit, accidit, contigit, successit: non is, quem uolebam, exitus consecutus est: successit praeter sententiam, contra uoluntatem, non ut uolebam, secus atque opinabar: exitum sortita res est alienum a sententia mea, dissimilem uoluntati, minime cum animo

mo congruentem, ab animo meo discrepantem, di=
uersum, abhorrentem.

Pensiero di nuocere.

*Egli ha cercato di nuocermi, ha procacciato il mio
danno, alla mia ruina ha inteso con quelle poche for
ze, che gli erano rimase.*

*Fractam illam, & debilitatam uim suam in me
contulit: uires illas, quae illi reliquae erant imbecil=
lae, infirmae, parum firmae, haud satis firmae, colle
git, & contulit omnes ad me opprimendum, euer=
tendum, affligendum, perdendum, ad exitium, ad
pernicem, ad meam summam calamitatem.*

Per amor tuo.

*Per te mi dolgo, per tua cagione, per tuo rispetto, per
amor tuo, sei cagione del mio dolore, da te nasce il
mio dolore.*

*Tua caussa doleo: dolor meus a te est, prouenit,
proficiscitur, manat, fluit: tu paris dolorem meum:
tua caussa fit, ut doleam.*

Perdere.

*Tu hai perduto il fauore per colpa, per difetto, per
mancamento, per uitio non tuo, ma de' tuoi.*

*Gratiam tuam exstinxit, perdidit, afflixit, o=
mnem apud omnes deleuit, non tua, sed tuorū culpa:
factum est, minime quidem tuo, sed tuorū uitio, ut,
qua florebas gratia, eam amitteres: perijt quod ha=
bebas gratiae, tuorum culpa, non tua: commissum
est à tuis potius, quam a te ipso, per tuos potius,
quam per te ipsum, ut esses non, ut antea, gratiosus,*

Q 2 *ut*

ut ea gratia, quae fruebaris antea, prorsus excide=
res, ut amitteres hominum studia, ut ex animis atq.
amore hominum efflueres, excideres.

Fa quanto puoi per non perder l'honor tuo: metti ogni
studio, adopera ogni tua industria; impiega ogni
tua forza; sforzati quanto per te si può, quanto
maggiormente puoi, quanto possibile ti è, quanto
stendere si possono le tue forze, infin doue possono
arriuare le tue forze.

Omni industria contende, omni studio labora,
incumbe toto pectore, confer huc tuas omnes uires,
tua studia, curam, industriam, enitere quantum in
te est, quantum in te situm est, quantum potes, quan
potes maxime, cunctis uiribus, ac neruis, hoc age
diligenter; da operam quam potes diligenter; sum=
mam adhibe diligentiam; studio contende quam li=
cet maximo, quantum potest esse maximum, sum=
mo prorsus: hoc unum cures, labores, studeas in pri
mis, praeter ceteras res, praecipue, potissimum, an=
te omnia; ne tuae dignitatis iacturam facias; ne de
tua dignitate detrahatur; ne quid aduersi digni=
tas tua patiatur; ne tua dignitas uioletur; ne quod
in tua dignitate damnum facias, ne quid feras de=
trimenti; ne qua labes aspergatur, offundatur ho=
nori tuo, ne quam existimatio tua iacturam patia=
tur, ne splendor tuae dignitatis obscuretur.

Perdere l'animo.

Ti sarà gran uergogna, se darai a conoscere, che tu
non sia di quel grand'animo, che gia soleui.

Animi

Animi tui magnitudinem inflectere sine summo dedecore non potes: animum demittere, animo cadere, animum imminuere, turpißimum tibi erit, magno uitio dabitur: humilis iam esse tuus animus, qui sublimis, erectusq. erat, sine graui infamia non potest: sublimia cogitabat animus tuus, nihil non altum suspiciebat, nunc demissus est, humilis, abiectus, humi serpere uidetur, humi iacere.

Perdita.

Ho perduta la robba: ciò, che hauea, è perito: son distrutto nella robba: è seguita la ruina delle mie facoltà.

Naufragium feci rei familiaris: perijt mea res domestica: actum est de fortunis meis: prorsus euersae sunt opes meae: perdidi omnia bona: euertit me bonis omnibus fortuna: mearum opum nihil mihi reliquum fortuna fecit: afflictae sunt, profligatae, ac perditae, extinctae, euersae meae res, ac fortunae omnes: euersus sum omnibus fortunis.

Perdita niuna.

In fin qua niente hai perduto.

Integrae sunt adhuc res tuae: salua sunt apud te omnia: nihil dum perdidisti: status idem est, qui antea, rerum tuarum: eodem loci sunt, quo antea, fortunae tuae: nihil detractū est de fortunis tuis: nullū res aut fortunae tuae iacturam fecere, nullū damnū tulere, nullū detrimētū passae sunt, nihil aduersi subierunt: nullā partē desideras fortunarum tuarū: nihil eripuit fortuna, abstulit, ademit, detraxit, auertit.

Per far piacere.

Vorrei che tu lodaßi i miei componimenti, se per giudicio non ti pare, almeno per farmi piacere, per far mi cosa grata, per sodisfar all'animo mio, per mia contentezza, per mio conforto.

Meis libris uelim, si minus ex animo potes, gratiae saltem cauβa suffragere: meis libris, si minus iudicij, at gratiae saltem cauβa faueas: quod obtinere a iudicio tuo fortaβe non poβum, impetrem ab amore, ut mea scripta probes, commendes, tueare: quod ueritati non potes, amori tribue, ut mea scripta tuo testimonio subleues, tua commendatione exornes, honestes, in honorem adducas.

Pericolo.

Tu sei nel medesimo pericolo: tu corri il medesimo rischio: uai parimente a rischio: corri l'isteβo pericolo: ti sopraſta il medesimo pericolo: di te parimente si tratta: corri l'isteβa fortuna: fa ragione, che siamo tutti in una naue: tu ancora sei al medesimo partito: non è la tua condicione diuersa da quella de gli altri.

In eadem es naui: eodem in discrimine uersaris: idem tibi periculum impendet: aeque tua salus agitur: tuae fortunae periclitantur: eadem tibi imminet calamitas: aeque periclitaris: in ijsdem nauigas fluctibus: eodem iactaris uento: eadem te procella perturbat: eodem loci res tuae sunt: uersaris in eodem periculo, in eadem fortuna: eadem te
fortuna

fortuna manet,tibi impendet,tibi imminet,te urget, pari es condicione,par,similis, eadem, non dissimilis,non dispar, non alia tua condicio est, non minus de te agitur,tua res aeque agitur,de tua re itidem agitur,in periculum tua res adducitur,uenit,periclitatur,periculum subit: eadem tibi instant mala : haud melius tecum agetur:haud meliore loco res & fortunae tuae non erunt.

 Perseueranza.

Perseuerare in una buona opinione, è gran lode : la constanza in una diritta & honesta opinione, in un giusto parere,in un sauio consiglio,è lodeuole assai, partorisce molta lode, e somma lode, porta grand' honore,riesce a glorioso fine.

 Si quis in recta sententia sibi constat, ei magna laus debetur : tueri constantiam in recta sententia, laudabile est,laus est, laudis est, laudi est, laudem habet, affert, parit, cum laude coniunctum est, egregium est,praeclarum est,gloriosum est, perseuerantem, pergentem, permanentem in recta sententia, laus, & gloria consequitur, laus excipit immortalis: in recta sententia laudabilis admodum est,laudibus efferenda, ornanda, honestanda, decoranda stabilis, & firma, & perpetua permansio: tuenti acriter,& firmo in primis animo rectum consilium, sententiam cum ratione congruentem, cum salute reip. coniunctam, quae sit e rep. in remp. e re communi, in rem communem, e commodo publico, quae ualeat ad remp. ad rem communem,

Q 4   ad com=

ad commoda publica, decus eximium debetur.

Persuadere.

Datti a credere, che la cosa sta così: credi fermamente, tieni per fermo, habbi ferma opinione, sii certo, tieni per cosa certa, non dubitar punto, habbi ferma credenza, che la cosa sta così, non è altramente, non è di altra maniera, si troua in questo stato, tale è lo stato della cosa.

Induc animum, induc in animum, ita esse pro certo habe, persuade tibi, pro certo existima, plane credas, ita crede, ut minime dubites, exploratum habeas, atq. omnino certū, pro comperto habeas, sit hoc apud te minime dubium, sit exploratum, rem ita se habere, in hoc statu esse, hunc esse rei statum.

Piacere dannoso.

Il piacere conduce gli huomini a cose men che honeste: è il piacere un'esca de' mali nella uita humana: incorrono molti in graue danno, allettati dal piacere, tirati, condotti, ingannati dalle false lusinghe del piacere: il piacere con bella & insidiosa uista inganna molti, e conduceli a ruina: il piacere è un dolce ueleno.

Voluptas ad ea, quae minus decent, homines allicit: hominibus malorum esca uoluptas est: multi ducem sequentes uoluptatem, grauiter offendunt: duce uoluptate multi errant miserrime, illecti uoluptate, dulcedine uoluptatis, blanditijs uoluptatum, infortunia subeunt, calamitates adeunt, in miserias incurrunt,

Toscane e Latine. 249

currunt:uoluptate,tamquam dulci ueneno, homines pereunt : iucundam, ac dulcem uoluptatum consuetudinem tristis admodum, & amarus consequitur euentus: saepe uoluptatem excipit dolor: uoluptas dolore terminatur:uoluptatis exitus doloris initium est.

Piangere.

Io piango troppo amaramente : piouommi amare lagrime da gli occhi: mi struggo nel pianto: lagrimo del continuo:non so altro che piangere: non ho mai gli occhi asciutti dal pianto:escono da gli occhi miei,quasi da eterno fonte, continoue lagrime: il mio pianto non ha fine: non pongo mai fine al pianto: non rimango, non cesso, non raffino mai di piangere: copiosamente,abondeuolmente,senza modo,oltra modo,fuor di modo,senza misura, fuor di misura,oltra misura,smisuratamente,senza termine,senza fine,infinitamente piango.

Conficior lacrymis, sic, ut ferre non possim:luctu consumor, contabesco : modum lugendi nullum facio:finem lacrymis non impono : lacrymis me dedo : lacrymis numquam abstineo : uberrimus meus est fletus, assiduae lacrymae, perennes lacrymae: numquam non lugeo : luctum numquam intermitto, non dimitto,non omitto:totus in luctu uersor : assiduae fluunt ex oculis lacrymae:comes mihi ubiq. luctus est:perdunt me lacrymae:numquam lacrymis nō hument oculi.

Tu piangi le sciagure della republica: cagione del tuo pian-

Eleganze

pianto sono le calamità publiche:nasce il tuo pianto dalla fortuna della republica:lo stato misero della città ti fa piagnere, t'induce al pianto, a lagrimar ti cōduce, ti genera il pianto.

Luges reip. tempora: tuus fletus exoritur, exsistit, manat, proficiscitur a publicis malis: lugendi causfam affert aduersa fortuna reip. calamitas publica: publica mala te ad fletum impellunt: miseriae tibi publicae lacrymas excutiunt, exprimunt.

Pieggeria.

Voglio che tu mi paghi quel, che mi hai promesso, che mi attendi la promessa, che non manchi, che osserui la promessa, che tu dia effetto alla promessa, che apparisca l'effetto della tua promessa, che alla promessa tua segua l'effetto.

Dependendum tibi est, quod promisisti: uolo stes promissis, promissa serues, fidem tuearis, fidem soluas, quod promisisti, re praestes, cum tuis uerbis facta consentiant, promissa tua exitus confirmet, ne fidem tuam fallas, falsa ne fuerint, inania, irrita promissa tua.

Pingere eccellentemente.

Apelle dipinse eccellentemente il capo di Venere, e la sommità del petto, egregiamente, con mirabil arte, e marauiglia dipinse, adorno cō l'arte della pittura, ritrasse, risomigliò.

Apelles Veneris caput, & summa pectoris politissima arte perfecit, mire pinxit, egregie, sic, ut nemo melius, singulari expressit atq. exornauit artificio,

cio,egregijs picturae coloribus illustrauit, perfecit,
ac perpoliuit egregie.
Poco.
Non ho uoluto troppo offenderlo, ho uoluto leggiermente offenderlo: a poco offenderlo ho mirato: è stato mio intendimento di non offenderlo grauemente.

Dedi operam, ut eum parce & molliter laederē:
non id egi,ut eum grauiter offenderem: nihil paullo
grauius in illum cogitaui : commouere illum leuiter
uolui,non acerbe uexare.
Poesia.
Vorrei che tu tornassi alla poesia, che di nuouo tu abbracciassi le Muse, che tu rigustassi la dolcezza del
uerso.

Vellem te ad mansuetiores Musas referres, uellem intermissa poeticae studia repeteres, redires in
gratiam cum Musis.
Portarsi bene.
Si è portato molto honoratamente nell'edilità, è riuscito eccellentemente:ha fatto lodeuole officio:ha operato egregiamente : troppo manifesto saggio ha dato delle sue uirtù.

Magnificentissimo perfunctus est munere aedilitatis : praeclare se tractauit in aedilitatis munere : aedilitatem summa cum laude gessit : nihil fecit non egregie ; iustitiae laude praestitit, specimen
dedit minime dubium uirtutum suarum : aedilem
se praebuit egregium, praestitit,ostendit: summam
ex aedilitate laudem est consecutus, sibi comparauit,

uit, sibi peperit, cepit, tulit, retulit.

Porto.

Ci sforzammo di entrare in porto, e non potemmo per il uento contrario: mettemo ogni studio per prender porto, ma la forza del uento contrario ci risospinse, e rigittò.

Portum reflante uento tenere non potuimus, portum inire conantes aduersi uenti uis repulit, ac reiecit: ne portum obtinere licuerit, cùm omni studio conaremur, uentus effecit.

Possesso.

Egli é al possesso, gode, è possessore: coglie l'entrate.

Est in bonis: fruitur bonis: bona tenet: possidet: fructus capit.

Potenza.

I Venetiani sono ricchi e potenti, abondano di ricchezze, e di forze, uagliono assai e di forze, e di ricchezze.

Veneti opibus, & potentia ualent, pollent, uigent, praestant, excellunt; affluunt diuitijs; opibus uigent; neq. diuitias, neq. opes desiderant.

Poter molto.

La uirtù può ogni cosa: alla uirtù niuna impresa è impossibile: uince ogni difficoltà la uirtù con le sue forze: uniuersal imperio ha la uirtù sopra le cose humane: infinite sono le forze della uirtù: che non può la uirtù? qual cosa alla uirtù non è soggetta? qual non cede? qual non ubidisce?

Omnia sunt in potestate ac ditione uirtutis: rerum

Toscane e Latine.　253

rum omnium regina uirtus est, dominatur, una re=
gnat, summum ius habet, omnia regit: uirtuti cun=
cta parent, cedunt, subiecta sunt humana omnia: uir
tus ualet ad omnia, imperium habet in omnes res, o=
mnia tenet, poßidet, iure ac potestate sua complecti
tur: quid est, quod aßequi uirtus non poßit?

Poter ottenere.

Se ti pare di poter ottenere quel che ti penfi, che poßa
al tuo penfiero seguire l'effetto, che debba riuscirti
il penfiero a desiderato fine.
　Si tibi res facultatem uidetur habitura, ut id,
quod cogitas, consequi poßis: si uideris id poße con=
sequi: si putas poße fieri, si euentum speras cum ani=
mo tuo congruentem, non alienum, non abhorren=
tem a tua uoluntate.

Potestà.

Non è in mia potestà, il prendere configlio, se io debba
darmi, ò nò, al gouerno della republica.
　Integra mihi res non est ad consulendum, capes=
sam, necne, remp. non est mihi libera, non expedita,
non soluta de capeßenda rep. deliberatio: libe=
ram non habeo capiendi consilij facultatem: de sus
cipienda, gerenda, administranda rep. teneor im=
plicatus, nec mea expedire consilia poßum de susci=
pienda rep.

Prattiche.

Fa che si uegga la tua diligenza nel fare le prattiche
co' senatori, che apparisca la tua diligenza nel prat
　　　　　　　　　　　　　　　　　　ticare

ticare i senatori, nec fare ufficio co' senatori, nel ri=
chiedere e pregare i senatori.

Fac in conueniendis senatoribus tuum studium ex
stet: in prensandis, appellandis, rogandis senatoribus
adhibe studium ac diligentiam quam licet maximam
age diligenter cum senatoribus.

Prattico.

Non sei prattico, non hai esperieza, sei rozzo nelle co
se: non hai maneggiato le cose.

Rudis es: ab usu rerum imperitus: experientia ca
res: usum rerum ignoras: non satis es in tractandis re
bus uersatus.

Huomo riputato, e molto prattico ne' fatti della republi
ca, e conosciuto per buono.

Vir clarissimus, spectatissimus, & in rep. maxi=
mis grauissimisq. caussis cognitus, atq. in primis pro
batus: homo ualde honoratus, multae existimationis
& auctoritatis, cui plurimum tribuitur: cuius est gra
uissima auctoritas: cuius sententia, ac uoluntas pon=
dus habet : peritus administrandae reip. gnarus ac
sciens tractandae reip. non parum uersatus in publi=
ca re : minime omnium peregrinus in rep. omnes
reip. partes optime tenens: minime omnium rudis in
republica.

Prattiche, per hauer un magistrato.

Tu sai gran prattiche, ma temo nõ ti riesca: sei nel prat
ticare oltra modo diligente, ma non ho certa speran
za dell'auenimento, del successo, del fine, di quanto
s'habbi da seguire.

Am=

Ambis, prensas, nullum in prensando studiũ, nullum officium praetermittis: tam prensas diligenter, quam qui maxime: tua est diligentißima prensatio: in ambiendis hominibus nemo est uno te diligentior, nemo aptior, sed uereor, ne non succedat, exitus ne te fallat, spe ne frustreris, ne secus accidat, ne non ex animi tui sententia procedat, succedat, contingat, eueniat.

Pregare.

Ti prego per la nostra amicitia, quanto maggiormente posso, quanto piu efficacemente posso, quanto posso il piu, con quella caldezza, che si può maggiore, con l'affetto maggiore del cor mio: prieghiti porgo tanto caldi, affettuosi, efficaci, quanto è grande il nostro scambieuolmẽte amore, quanto è grande quell' amore, che parimente ci portiamo l'uno all'altro; chieggoti in gratia, non mi negare questa gratia, fammi degno di questa gratia, di questo fauore, consolami, rendimi contento con questa gratia.

A te maximopere pro nostra summa coniunctione etiam atq. etiam peto, & quaeso: precibus tecum ago quam possum diligentißimis: rogo te quam studiose possum: da mihi hoc, largire: sine me hoc a te impetrare: hoc in me cõfer gratiae: hoc impertias gratiae: noli pati meas esse irritas & inanes preces: sit apud te meis precibus locus: exaudi, excipe meas preces: ne me rogantem suppliciter a te reijcias: meis precibus facilem te praebe.

Pregar

Pregar supplicheuolmente.

Mi prego supplicheuolmente, con ogni humiltà, quasi piangendo, ch'io non gli mancassi di ciò c'haueua promesso.

Meam fidem implorauit, suppliciter mecum egit, rogauit me quam suppliciter potuit, ut fidem praestarem, tuerer, scruarem, soluerem, ut starem promissis, ut in fide permanerem, ut promissa persoluerem.

Prezzar molto.

A questo tempo è da prezzar molto la robba: la qualità de' tempi fà, che si debba tener in pregio la robba: deuesi tener conto, fare stima, apprezzare, hauer cara, hauer a cuore la robba.

His temporibus magni faciendae, pendendae, aestimandae diuitiae sunt: commendat nobis rem familiarem temporum ratio: ea ratio temporum est, ut plurimum diuitijs tribuendum uideatur, ut diuitias non in postremis habere debeamus, non ultimo loco ponere, non in minimis ducere, constituere, locare.

Prezzo grande.

La mia libreria uale assai, è di gran prezzo, di gran ualuta.

Multorum nummorum est mea bibliotheca, pretij magni est, plurimi ualet, magnae aestimationis est.

Principio.

Ho dato principio all'honor mio.

Ieci

Ieci fundamenta dignitatis meae: ingressus in laudem sum.

Principio di honore.

Tu sei stato fra le prime cagioni dell'honor ch'io ho: da te è nato l'honor mio: da te ha riceuuto principio la mia lode: tu fosti l'origine della mia riputatione.

Dignitati meae praefuisti: a te primum fluxit, manauit, profectus est, ortus est, natus est, exstitit honor meus: tu meae laudis origo, fons, principium fuisti.

Prolongare.

La cosa è rimessa a Gennaio, è allungata infino a Gennaio, è differita, è prolungata.

In Ianuarium reiecta, producta, dilata, prolata, prorogata, protracta, protrusa res est.

Vedi che non mi sia prolungato il tempo.

Caue, ne mihi spatium producatur, dies proferatur, tempus prorogetur.

Promessa osseruata.

Attenderò quello, che ho promesso: osseruerò la promessa: darò effetto alla promessa: confermerò le parole con gli effetti: non mancherò di quanto promisi: osseruerò la fede.

Praestabo fidem meam: persoluam promissum: quae pollicitus sum, exitu praestabo: soluam fidem meam: tuebor fidem meam: seruabo promissa: fidem non fallam: fidei non deero: stabo promissis.

R   Prometere

Promettere.

Io prometto di douer operare in feruigio tuo, quanto potrò.

A me omnia in te studia, atq. officia, quae quidem ego praestare potero, uelim exspectes: mea omnia studia, atq. officia tibi polliceor: praesto me tibi semper fore uelim existimes, planeq. tibi persuadeas: si quid ualebo, ualebo tibi, hoc editum ex oraculo puta: hoc tibi confirmo, ac re praestabo, nullum me studij genus, aut officij, quod in rem tuam sit, quod ad rem, laudem, dignitatem tuam ualere uideatur, ullo esse loco praetermissurum.

Promettere sopra di se.

Voglio che tu mi paghi quel che per lui mi hai promesso: che tu attenda la promessa di lui: che tu osserui, che tu satisfacci, che tu dia effetto a quanto egli ha promesso.

Depedendum tibi est, quod mihi pro illo spopondisti: pro illo solues: illius promissum praestabis: pro illo satisfacies.

Pronostico.

Non uoglio far cattiuo prononostico: mi guarderò di dir cosa, l'effetto della quale non uolessi.

Nolo tristius quidquam dicere: nolo malis ominibus hanc rem prosequi: nolo male ominari.

Prouedere.

Habbi cura di me: prouedi a fatti miei.

Prospice, consule, prouide rationibus meis, suscipe me, respice fortunas meas, tuere me, complectere,

ctere, foue, fac, ut meae tibi rationes curae ſint: cu
ram ſucipe rerum mearum.

Prudenza.

Tu uincerai con la tua prudenza l'altrui maluagità.

Impetum perditorum hominum tua prudentia,
tuum conſilium, tuae mentis acumen, & uis eximia
franget, debilitabit, irritum faciet, inanem reddet,
reprimet, retundet.

Molte uolte i piu animoſi ſono manco ſaui.

Saepe, qui magnitudine animi praeſtant, pru=
dentia minus ualent: ſaepe contingit, euenit, uſu
uenit, accidit, fieri uidemus, non raro fit, non
parum ſaepe fit, ut animi magnitudinem comite=
tur imprudentia, ut in non nullis magno animo
preditis, animo praeſtantibus, prudentia requira
tur, deſideretur.

Publica utilità.

E' officio di buon cittadino, il uolere in ogni coſa
quel che torna bene al publico, hauer ſempre
l'occhio, mirare, intendere alla utilità publi=
ca: procacciare il ben publico, amare l'intereſſe
commune.

Boni ciuis eſt, ad bonum ciuem pertinet, bonum
ciuem decet, ſuam uoluntatem ad publicam cauſſam
aggregare, accommodare, adiungere, conferre,
cũ publica cauſſa coniungere, in omni ſua uolun=
tate, quid rationes publicae ferant, quid reſp. po=
ſtulet, ſpectare, intueri, attendere; nihil umquam
uelle a plublicare ſeiunctum, alienum, diſiunctum,

ſeparatum,

separatum, remotum, quod reip. rationibus non conducat, expediat, utile sit, quod reip. commoda non postulent.

Punire.

Milone cercaua di punir Clodio per uia di ragione.

Milo poenas a Clodio iudicio persequebatur: id agebat Milo, ut poenas a Clodio debitas iudicio exigeret.

Se uoi castigate costui, metterete paura a gli altri.

Huius audaciam merita poena si comprimitis, ceterorum animos frangetis.

Bisogna punire i cattiui.

Animaduertendum est in homines nocentes: iusta est in homines improbos animaduersio: animaduersione uti aduersus improbos oportet: improbi afficiendi sunt poena, uindicandi, puniendi, plectendi, ulciscendi, castigandi, male multandi: sumendum est de improbis supplicium: capere poenas de improbis aequum est: luant improbi poenas factis dignas: debitū suplicium nefarij homines persoluāt: digna eorum factis animaduersione improbi plectantur, afficiantur.

Q.

QVALITA.

Egli è huomo di molte qualità dotato: è persona molto qualificata, & assai ricco: sono in lui molte rare condicioni.

Honestus, grauis, plenus officij, bonus plane uir, & cum uirtutibus, tum etiam fortuna satis ampla

ampla ornatus: animi bonis abundat, nec fortunae tamen bona desiderat: animi bona multa, nec fortunae pauca possidet.
Le tue qualità ti fanno amare, amabile ti rendono, ti rano gli huomini ad amarti, l'amore de gli huomini ti acquistano, ti partoriscono.

Amandus es propter multas suauitates ingenij, officij, humanitatis: tuae tibi suauitates, tuae uirtutes amorem hominum conciliant, adiungunt studia, gratiam pariunt, comparant, adipiscuntur.

R.

RACCOMMANDARE.
Io ti raccomando questo fatto, e questo maneggio quãto maggiormente posso.

Omnem tibi rem, a:q. caussam commendo, atq. trado: eius negotium sic uelim suscipias, ut si esset res mea: tibi commēdo, ac trado, ut grauißime diligentißimeq. possum.
Io te lo raccomando caldamēnte, con ogni efficacia, con quell'affetto che posso maggiore, quanto piu caldamente, piu efficacemente, affettuosamente posso, con l'intimo affetto del cuor mio, al pari di me stesso, con efficaci prieghi, ma non pero tali, che possano rispondere, e satisfare all'animo mio: quanto mi ami, che mi ami certo infinitamente, tanto uoglio ch'egli ti sia raccommandato: questa mia raccommandatione uoglio che tu pensi esser tanto efficare, e nascere da un mio desiderio & affetto tanto
grande,

grande, quanto è grande l'amore, ch'è tra noi: il quale mi do a credere esser grandissimo: niuna sorte di parole posso imaginarmi, che basti a raccomandarloti a mia satisfattione.

Sit tibi eum commendo, ut maiore cura, studio, solicitudine animi commendare non possim: uelim tibi persuadeas, nihil me maiore studio a te petere, nihil te mihi gratius facere posse, quam si omnibus tuis opibus, omni studio eum iuueris, peto a te maiorem in modum, uel humanitatis tuae, uel mea causa, ut eum auctoritate tua, quae plurimum ualet, conseruatum uelis, ita a te peto, ut maiore studio, magis ue ex animo petere non possim: uelim omne genus liberalitatis, quod & ab humanitate, & potestate tua proficisci poterit, non modo re, sed etiam uerbis, uultu deniq. exprimas: uehementer te rogo, ut cures, ut ex hac commendatione mihi quam maximas, quamprimum, quamsaepissime gratias agat: uelim eum omnibus tuis officijs, atq. omni liberalitate tueare: si me tanti facis, quanti & ipse existimat, & ego sentio, cures, quamprimum intelligā, hanc meam commendationem tantum illi utilitatis attulisse, quantum & ipse sperauerit, nec ego dubitarim: uelim eum quā honorificentissime pro tua natura, & quamliberalissime tractes: uelim eum quamliberalissime complectare: maximopere ut meum amicum, & ut tua dignum amicitia tibi commendo: uehementer mihi gratum erit si eum humanitate tua, quae est singularis, comprehenderis: sic

tibi

tibi eum commendo, ut neq. maiore studio quemquā, neq. iustioribus de caussis commendare possim: gratissimum mihi feceris, si huic commendationi meae tantum tribueris, quantum cui tribuisti plurimum, idest si eum quammaxime quibuscumq. rebus honeste ac pro tua dignitate poteris, iuueris, atq. ornaueris: peto a te maiorem in modum, ut ei omnibus in rebus, quantum tua dignitas, fidesq. patietur, cōmodes: cures, ut is intelligat hanc meam commendationem maximo sibi apud te & adiumento, & ornamento fuisse: si ulla mea apud te commēdatio ualuit, (multas autem ualuisse plurimum scio,) haec ut ualeat, rogo: maiorem in modum a te peto, ut, cum omnes meos aeq. ac tuos obseruare pro nostra necessitudine debeas, hunc in primis ita in tuam fidem recipias, ut ipse intelligat nullam re sibi maiori usui, aut ornamento, quam meam commendationem, esse potuisse: eum, si me diligis, eo numero cura ut habeas, quo me ipsum: hanc commendationem, quam his litteris consignare uolui, scito esse omniū grauissimam: cum si tibi commendabo uerbis ijs, quibus, cum diligentissime quid agimus, uti solemus, uix tamen studio meo satisfecisse mihi uidear: genere commendationis mirifico, eoq. plane, quod sit ex intima arte intimoq. ex animo depromptum, usum me putato: commēdo tibi eum non uulgariter, sed ita prorsus, ut quos diligentissime, ualdeq. ex animo soleo: quanti apud te sum, tantum ualere apud te commendationem meam, effice ut intelligam,

R 4

telligam : *eum tibi commendo ea commendatione quae potest esse diligentissima*.

Racquistar l'amicitia.

Cercherò di racquistarmi l'amicitia tua : metterò studio, userò diligenza, porrò cura, procaccierò con ogni studio, intenderò con ogni affetto, e diligenza impiegherò ogni mia cura et industria nel racquistarmi il possesso della tua gratia, per rimettermi appresso te in quel grado di amore, onde io sono caduto: a fine che tu mi restituisca la tua gratia, tu mi renda l'amor tuo, tu mi riponga nel pristino luogo della tua gratia.

Vt mihi tua uoluntas reconcilietur, operam dabo: enitar, contendam, elaborabo, ut gratiam mihi tuam meo merito restituas, ut amissam recolligam beneuolentiam tuam, ut te mihi reddas, ut mecum in gratiam redeas, ut te mihi reconciliem, ut animus tuus, qui erat antea, idem in posterum erga me sit, ut sis in me, sicut antea, animatus, ut, si quid aliende opinionis, aut parum amicae uoluntatis aduersus me suscepisti, deponas, abijcias.

Ragionamento incerto.

Se ne ragiona assai, ma non se n'ha certezza: di questo non se ne fa la certezza: ragionamenti uani, senza fondamento, fondati in aria, nati da passione, o da uanità, senza alcuna fermezza, senza fermo auiso, senza capo.

Rumores sunt, satis illi quidem constantes, sed sine auctore: rumor est sed sine capite, sine auctore,
rumore

rumore ipso nuncio: sermones exaudiuntur, prorsus tamen incerti, inanes, infirmi, orti ex uoluntate, qui nulla ueritate nitantur, dißipati sine cauſſa, auctore nullo: iactantur haec sermonibus incertis: sermones dißipantur ij, quibus haberi fides nulla debeat, unde merito fides abſit, in quibus non ſit pondus, qui nihil certum sequantur, qui neq. nuncijs, neq. litteris comprobentur, quos ueritas nulla confirmet, qui nulla ueritate, nullo satis firmo teſtimonio, nullo prorſus argumento, ratione ue nitantur.

Ragionar con lontano principio.

Io cominciero alquanto di lōtano a ragionare de' miei penſieri: ripigliando le coſe lontane, darò principio a ragionare de' miei penſieri: lontano principio ha uerà il ragionamento de' miei penſieri.

Altius paullo rationem repetam conſiliorum meorum: longinqua repetam, ut apertius exponā cōſilia mea: lōge repetam mei sermonis initiū, quo pateant illuſtrius conſilia mea: longinquum exordium capiet hic sermo, quem de meis conſilijs habiturus ſum.

Rallegrarſi.

Tuo padre ſi è rallegrato grandemente per queſto auuiſo, ch'è uenuto della tua dignità: ha preſo gran piacere: ha riceuuto molta contentezza: ha ſentito marauiglioſa allegrezza: ha ſentito ricrearſi l'animo di un'infinito piacere, e conforto.

Patrem tuum recens hic de tua dignitate nuncius allatus extulit laetitia, affecit laetitia, perfu-
dit

dit laetitia, laetitia compleuit, laetitia cumulauit:
pater tuus laetitiam cepit, sumpsit, hausit, laetitia
est affectus, laetatus est, gauisus est, delectatus est, re
creatus est, gaudium cepit, iucunditatem hausit.

Vorrei andar in uilla per rallegrarmi alquanto, per
sollazzo, p spasso, per piacere, per ricreatione, per
diporto, per conforto dell'animo, per alleggiaméto
dell'animo, per solleuar alquāto l'animo da'pēsieri.

Rus cogito, ut animum relaxem, animi caussa,
ut animum parumper a molestijs abducam, ut ali=
quid iucunditatis degustem; ut aliqua iucunditate
fruar, ut animus reficiatur, recreetur, parumper
acquiescat a curis, ut animum, cusis distractum, ua=
rieq. dissipatum, recolligam; ut amissam animi iu=
cunditatem recipiam; ut quam mihi negotiorum
& curarum odiosa consuetudo hilaritatem ade=
mit, abstulit, eripuit, in me exstinxit, perdidit, eā re=
rum iucundissimarum adspectu, atq. usu recuperem,
recipiam.

Rappacificato.

Io mi sono rappacificato co' miei nimici: io sono ritor
nato in amicitia: son ritornato in gratia: son recon
ciliato co' miei nemici: ho fatto pace, ho deposto l'i
nimicitie: ho diposto l'odio: ci siamo congiunti in
amore: non è piu tra noi scintilla di odio: spento è
affatto l'odio: e l'inimicitia passata: l'odio e parti=
to, e l'amore e tornato: habbiamo posto fine all'ini
micitie, terminati gli odij, cacciato dell'animo ogni
cattiuo talento, e rimessoui amicheuole affetto, e
beni=

benigni penſieri.

Cum inimicis in gratiam redij, reconciliatus ſum,reiecto odio me coniunxi,pacem coiui:inimicitias,ſimultates,odia depoſuimus,abiecimus, omnem ueterum iniuriarum memoriam, omnem ulciſcendi uoluntatem ex animo deleuimus: pulſo odio ſucceſſit amor:odium amore commutauimus:depoſitis odijs,mutuam beneuolentiam ſuſcepimus: orta eſt inter nos,uetere prorſus exſtincto odio, mutua beneuolentia,animorum noſtrorum in amore mutua conſenſio, ad amandum mutua propenſio; animorum ac uoluntatum ſimilitudo.

Recarſi in ſe ſteſſo.

Recateui in uoi ſteßi,e conſiderate attentamente, l'inſtabilità della fortuna.

Intendite animos ueſtros, ipſi uobiſcum conſulite,inite conſilia cum animis ueſtris, & quae ſit fortunae uiciſſitudo,quae mutatio, qui fluctus rerum humanarum, quam uaria tempeſtate iactetur hominum uita,cogitate,animaduertite, attendite, examinate,perpendite,cum ratione, tamquam acquißima lance,diligenter aeſtimate.

Reggerſi a modo altrui.

Veggio,che tu ti laſci gouernar da altrui, e non da te ſteßo:conoſco,che l'altrui conſiglio,e non il tuo, ti regge,gouerna,guida,conduce: comprendo, che nelle tue operationi non è tua guida il tuo giudicio, ma l'altrui conſiglio: mi accorgo,troppo bene intendo,che fai a modo altrui più che di te ſteſſo, che

tu

tu segui l'altrui consiglio piu che il tuo.

Video te auferri aliorum consilijs: intelligo, sentio, non te tuo duci, sed alieno abduci consilio: non tuum iudicium, sed aliena consilia sequi mihi uideris: non ipse te in consilium adhibes: non ipse te audis non ipse tibi pares, morem geris, obtemperas, obsequeris, assentiris; sed alieno uteris consilio, aliena te consilia regunt, ab alienis consilijs uoluntas tua pendet: non ipse tibi dux es, uerum alios sequeris.

Render ingiuria.

Tu mi hai fatto torto; ma uenirà tempo ch'io te la renderò, che i tuoi meriti riconoscerò, che ne hauerai da me la ricompensa, che le douute gratie ti renderò.

Inique mecum egisti; sed erit, cum tibi idem reponam: iniuriam fecisti, iniuriam aduersus me intulisti, iniuria me affecisti, lacessisti, prouocasti, iniuriose me tractasti, acerbe, inique, amare, cōtra iura omnia, aduersus iniustitiae leges, contra quam iustitia praescribit; sed parem aliquando gratiam referam, pari te munere remunerabor, par pari referā, merita meritis compensabo.

Republica.

Deue ogniuno attendere alla republica, come al proprio interesse: deue ad ogniuno essere a cuore l'interesse publico non meno che il proprio: debbiamo amare il ben commune, l'utile della città, il commodo publico, tutto ciò che può giouare alla republica,

blica,con quell'isteſſo effetto,che amiamo e noi isteſ
ſi,e le coſe noſtre.

Debet unuſquiſq. ſuam uoluntatem ad publicam cauſſam aggregare:remp.curare, reip.curatio
nem habere,reip. rationibus conſulere eo ſtudio de
bemus,quo rem noſtram familiarem, quo fortunas
noſtras,quo priuata commoda tueri, complecti, fo-
uere ſolemus : unuſquiſq. aeq. publicam rem curet,
ac priuatam.

Reſiſtere.

Io feci reſiſtenza al ſuo maluagio deſiderio:mi oppoſi
all'impeto maluagio del ſuo deſiderio:raffrenai l'in
giuſto ſuo deſiderio : fu impedita da me, e piu oltre
non pote procedere l'ingiuſta ſua uoglia:io feci, o-
perai, fui cagione, ch'egli non deſſe effetto al ſuo
triſto penſiero, che non conduceſſe ad effetto il ſuo
maluagio deſiderio, che non mandaſſe ad effetto le
ſue dishoneſte,nefande,ſcelerate uoglie.

Improbam illius cupiditatem refutaui, repreſſi,
retudi,fregi:obieci me,oppoſui illius cupiditati,libi
dini,intemperātiae:feci,atq.effeci, ne poſſet cupidi
tati ſuae ſatisfacere,libidini obtemperare,iniq. cogitata perficere, improba conſilia ad exitum perdu
cere : longius cupiditate proceſſiſſet, niſi ego in-
curriſſem,occurriſſem,obuiam iuiſſem,impediſſem,
impedimento fuiſſem,impedimenta obieciſſem : ra-
piebat eum cupiditas, ego repreſſi: efferebat eum li-
bidinis impetus, ego modum ſtatui.

Ret-

Rettore.

Gouvrnò bene la prouincia: egregiamente si portò nel gouerno della prouincia: resse la prouincia cō somma lode di giustitia, continenza, humanità, uigilanza: nel gouernare la prouincia pareggiò la lode di coloro, la memoria de' quali per molte opere illustri, e molti honorati effetti di giustitia uiuerà sempre ne gli animi de gli huomini.

Prouinciam rexit praeclare, egregie administrauit, cum laude gessit: magna uirtutis, & innocētiae fama prouinciae praefuit: in illius administratione prouinciae summa uirtus enituit: in gerenda prouincia laudes illorum aequauit, quorum nomina propter egregia facta, singularemq. iustitiam perpetuo uiuent in animis hominum, quorum uigebit memoria in omnes annos, multis testata expressaq. recte factorum monumentis; quorum memoriam ob iustitiae praeclara facta excipiet, ac tuebitur immortalitas.

Ribellare di nuouo.

Di nuouo si è ribellato.

Ad eundem furorem redijt, iterum defecit à fide, & à pristina mente desciuit, discessit, abductus est.

Ricambiare.

Hora tu sarai plenamente ricambiato da me de' tuoi benefici: sarai ricompensato, rimunerato, riconosciuto, di quanto per mia cagione hai operato, di quan-

quãto hai fatto a beneficio mio, de' tuoi meriti uer
-so me : hora ti renderò il contracambio de' benefici
da te riceuuti:hora pagherò quel,che ti debbo: ho=
rà mi sgrauerò del peso,che m'hai imposto con tan
ti amoreuoli effetti:hora mi scioglierò da quel no=
do,che cotanto mi stringe,di tanti tuoi meriti, tan=
to amoreuoli dimostrationi,tante affettuose opere,
e cortesi effetti.

Qui tibi ex me fructus debentur,eos uberrime ca
pies,percipies,ex me colliges, feres : remunerabor
te:remunerabor tua merita,reddam beneficia : pa=
rem gratiam referam : tuis beneficijs respondebo:
quae debeo,soluam:eo,quo premor , tuorum benefi
ciorum onere leuabor:beneficia beneficijs compen=
sabo:probabo me gratum,ac memorem paribus of
ficijs:cumulate tuis in me meritis satisfaciam: quae
in me contulisti, eadem recipies , aut paria : laxabo
me quasi uinculis quibusdam, si plane soluere non
potero,beneficiorum tuorum.

Ricchezze.

Noi possiamo facilmente perdere i beni della fortu=
na:non è sicura,ne stabile la robba : facilmente dal
piu sublime grado delle ricchezze in humile stato, a
bassa pouertà si puo cadere: è dubiosa molto la pos
sessione delle ricchezze.

Quae nobis fortuna largitur,detrahi,eripi,adi=
mi,auferri,mutari facile possunt: admodum incer=
ta, instabilis , dubia, infirma diuitiarum possessio
est:

est:usum diuitiarum nemo sibi certum ac perpetuum
potest promittere:quis praestare possit, diuturnam
fore diuitiarum possessionem?

Ricco.

Chi potrebbe, per ricco ch'egli fosse, resistere a cosi grā
spesa: chi possiede tante ricchezze, chi è de' beni del
la fortuna cosi bene agiato, chi ha tante facoltà, chi
tanto abonda di robba, che potesse sopportare il pe
so di cotante spese.

Quis ita firmus ab opibus est, quis ita fortunae
bonis affluit, atq. abundat, cuius tantae diuitiae sūt,
quis tantum possidet diuitiarum, quis opibus adeo
pollet, cui res familiaris ita copiosa est, cui tantum
fortuna largita est, de suis bonis impertiuit, commu
nicauit, ut sustinere sumptum possit, ut sufficere sum
ptui possit, ut respōdere sumptui possit, ut sumptum
ferre satis possit, ut quantum res postulat, tantum
facere sumptum, tantum erogare possit.

Egli era assai ricco.

Satis erat diuitijs instructus, munitus, paratus a
re: res erat ei familiaris satis ampla: satis habebat,
satis possidebat diuitiarum: satis ei diuitiarum erat:
minime erat ei angusta res domestica: satis ualebat
opibus.

Pur che tu torni ricco, torna quanto tardo che tu uuoi.

Serius potius ad nos, dum plenior, instructior, co
piosior, ditior, locupletior, opulentior, a re firmior,
a diuitijs instructior, ab opibus paratior.

Ricom-

Ricompensa.

Hora da me sarai pienamente, abondamente, co=
piosamente, ampiamente ricompensato, de'tuoi
benefici.

Qui tibi ex me fructus debentur, eos uberri=
mos capies. Vedi la parola, Ricambiare:
dou'è sotto il medesimo concetto maggior copia di
locutioni.

Ridursi a tale.

A tale si ridusse, che non haueu da uiuere: uenne a
termine, che le cose al uiuer necessarie gli manca=
uano: a tale stato si condusse, che per sostentare la
uita, il modo gli mancaua: talmente le fortuna lo
afflisse, cadde in tanta miseria.

In eum locum deductus est, eo deuenit, eo redactus
est miseriarum, in eas coniectus est angustias, eo re
dactae sunt fortunae suae, eo est a fortuna deiectus
detrusus, deturbatus, eo cecidit, ut unde uiueret,
non haberet, ut ei ad uictum necessaria minime sup
peterent, ut inopia premeretur earum rerum, sine
quibus uix, aut ne uix quidem hominum uita su=
stentatur, ut ea desideraret, ea requireret, quae ui
uendi necessitas postulat, atq. exigit; ut ijs rebus
destitueretur, careret, ab ijs esset rebus impara=
tus, earum rerum esset inops, ab ijs rebus inops, e=
gens, ea illi deessent; ea illum deficerent, earum re=
rum inopia laboraret, sine quibus aegre uiuitur,
uel potius nullo modo uiuitur.

S   Ridursi

Ridursi in ultima miseria.

Io ti ueggio riddotto a termine, che niun'huomo puo saluarti, che alla tua ruina non è rimedio, che la tua salute è disperata, che de'casi tuoi non si puo punto sperare.

Eo te redactum uideo, ut ope humana seruari non possis, ut actum prorsus de te sit, de tuis fortunis, de salute tua, ut spem habere melioris fortunae nullam possis, ut spes melioris euentus nulla relinquatur, ut ipsa te salus seruare non possit.

Riguardo.

In ogni cosa hauerò riguardo all'honor tuo, mirerò al l'honor tuo, hauerò rispetto all'honor tuo, ināti à gli occhi mi proporrò l'honor tuo: la tua riputatiōe e la tua lode mio principale oggetto sarà: attenderò alla cōseruatiōe et accrescimento dell'honor tuo: mirerā no i miei pēsieri, ītēderà l'animo mio, e la mēte mia all'interesse dell'honor tuo, a procaciarti honore.

Magnam omnibus in rebus tuae dignitatis rationem habebo: semper mihi tua dignitas ante oculos erit, proposita erit, erit antiquissima: meae cognitationes tuam laudem spectabunt: animus meus in honore tuo fixus erit, ac locatus: in omni re, quid honor tuus postulet, quid ferat, quid requirat, attendam.

Infin' hora non ho punto atteso all'util mio, non ho mirato all'interesse delle cose mie, non mi sono curato, non ho fatto stima, non ho prezzato, non ho hauuto l'occhio, non ho messo cura, non ho posto
mente

mente all'util mio.

Nullam hucusque utilitatis meae rationem habui, duxi, spectaui: quid esset e re mea, in rem meam, quid ad rem meam pertineret, in rem meam faceret, conueniret, quid rebus meis expediret, prodesset, conduceret, utile esset, utilitatem afferret, utilitatis esset, emolumento esset, bono esset, fructum pareret.

Rimunerare.

Non potrò mai sodisfare a parte alcuna de' tuoi benefici: non potrò mai renderti ugual beneficio con gli effetti, ne pure col pensiero: non mi scioglierò mai da quel stretto nodo, onde mi hanno legato i tuoi meriti infiniti: non potrò mai ricambiarti, ricompensarti, sodisfarti di cotali, e cotanti benefici.

Nullam umquam tuorum meritorum partem assequar: numquam non modo referenda, sed ne cogitanda quidem gratia tuum beneficium consequar.

Vedi la parola, Ricambiare.

Rimuouere.

Tu non rimuoui mai l'animo da' uitij: tu non lasci mai il pensiero di commettere uitij: tu pensi sempre a' uitij: altro mai nell'animo tuo, che maluagie opere, non riuolgi.

Numquam a uitijs animum, mentem, cogitationem abducis: numquam de uitijs non cogitas: haerent in animo tuo studia uitiorum: numquam tua mens ab improbis cogitationibus discedit, abducitur, auellitur: uitia semper cogitat animus tuus.

S 2 Rinouare.

Rinouare.

Tu mi hai rinouato il dolore.

Dolorem meum refricasti ; sopitum excitasti dolorem meum, quem dies iam paene sanauerat.

Riportare le parole.

Persone molto honorate mi hanno riportato le tue parole, hanno ridetto, hanno fatto sapere, hanno manifestate, narrate, esposte le tue parole.

Tuus ad me sermo per homines honestissimos perlatus est: tuum ad me sermonem detulerunt homines honestissimi, mihi significarunt, aperuerunt, narrarunt, ipsa mihi uerba tua exposuerunt.

Riposo.

Farò, che uiuerai in uita riposata: renderò quieta la tua uita: farò che lo stato tuo sarà tranquillo, e quieto, che quietamente uiuerai, che la tua quiete non sie interrotta da ueruna molestia , che l'animo tuo nõ sie molestato da pẽsieri alla tua quiete cõtrari.

Praestabo tibi otium: efficiam, ut quiete fruaris, ut quiete agas, quiete uiuas, quietam uitam ducas, ut summa sit rerum tuarum tranquillitas, summa tui animi quies: ut otio tibi frui liceat, otiose uiuere, otiosam uitam agere, peragere, ducere, traducere, uiuere.

Riprendere.

In questo gli Stoici riprendono, trattano male, biasimano, accusano Epicuro.

In hoc Epicurum Stoici male accipiunt, exagitant, insectantur, conuicijs urgent, carpunt.

Mi riprendono, accusano, biasimano, incolpano.

Vitio mihi dant, uitio uertunt, fraudi tribuunt, hoc in me conferunt, hoc mihi adscribunt, hac me culpa condemnant, hanc in me culpam conferunt, huius mihi culpae notam inurunt, hoc me nomine accusant.

Eßi piu di te ne farano biasimati.

Id maiori illis fraudi, quam tibi, erit: hoc illis plus inferet infamiae, quam tibi: plus illi subibunt infamiae, quam tu: hoc illis uitio magis tribuetur, quam tibi.

Riputarsi.

Io non mi reputo per tanto sauio: io non mi tengo da tanto: cotanto non mi apprezzo: a cosi alto grado di sapere non penso io di esser salito.

Hoc mihi non sumo, non assumo, non arrogo, non adscisco: ad hunc me sapientiae gradum peruenisse non puto: eam mihi sapientiam contigisse non sentio: fateor eo me sapientiae non peruenisse, ea me sapientia non esse, non usq. adeo me sapere: non ita mihi placeo: non ita mihi assentor: non eam de me opinionem suscepi: non ita me effero: non mihi tantum tribuo: non in me tantum statuo, pono, loco: non ipse mihi tanti sum: non ita ualde me amo: non ipse me tanti facio, aestimo, pendo, puto, reputo, duco.

Reputatione.

Se potrai gittar a terra l'opinione de' tuoi auuersari, gran riputatione fie la tua nel senato.

S 3 *Pulcherrime*

Pulcherrime stabis in senatu, si tuorum aduer-
sariorum sententiam fregeris: locum obtinebis honestissimum in senatu: magna tua erit in senatu exi
stimatio.

Tu non sei in alcuna riputatione.

Prorsus iaces: nulla tua existimatio est: nullum
apud homines locum obtines: nullo loco es: nullus
es: nullo in honore es: nullius te pretij homines ducunt.

Quanto piu i tuoi nimici cercheranno di nuocerti, tan
to maggiormente crescerai di riputatione, tanto
piu rilucerà l'honor tuo, tanto maggiore diuerrà
la tua lode, tanto piu alto salirà la gloria del tuo
nome, tanto piu chiaro apparirà il tuo ualore, e per
consegenza tanto maggiore fie la tua lode.

Illustrabit amplitudinem tuam inimicorum iniuria: quo plus ad te oppugnandum studij confe-
rent inimici tui, quo erit grauior in te impetus inimicorum tuorum, quo studiosius euertere te, ac
tua commoda conabuntur, quo acrius, ac uehementius in te irrumpent, irruent, incurrent, inua-
dent, impetum facient, impressionem facient, suas
uires intendent, suos neruos contendent, sese immit
tent; eo maior ad tuam existimationem fiet accessio, eo plus accedet ad tuam laudem, eo clarius tuae
splendor dignitatis elucebit, eo clarior atq. honora
tior euades, eo tua laus fiet illustrior, eo magis augebitur, amplificabitur, extolletur, illustrabitur
honor tuus, eo sublimius tui gloria nominis adscen-
det,

det, extolletur, efferetur, euehetur; eo plus amplitu
dinis, dignitatis, gloriae, laudis, exiſtimationis, honoris acquires, obtinebis, aſſequeris, conſequeris, adipiſceris, tibi paries, tibi comparabis.

Alcuni hanno a male di uedermi coſi honorato in que
ſta republica.

Sunt, quos meus in hac republica ſplendor offendat, quos mea dignitas urgeat, urat, torqueat, excru
ciet, pungat, grauius afficiat; quibus dolori ſit honor
meus, quos amplitudo mea laedat, male habeat, dolore, moleſtiaq. afficiat.

Non ho dubio, che tu non ſia per eſſere il piu honorato
della città.

Non dubito, quin ſummum atq. altisſimum gradum ciuitatis obtineas: nulla me dubitatio tenet, nihil mihi dubitationis relinquitur, non eſt cur dubitem, quin ea conſequaris, quae in repub. putantur eſ
ſe amplisſima; quin futurus in ciuitate ſis honeſtiſ
ſimus, amplisſimus, eximius, honeſtisſimo loco, ſummo loco, ſingulari loco.

Tu ſei nella tua città molto ſtimato, prezzato, riputato, honorato, in gran pregio, in grande ſtima, in grã
conto, in gran riputatione, in grande opinione.

Vales auctoritate apud tuos ciues: magnus atq.
honeſtus es in ciuitate: magno es in honore, ac nomine apud tuos ciues: magni te facit patria tua, multum tibi defert, multum tribuit.

Queſti pochi giorni, che hai ſtudiato, ti hanno meſſo in
qualche riputatione.

Paucorum dierum studio consecutus es, ut aliquo numero esses, ut aliquid haberes inter homines honestatis, ut aliquem inter homines locum obtineres, ut aliquo apud homines loco esses, ut aliquam tibi adsciscerses existimationem, ne prorsus iaceres, ne plane ignobilis, obscurus, uilis, abiectus, nullius honoris, ac nominis esses, ne nullus omnino esses: ne nullo plane loco esses; né tua esset inter homines obscura, aut infima condicio: parumper te honestauit, aliquo te in numero constituit, aliquem tibi locum tribuit, comparauit, peperit paucorum dierum studium.

La riputatione.

Existimatio, dignitas, honestas, honor, optima fama, amplitudo, honesta opinio.

I tuoi libri sono in riputatione appresso tutti.

Libri tui omnibus uigent: egregia de tuis libris opinio est, existimatio est: praeclare de tuis libris omnes existimāt, sentiunt, iudicant: tui libri magno apud omnes in honore sunt, omnium iudicio probantur, laudibus, ac testimonijs ornantur, in manibus sunt, in manibus habentur, manibus teruntur, sinu fouentur, circumgestantur, circumferuntur, aßidue tractantur, diligenter euoluuntur, accurate, ac studiose lectitantur.

Risanarsi.

Io non sono ancora interamente risanato: io non mi sono infin'hora compiutamente rihauuto dal male: non posseggo ancora la pristina sanità: non sono an

cora

Toscane e Latine.

cor a ritornato nel primiero grado di sanità: non ho in fin' hora ricouerate, racquistate, ripigliate, riprese le mie passate forze, le smarrite forze.

Nondum uires colligere potui: nondum satis firmo sum corpore: nondum pristina mihi restituta ualetudo est: confirmatus a morbo nondum omnino sum: nondum plane conualui: quas morbus mihi uires ademit, abstulit, eripuit, nondum prorsus recuperaui, recepi, reuocaui: pristinam ualetudinem non dum satis mihi uideor assecutus: ualetudine nondum utor plane commoda: paullo adhuc deterius, aliquanto deterius, quam solebam, ualeo: non, ut solebam, ualeo, minus firmiter, minus belle: nondum utor pristina ualetudine: pristinas uires quadam ex parte desidero.

Rispetto.

Egli ruinò per non hauer rispetto a chi douea, per non hauer riguardo, per non si curare, per non tener conto, per non far stima, per non hauer in pregio, per non portare alcun rispetto, per tener a uile, per non gradire, per non tener in grado, per non mirar punto a chi era tenuto.

Cecidit, concidit, perditus est, exstinctus est, perijt, exitium, perniciem, ultimam calamitatem subijt, sustinuit, tulit, perpessus est, sensit: extremam fortunam subijt, audiuit, sensit: deiectus est in miserrimam uitam, summas miserias: summas calamitates, durissima quaeque, acerbissima quaeque, miserrima quaeque, postrema quaeque, quia, quos
maxime

maxime debui, eos minime ueritus est, contempsit, ni
hili fecit, aspernatus est, nullo loco habuit, minimi
duxit, habuit in postremis, quos minime debuit, quos
minime aequum erat: nullam rationem habuit, duxit
eorum uoluntatis, aut commodi, a quibus pendere,
quorum uoluntatem remq. spectare, quibus consule=
re, quorum rationibus consultum uelle debuit: quo=
rum uoluntati parere, obsequi, morem gerere officio
cogebatur.

Ristorare.

Se la fortuna ti ha nociuto, la uirtù ti ristorerà: rende=
ratti la uirtù quello, che la fortuna ti ha tolto: il dan
no dalla fortuna riceuuto ti sie ristorato, e con pari
utilità ricompensato dalla uirtù: quanto piu acerba,
e nimica hai prouata la fortuna, tanto maggiormen
te gusterai la dolcezza, e la commodità de' beni della
uirtù: rimedio, e medicina di que' mali sie la uirtù, do
ue la fortuna ti ha sospinto, ne' quali per cagione del
la fortuna sei caduto.

Quod a fortuna damnum accepisti, tulisti, resar=
ciet, compensabit uirtus: medebitur ijs malis uirtus,
quo te fortuna coniecit, quibus te afflixit fortuna:
quibus te calamitatibus implicauit fortuna, ijs te uir
tus expediet: ut acerbam fortunam sensisti, ita dul=
cem, ac suauem uirtutem experieris: quantum detri=
menti, incommodi, calamitatis, malorum a fortuna
tulisti, tantos a uirtute, atq. adeo maiores fructus ca=
pies, percipies, feres, colliges.

Ritor-

Ritornare.

Torno finalmente nella patria.

Aliquando,deniq. demum, post diuturnum tempus,longo temporis interuallo, cum temporis multum iam abijsset, transacto iam multorum annorum spatio,redijt,reuertit,reuersus est, recepit se ad suos lares,patriam,cunabula,patrias sedes.

Riuiere.

Volontieri conuerso nelle riuiere.

In maritimis facillime sum: iucunde uersor in maritimis:maritima loca cum uoluptate frequento:maritima regione libenter utor: in ora maritima uersari iucundum est: maritima sedes me capit,oblectat, tenet:pascor maritimae regionis adspectu: meis oculis regione maritima nihil est iucundius: miram hauirio iucunditatem maritimae regionis adspectu.

Riuolgere.

Vederò di fare,che Francesco,lasciato ogni altro pensiero,attenderà,intéderà, si riuolgerà all'honor tuo, ogni suo studio riuolgerà,impiegherà,spenderà, consumerà,porrà nell'honor tuo.

Dabo operam, ut Francisci animum ab omni alia cogitatione ad tuam dignitatem tuendam traducam, conuertam, ut Franciscus omnia sua studia tuam ad dignitatem conferat,tua in dignitate figat, locet,statuat,ponat,tuae dignitati dicet, dicata uelit,assignet,dedat.

Riuscire contra l'opinione.

Temo,che non sarà de' tuoi studi quella riuscita, che si aspet-

aspetta, non seguirà de' tuoi studi la riuscita, qual sì
aspetta, come si crede, all'aspettatione de gli huomi=
ni conforme: non risponderanno gli studi tuoi all' opi
nione de gli huomini: non riuscirai ne gli studi nella
maniera che si aspetta: non fie de' tuoi studi, qual sì
crede, la riuscita, il successo, l'auuenimento, il fine:
non seguiranno de' tuoi studi quelli effetti, a quel fine
che si aspetta.

Vereor, ne, quam de tuis studijs exspectationem
concitasti, hanc sustinere, ac tueri possis: uereor, ut stu
dia tua exspectationi hominum respondeant: timeo,
ne studiorum tuorum euentus ab hominum opinione
dissentiat, alius atq. exspectatur, existat: timeo, tuis
studijs non is, qui exspectatur, exitus contingat: ma=
gna me dubitatio tenet, ne non eum, quem homines
exspectant, studia tua fructum ferant.

Riuscita buona.

Desidero, che bene te ne auuenga, che te ne troui conten
to, che tu ne riceua contentezza, che tu ne senta lun=
ga allegrezza, che tu ne proui quanto desideri.

Quod actum est, dij approbent, succedat ex animi
sententia, succeddat optime, egregie praeclare ca=
dat, procedat, optatum finem sortiatur, exitum
habeat cum animo tuo congruentem, quemuis euen=
tum ferat: acta dij fortunent, confirment, rata esse
uelint.

Robba.

Tu non pensi ad altro, che alla robba: altroue, che alla
robba, l'animo tuo non mira: tu intendi a farti ricco:
i tuoi

i tuoi penfieri alle ricchezze intendono.

In re familiari augenda totus es: praeter diuitias, nihil ſpectas: tuum omne ſtudium in quaerendis opibus confumis, locas, conſtituis: totus in diuitias incumbis; id unum agis, eo tantum ſpectas, eo tuum ſtudium dirigis, confers, tuum conſilium illud eſt, tua plane ſingularis cogitatio, ut diuitias tibi pares; compares; colligas, congeras, ut opes quaeras, habeas, poſſideas: ut opibus abundes, affluas, ut diuitiae tibi redundent, tibi adſint maximae, tuam in domum frequentes confluāt; ut diues ſis, copioſus, locuples, plenus, bene nummatus, multarum poſſeſsionum: praeſidio munitus, inſtructus, paratus, minime inops a re familiari, a re domeſtica, a diuitijs, ab opibus, a copijs, a fortunis, ut abundes; ut cumulate poſsideas: ut uberrima ſint omnia, ut omnium rerum ubertate floreas, ut fortunae tibi ſint ampliſsimae.

Pur che l'honor mi ſi conſerui, non mi curo di perder parte della robba.

Sit modo dignitas incolumis, adimi de fortuna, de trahi de fortuna, fortunam comminui, fortunarum iacturam fieri, fortunae detrimenta non recuſo, contemno, nihil duco, in minimis pono.

Queſto non ſi fa, non ſi opera, non ſi ottiene con la uirtù, ma con la robba: non è queſto effetto della uirtù, ma della robba: non prouiene queſto, non dipende, non naſce dalla uirtù, ma dalla robba.

Copiarum hoc potius eſt, quam uirtutis: non hoc in uirtute, ſed in opibus ſitum eſt: facit hoc non uirtus,

tus, uerum copia diuitiarum: diuitiarum, non uirtu=
tis, hoc est: pertinet hoc ad copias, non ad uirtutem:
non hoc uirtus, uerum diuitiae praestant: pendet hoc
a diuitijs, non a uirtute.
La tua robba è mandata a male, è mal trattata, uien di=
strutta, gran danno riceue.

 Fortunae tuae dißipantur: res familiaris tua dif
perditur, disijcitur, imminuitur, perditur, damnis af
ficitur, accipit iniuriam: distrahitur, detrahitur
de tuis fortunis: iniuriose tractantur fortunae tuae:
damna inferuntur fortunis tuis: inuaduntur for=
tunae tuae: irruitur, impetus fiunt in fortunas
tuas.

Rozzo.

Non sei prattico: hai poca esperienza: nõ hai conuersa
to: sei rozzo, nuouo, come forestiero.
 Rudis es, imperitus, nullius experientiae, usu mini
me doctus, usu expers, rudis in rebus, nouus, tamquam
hospes, plane peregrinus, ab usu rerum imperitus, pa
rum uersatus in rebus: rerum insciens, ignarus, ex=
pers: peregrinaris in rebus: res non tractasti: experiẽ
tia uacas: usum non habes.
Ruina.
Tutti i tuoi per tua cagione sono ruinati: da te è nata la
ruina de' tuoi: tu hai distrutto i tuoi: per tua colpa so
no caduti i tuoi in estrema fortuna: hai cõdotti i tuoi
nello stato misero doue sono.

           Tu

Tu tuorum omnium salutem afflixisti: tuos perdidisti: tuos euertisti fortunis omnibus: tuis exitium peperisti, perniciem attulisti, summam calamitatem, ac pestem importasti : in ultimum discrimen, in miserrimum statum, in hāc omnium deterrimam, omnibusq. miserandam condicionem tuos adduxisti.

Innanti la ruina tu eri liberale, hora spendi assai poco in ogni cosa.

Saluis rebus, rebus non dum perditis, cum salui eramus, ante publica mala, dum reip. salus erat integra, incolumi republica, stante rep. uigente rep. cum resp. suum ius obtineret, sui iuris esset, suum ius possideret, suo iure uteretur, cum optimus esset reip. status, ante casum reip. antequam resp. concideret, occideret, periret, liberaliter agebas, liberalitatem colebas, exercebas, liberalitate utebaris, eos, quibus cum tibi res esset, liberaliter tractabas; nunc in omni re frugaliter, parce, tenuiter, restricte, infra modum potius, quam supra modum sumptum facis; in faciendo sumptu parcus es, & illiberalis; satis moderate, uel anguste potius impensam facis; tuos sumptus nimis ad frugalitatem reuocas, nimis accurate frugalitatis regula metiris.

Mi dolgo, quanto ogni altro, della ruina della patria.

Nemini concedo, qui maiorem ex pernicie & peste patriae molestiam traxerit : exitio patriae ita doleo, ut nemo magis, tam doleo, quam qui maxime : angor, torqueor, crucior, solicitor, afficior pernicie patriae, sic, ut nemo umquam ex ul-
lo

lo caſu, aut ulla omnino calamitate plus hauſerit a=
cerbitatis, grauius doluerit, maiorem dolorem cepe-
rit, maiorem in ſolicitudinem inciderit, deuenerit, ad
ductus ſit.

La fortuna diſtruggerà, condurrà fine, con le ſue forze
affliggerà le maggior città.

Vi fortunae aliquando perculſae, & proſtratae
iacebunt, fortunae uiribus perculſae concident aliquando florentiſsimæ urbes: praeclaras urbes obſcu
rabit aliquando, atq. exſtinguet, tollet, perdet, male
perdet, prorſus affliget, plane opprimet, penitus euer
tet, omnino delebit fortunae uis: erit aliquando, cum
urbes ampliſsimae iaceant, perculſae ui fortunae, at
que proſtratae.

La republica in tutto è ruinata, ha perduta ogni ſalute,
è ridotta a niente, è diſtrutta affatto, è ſpenta, afflitta,
miſera in ogni parte.

Perijt reſpublica, concidit, nulla prorſus eſt, formam plane priſtinam amiſit: actum eſt penitus de re
publica: formam, imaginem, ſimulacrum ueteris reip.
nullum agnoſces: ueſtigium reip. nullum ſupereſt: fuit
reſp. communis res ita dilapſa eſt, ut ne ſpes quidem,
melius aliquando fore, prorſus ulla relinquatur: per
ijt omnino reip. ſalus: non aduerſa tantum eſt,
uerum etiam penitus euerſa fortuna reip. fractae
ſunt opes, afflictae uires, amiſſa dignitas, exſtincta ſa
lus reip.

Ho perduto ciò, ch'io haueua: ueggomi priuo di quan
to haueua: ogni mia ſoſtanza è mancata: tutte le
mie

mie facultà sono ite a male.

Omnes & industriae, & fortunae fructus perdidi : perierunt omnes fortunae meae : euersae sunt, perditae meae res omnes : rerum mearum quid iam habeo ? quid possideo ? quid mihi reliquum fortuna fecit? ex meis pristinis ornamentis, & commodis, nullum obtineo : mearum omnium fortunarum iacturam feci, perniciem tuli, subij, passus sum : prorsus actum est de rebus meis : nihil inihi iam reliqui fortuna fecit : ita perij, ita sum perditus, ut salutem plane desperem : oppressae iacent grauißima fortuna meae res omnes : ita perditae sunt fortunae meae, ut eas seruare ne salus quidem ipsa poßit.

S.

SACCHEGGIARE.

Saccheggio il paese : mise a sacco il paese : fece preda per il paese.

Prouinciā diripuit, uastauit, depraedatus est, rapinis exinaniuit, exhaufit : praedas egit e prouincia.

Saluezza.

Ho saluata la patria, ho liberata la patria della ruina : io sono stato la salute della patria : per opera mia sta in piedi la patria : cadeua la patria, se io non l'haueßi sostenuta.

Patriam seruaui : patriam ab exitio uindicaui : patriae incendium exstinxi : salutem attuli, peperi, dedi patriae : opera mea patria stat : cadentem patriā sustinui, labantem confirmaui, labentem excepi : ego

T   salus

salus patriae fui: me salutem accepit patria a patriam ab exitio, à pernicie, ab interitu, a peste eripui, liberaui, tutatus sum: patriae mala sanaui: patriae salutem attuli, incolumitatem peperi, pestem abstuli: grauiter laboranti patriae opem tuli.

Salutare.

Rendoti molte gratie, mi hai fatto gran piacere, perche l'hai salutato in nome mio.

Quod eum saluere a me iusseris, meo nomine salutaueris, quod ei meis uerbis salutem dixeris, amo te plurimum.

Sanità.

Io sto bene: io son sano: mi sento bene: mi contento di questo stato di sanità: mi sento gagliardo: ho forze da sano.

Bene me habeo: mihi bene est satis commode: satis belle habeo: bene ualeo: commode ualeo: ualetudine bona utor: mihi est, ut uolo: quales cupio uires possideo: uiribus utor firmis: roboris, uirium, ualetudinis habeo satis.

Sapere.

Io so in che stato sei: conosco lo stato delle cose tue: ueggo come stai: ho notitia delle cose tue: sono informato dello stato tuo.

Noui, cognitum habeo, probe teneo statum rerum tuarum: qui sit rerum tuarum status, optime scio, praeclare noui, egregie intelligo, de tuis rebus plane mihi constat, exploratum est, exploratum habeo, compertum habeo, mihi dubium non est,

est, obscurum non est, non me fugit, latet, praeterit status rerum tuarum.

Saper di certo.

Voglio che tu sappi certo, che niuno piu di lui ti ama:
che tu tenga per fermo; che tu creda fermamente;
che tu porti ferma opinione; che tu ti dia a credere-
re; che tu non dubiti punto; che tu habbi certa
credenza; che nell'animo tuo alcun dubio non rimanga ; che tu creda a me come ad un'oracolo,
quanto un'huomo ad un'altr'huomo può credere,
quanto maggiormente si può, quanto si possa il piu.

Sic habeto, illum nemini concedere, qui te magis ex animo diligat, te illi neminem esse cariorem,
neminem illo esse ad te amandum propensiorem, sin
gularem illius esse in te beneuolentiam, summam in
illo esse ad te amandum animi propensionem: uelim
sic habeas, pro certo habeas, plane credas, tibi per
suadeas, prorsus animum inducas, in animum indu
cas, cum animo tuo constituas, pro certo habeas,
pro explorato, pro comperto, oraculi loco, minime dubites, minime dubitanter credas, persuasum atq. fixum in animo tuo sit: uelim ita credas,
prorsus ut minime dubites, ut dubitatio tibi nulla relinquatur, supersit, reliqua sit : credas mihi
itidem ut oraculo crederes : hoc mihi ita credas,
ut editum ex oraculo putes.

Satiare.

Tu non ti satij mai di studiare.

Numquam te explent studia : tua numquam
expletur,

expletur, *aut satiatur studiorum sitis* : *nimius es in studijs* : *nimium te studijs dedidisti* : *praeter modum*, *supra modum*, *extra modum*, *parum modice*, *immoderate*, *minus moderate*, *sine modo*, *nimis intemperanter studia colis*, *tractas*, *exerces* : *nimia studiorum cupiditate flagras* : *te studiorum amor*, *et consuetudo nimium tenet.*

Satisfattione uniuersale.

Ogniuno rimarrà satisfatto di questa tua opera : satisfarà ad ogniuno questa tua opera : opererai questo con satisfattione uniuersale : fie da tutti approuata questa tua opera.

Omnibus approbantibus hoc facies : *nemini non satisfeceris* : *hoc tuum factum nemo reprehendet*, *nemo non probabit*, *nemo erit, qui non probet:hoc tuo facto laetabuntur omnes.*

Sauiezza.

A un sauio, come tu sei, stà bene a giudicare, che la uera lode nasca solamente dalla uirtu : la tua sauiezza richiede, alla tua sauiexza si richiede, si conuiene, è cosa conueneuole, è cosa diceuole: egli è cosa degna della tua sauiezza: a te, che sei sauio, di sauiezza dotato, la cui sauiezza è grāde, la cui sauiezza appresso tutti riluce, stà bene a credere, che nella uirtu solamente la uera lode stà riposta, che dalla uirtù sola il ver'honore dipenda, che quella radice, onde nasce la gloria, che quel fonte, onde escono gli honori, sia la uirtù, che l'albergo della gloria sia la uirtù, che solamente a uirtuosi la lode si deua.

Tua

Tuae sapientiae est, ueram laudem in una uirtu
te posita existimare: pertinet ad sapientiam tuã, spe
ctat ad eã sapientiam, qua tu excellis, est eius sapien
tiae, quae in te elucet, uiget: tuum est, qui sapiens
& haberis, & es, qui sapientia praestas, abundas,
in quo sapientiae plurimũ est: uirum sapientẽ, qua=
lis es tu, decet animum inducere, pro certo habere,
sic habere, ita credere, exsistere uerã laudem, nasci,
fluere, manare ab una uirtute, uerum decus in una
uirtute situm esse, locatum, constitutum, solidam
gloriam non aliunde, quam a uirtute, pendere.

Scelerità.

Non è scelerità maggiore, nõ è peccatto piu graue, nõ
è cosa piu nefanda, che il far uiolenza al padre;
gran scelerità commette, chi fa uiolenza al padre:
è scelerità di ogni scelerità maggiore, uiolar quel=
la pietà, che al padre si deue.

Nullum crimen, piaculum, scelus grauius est,
aut detestabilius, quam patri manus afferre, uim in
ferre: maximo se adstringit scelere, graue piaculũ
admittit, impie facit, qui parentem uiolat, laedit,
qui uiolat eam pietatem, quae parenti debetur :
nullum scelus abest ab eo scelere, in uno illo scelere
omnia insunt scelera, cum parenti uis infertur.

Sciagura.

Le tue molte sciagure mi affliggono, le tue auuersità,
i tuoi infortuni, i tuoi duri casi, la tua troppo acer=
ba fortuna, le tue calamità, le tue tribolationi, lo

T 3   stato

stato misero della tua uita, i tuoi troppo duri & in
felici auuenimenti gran cordoglio mi apportano,
sono di gran tormento all'animo mio, il cuore mi
traffiggono, rendono amara la uita mia, del conti-
nouo mi trauagliano.

Tuae me calamitates grauiter afficiunt: tua mihi nimis aduersa fortuna grauißima est: tua me tor
quent infortunia: tuis angor, excrucior, affligor, so
licitor, uexor malis: miserrimum tuae uitae statum
iniquißime fero: ex tuis miserijs dolorem haurio
acerbißimum: tuae me miseriae miserrimum faciūt:
miser sum tua miseria: dolor meus ex tuo dolore pē
det: tuis doloribus doleo, angoribus angor.

Scorno.
Tu mi hai fatto scorno: mi hai fatto uillania: mi hai
uergognato: mi hai dishonorato: mio dishonore,
mia uergogna hai procacciato.

Ignominia sum a te affectus: tuli a te ignominiā:
ignominiose sum a te tractatus: mihi ignominiam
intulisti, attulisti.

Scorrerie.
Intendo che le scorrerie de' nimici danneggiano il
paese.

Decursionibus hostium audio regionem infesta-
ri, uastari, loca diripi: excurrere hostes audio,
& loca diripere: incurrere hostes in regionem di-
cuntur, & ex ea praedas agere, eam damnis affice
re, rapinis exhaurire, exinanire, uastare prorsus,
ac perdere.

Scriuer rare uolte.

Tu mi scriui rare uolte: poche lettere da te riceuo: non ho spesso da te lettere: non sei troppo diligente nello scriuere: non attendi molto all'officio dello scriuere: potresti essere piu sollecito nello scriuere.

Infrequens es in officio scribendi: raras a te litteras accipio: minus saepe ad me scribis: calamo parcis officium litterarum abs te requiro, in te desidero: impiger admodum in scribendo non es: crebriores a te litteras postulo: non satisfacis officio tuo crebritate litterarum: crebrius, uellem, ad me scriberes.

Sdegno.

Il donar, che tu fai, muoue sdegno a tutti i buoni, fa dispiacere, fa fastidio, è di noia, offende l'animo di tutti i buoni.

Inuidiosa est apud omnes bonos tua largitio: inuidiam tibi parit, inuidiae tibi est ista largitio, laedit animos bonorum: tua largitione grauius afficiutur bonorū animi: largitione alienas ate bonorum animos.

Seconda ragione.

La seconda ragione, che mi consola, è la ricordanza delle mie sciagure: l'altra ragione, che mi porge conforto, è la memoria de' miei passati mali: dapoi mi consolo e sostento con la memoria de' miei infortuni: alla prima ragione quest'altra si aggiunge, la ricordanza, la rimembranza, la memoria de' miei duri casi.

Secundo loco me consolatur recordatio meorum temporum: altera est ratio, quae mihi solatiū affert, praebet,

praebet, parit, solatio est: alterum illud est, quo suste̅-
tor, ac recreor: illa est, quae me consolatur, altera ratio: accedit illud ad animum meum sustentandum: deinde sustentor meorum malorum memoria.

Sentimento perduto.

Non si sente dopo morte: i morti non sentono: mancano i morti di sentimento: non è sentimento nella morte, dopo morte.

Nullus in morte residet sensus: mors nullum habet sensum: mortui sensu carent: mortuis nullus inest
sensus: extra sensum mors est: sensus a mortuis abest:
morte sensus amittitur: sentiendi uis morte exstinguitur.

Sera.

Si fa sera: uien sera: la sera è qui: la notte si auuicina: la
luce si parte: la luce da luogo alle tenebre: al giorno succede la notte: comincia il giorno a cedere alla
notte.

Aduesperascit: uespertinum crepusculum adest:
nox aduentat: lucem tenebrae pellunt: uesperum appropinquat: diei iam succedit nox: dies abit nocte ad-
uentante: cedit iam nocti dies.

Seruigio.

Io son tenuto a fare in seruigio tuo quanto potrò: è mio
debito di seruirti in ogni cosa: richiede l'obligo mio
che operi per te quanto può un' huomo per un' altr'huomo operare: debbo farti ogni seruigio: a procacciare ogni tua satisfattione, ogni tuo utile, ogni
tua lode son tenuto, son' obligato, da' tuoi beneficij
                                                    sono

sono astretto.

Omnia tibi studia, omnia prorsus officia debeo tuis beneficijs:praestare cogor tua caussa, quidquid possum, quantum ualeo, quantum consequi uiribus possum, quantum est in me situm: tua in me beneficia meum omne studium, meum officium, omnes a me curas, omnem industriam, omnia deniq. quae in me sũt non solum postulant, uerum etiam exigunt:quid est, quod ego tua caussa non debeam? obsequi tuae uolũ tati, morem gerere, parere, inseruire prorsus in omni re debeo.

Seruire a Dio.

Chi al seruigio di Dio si mette, a buon partito si appiglia: chi a Dio si dona, a Dio dispone di seruire, da solo Iddio propone di dipendere, a Dio solo obliga e consegna la sua uita, i suoi pensieri riuolge. sauiamente si consiglia.

Qui se Deo dicat, addicit, dedit, totum tradit, optimam partem elegit, rectam init uiam, cursum capit laudabilem, praeclare uitam instituit, egregie sibi cõsulit, sapienter facit; qui se ad unum Deum confert, qui suas omnes cogitationes, omnia studia in uno Deo figit, ac locat, qui ab uno Deo pendere uult, qui unum Deum curat, contemnit cetera, qui diuina studia, praeterea nihil, colit, qui Christianam pietatem non communi uulgariq. instituto, sed proprio quodam studio, propria quadam mentis inductione complectitur, is omnium optime suis rationibus consulit, ac prospicit.

Seruir

Seruir ne gli studi.

Apollonio seruiua bene Crasso ne' suoi studi: era molto utile a Crasso l'opera di Apollonio ne' suoi studi: ua leuasi Crasso assai dell'opera di Apollonio ne' suoi studi: Crasso adoperaua molto Apollonio ne' suoi studi: Apollonio gran seruigio porgeua a Crasso ne' suoi studi, si adoperaua molto per Crasso nel seruigio de gli studi.

Erat Apollonius ad Crassi studia uehementer aptus: optima suis in studijs Crassus Apollonij opera utebatur: egregiã Crasso in studijs operam nauabat Apollonius: erat Apollonius utilis Crasso in studijs, admodumq. commodus: utebatur multum Apollonio Crassus: fructum Crassus in suis studijs capiebat optimum ex opera Apollonij.

Seruirsi di un' amico.

In tutte le cose mi seruirò di tuo fratello, mi ualerò di tuo fratello, adoperarò tuo fratello.

Vtar ad omnia tuo fratre: utar opera tui fratris in omni re: confugiam ad fratrem tuum: si quid erit agendum, fratri tuo commttam, ad fratrem tuum referam, in fratrem tuum reijciam, eius consilium petam, operam expolcam.

Sfacciato.

Non ti reputi a uergogna, il commettere alcuna sorte di peccato: tu pecchi senza alcũ rispetto: tu transcorri ogni peccato senza alcun riguardo: niuna molestia ti ritarda nel peccare.

Nulla tibi est ad facinus uerecundia: nullum tibi peccan=

peccandi modum uerecundia statuit, peccas, abiecta
prorsus uerecundia: peccas sine modo : peccas impu=
dentißime: non te pudor ullus, non te modestia deter=
ret, abducit, remouet a uoluntate, a studio, a consue=
tudine peccandi.

S'io foßi sfacciato, come tu.

Si tuum os haberem: si tuam imitarer impuden=
tiam: essem aeque ac tu, pariter ac tu, similiter ac tu,
non secus, nõ aliter ac tu, ita ut tu, uti tu, quemadmo
dum tu, sicuti tu, impudens, ad impudentiam propen=
sus, pudoris expers ac modestiae, alienus a pudore,
remotus a modestia, auersus a pudore.

Tu sei sfacciato.

Transis uerecundiae fines abes: procul a pudore:
modestiam nullam retines, tueris, colis: non te pudor
retinet, non te modestia regit, non uerecundia tem=
perat.

Sforzarsi.

Fa quanto puoi, adopera ogni tuo studio, impiega le tue
forze tutte, sforzati quanto maggiormente puoi, in
tendi ogni tua forza, opera quanto per te si può, per
non perder l'honor tuo.

Da operam diligenter, enitere, conare omni stu
dio, contende omnibus uiribus, intende omnes ner=
uos, incumbe toto pectore, elabora quantum in te
est, studium adhibe quantum potes, confer huc o=
mnia tua studia, omnem operam, & industriam, age
hoc quam diligenter potes : ne quam tuus honor ia=
cturam faciat, ne quod ferat detrimentum, ne quam
iniu-

iniuriam accipiat, ne qua labe inficiatur, ne quam labem aut maculam suscipiat, contrahat.

Sicurezza.

Essendo tu uirtuosissimo, sei sicuro dalla fortuna, la fortuna non ti può nuocere, non sei soggetto all'ingiurie della fortuna, non ti sopra stanno i uari accidenti della uita humana.

Fortunae uim tuae uirtutis amplitudo uincit: munisti te uirtute contra fortunam: saeptus es uirtutis praesidijs aduersus impetus fortunae: nihil tibi nocere, obesse, incommodare, cum uirtute uiuenti, uirtutē colenti, fortuna potest: tutus es a fortunae iniurijs: securam uitam ducere tibi licet, quia cum uirtute uiuis: non tibi uarij casus impendent humanae uitae, qui uirtute excellas, quem uirtus tueatur, tegat, protegat, muniat.

Signore.

Egli è signore a bacchetta, è padrone del tutto: a lui ogni cosa è soggetta: la sua uolontà è osseruata come legge: ha compiuta signoria: commanda a tutti: ogniuno da lui dipende.

Penes eum est potestas, omnia sunt, est imperandi ius, est in omnes imperium: dominatur, imperat, regnat: tenet omnia, rem tenet publicam: arbitratu suo cuncta moderatur, ac regit: eius in manu sunt omnia: eius ita potestas late patet, ut omnia cōplectatur: eius dominatu nihil uacat: ad eum omnia sunt delata: eius uoluntas pro legibus est: ab eius uoluntate, ac nutu pendent omnia: omnia posita sunt in unius uoluntate.

Meglio è il uiuere qui con noi, che esser gran signore.
Tanti non est, multis mortalibus imperare, quanti nobiscum hic uitam ducere.

Io era signore, & hora son seruo: di signore son diuenuto seruo: di signoria son caduto in seruitù: son caduto dall'alto grado di signoria nel piu basso stato di uita.

Sedebam in puppi, clauumq. tenebam, nunc uix est in sentina locus: libertatem seruitute commutaui: a summo potestatis in infimum seruitutis locum decidi, deiectus, deturbatus, detrusus, depulsus a fortuna sum: imperandi meum erat uis; nunc me seruiendi necessitas premit: dominatum, & cum dominatu libertatem perdidi: tantum abest, ut imperem, ut nec liber sim.

Signoria.

La fortuna facilmente distrugge le signorie di questo e di quello: abbatte la fortuna le alte signorie: nõ è potestà cosi grande, che non sia finalmente diminuita, e spenta dalle forze della fortuna.

Facile summos hominum principatus fortuna delet: euertit fortunae uis opulentissima regna: nulla est potestas tanta, quam fortunae potestas non exsuperet, quae fortunae potestati non cedat, quae fortunae uiribus frangi non possit: paruo negotio summos dominatus fortuna tollit, exstinguit, labefacit, euertit.

Simulatione.

Con la falsa apparenza del uiso l'intrinseco dell'animo si copre: altro il uiso dimostra, altro l'animo nascon de: è differente l'animo dal uiso : al uiso non è l'animo conforme.

Vultu simulatio sustinetur: aliud uultu significatur, aliud in animo latet: non congruit animus cum uultu: dissentit animus a uultu: animi sensum uultus occultat.

Sincerità di animo.

Io son'huomo schietto: non so fingere: non simulo punto: non uo con arte.

Simplex homo sum: simplex mihi animus est, apertus, nulla simulatione tectus, purus a fraude, ab omni labe: apertam ueritatem amo: simulandi artificium a me prorsus abest.

Sodisfare.

Non potrò mai sodisfare a parte alcuna de' tuoi benefici: egli è impossibile, ch'io paghi una parte del debito ch'io ho teco: non che in tutto, ma ne pur in parte farò io per te quel che tu hai fatto per me.

Nullam umquam tuorum meritorum partem assequar: numquam ne minima quidem ex parte tuis in me meritis satisfaciam: numquam omnino tibi soluam quantum debeo, ac ne ulla quidem in parte: officia tua numquam rependam, remunerabor, remetiar, compensabo, officijs paribus aequabo.

Soldati ualenti.

I miglior soldati sono morti: hannoui lasciata la uita i
piu

Toscane e Latine. 303
piu ualorosi soldati: è seguita la morte de piu prodi
e ualenti soldati.

Periere milites uirtute praestantes: interijt egregia militum manus, fortitudine excellens, cuius uirtu
ti committi multum posset: flos exercitus, & robur
uniuersum, sobolesq. militum cecidit.

Somiglianza.
Veggo che le tue cose sono simili alle mie, rassomiglia-
no alle mie, non sono differenti, discordanti, diuerse
dalle mie: fra le tue cose e le mie non ci è punto di dif
ferenza: nelle cose tue riconosco le mie: le cose tue
sono un ritratto delle mie.

Rerum mearum imaginē uideo in rebus tuis: tuis
in rebus mea agnosco: simillima rerum nostrarum ra
tio est: a rebus meis tua minimum differunt: nulla est
rerum nostrarum dissimilitudo.

Sopportar con dispiacere.
Malamente sopporto la sciocchezza di alcuni: nõ mi re
co facilmente a sopportare la pazzia di alcuni: gra
ue cosa mi è il sostenere la stolta natura di alcuni.

Non nullorum stultitiam non facile fero, aegre
sustineo, haud satis aequo animo fero: adduci nõ pos
sum, inducere animum non possum, minime possum,
a me ipso non queo impetrare, dementias non nullorum ut animo non iniquo feram.

Sospettare.
Si sospetterà, che tu non sia huomo di buona fede: darai
a credere, farai credere, darai occasione di credere,
uerrai in sospetto, genererai sospetto, farai sospettare.

tare, che tu sia poco fedele, che tu manchi di fede.

Venies in suspicionem infidelitatis, parùm bo=
nae, sincerae, rectae fidei: tua fides in suspicionem ad
ducetur, in dubium ueniet, in dubium uocabitur: erit,
cur de tua fide nõ bene homines existimẽt: suspectus
eris nomine infidelitatis: caussam afferes de tua fide
secus existimandi.

Souuenire.

La pietà diuina facilmente souuiene a gli afflitti, por=
ge aiuto a'bisognosi, i miseri sostenta, i disperati con
forta.

Afflictos facile diuina pietas excitat, egentibus
opem fert, miseros subleuat, desperatione debilita=
tos confirmat, fulcit, sustinet, laborantibus subsidio
est.

Souerchiare.

Nõ accadeua che tu ti scusassi meco: souuerchio è stato
l'officio tuo nell'escusarti: era poco necessario, pocó
faceua bisogno, non bisognaua, bisogno non era, nõ
richiedeua il bisogno, che tu facessi meco tal scusa.

Superuacanea fuit apud me tua excusatio: offi=
cium excusandi sine caussa suscepisti: non erat cur
te excusares: caussam excusandi nullam habuisti:
minime necessaria fuit excusatio tua: tuam excusa=
tionem non desiderabam, non requirebam, non exspe
ctabam.

Speranza.

Mi pare di hauer condotta la cosa a termine, che se ne
può hauer ottima speranza: parmi di hauer messa
la

la cosa in tale stato, che si può sperarne auuenimen
to felice: penso di hauer operato in tal maniera,
che si può della cosa aspettare quel fine, e quel suc=
cesso, che si desidera: a tale credo io di hauer la cosa
ridotta, che di contrario auuenimento non si ha piu
to da temere: appoggiasi hora l'animo mio a ben si=
cura e ferma speranza, per lo studio, che ho posto
nell'inuiare la cosa.

 Hoc uideor mihi esse consecutus, ut optimam
spem habere, optime sperare, optima spe niti possi
mus: eo rē perduxisse mihi uideor, ut euentum spe=
rare, quam secundissimum liceat: rem, ut opinior, ita
constitui, in eo statu collocaui, in eum statum addu=
xi, ita composui, atq. cōformaui, nihil ut aduersū
timere, nihil contra uoluntatem, omnia secunda,
qualia uolumus, ex nostra uoluntate, ex animi sen
tentia sperare possimus: iacta sunt a nobis funda=
menta rei, sic inquam, ut certa propemodum in
spe reliqua sint.

     Speranza data.

Tu mi dai gran speranza di douer esser uirtuosissimo:
mi metti in speranza, fai ch'io speri di douerti uede
re possessore a qualche tempo di una rara uirtù.

 Spem affers eximiam summae uirtutis: adducis
me summam in spem eximiae uirtutis: facis ut spe=
rem de tua uirtute, eaq. minime uulgari: inclinat
animus meus, a te uidelicet impulsus, ad optimam
spem tuae uirtutis eximiae: es tu quidem apud me
in egregia spe uirtutis prope singularis.

      V Speranza

Speranza falsa.

Io speraua una cosa, e n'è auuenuta un'altra: falsa speranza è stata la mia: conforme alla speranza non è riuscito l'effetto: alla mia speranza il desiderato fine non è seguito: non mi è riuscito, mi è fallito, mi ha ingannato il pensiero.

Spes me fefellit, frustrata est, decepit, delusit: spē mea non is, quē uolebam, exitus est consecutus: non successit, ut sperabam: non processit ex animi senten tia: aliter, ac sperabam, contigit, accidit, euenit: exitum res habuit contra spem, alienum a spe.: inanem fuisse meam spem, exitus rei declarat.

Speranza perduta.

Hanno perduto, smarrito, diposto, lasciato, abandonato la gran speranza, che haueuano: è lor mancata quella gran speranza: non è piu in loro tanto di speranza quanto prima haueuano.

Ex magna spe deturbati, deiecti, detrusi, depulsi iacent: ex alta spe deciderunt: spem illam, quā susceperant, abiecerunt, deposuerunt, omiserunt: spe non tenentur, ut antea, non aluntur: non eos, quae antea, spes tenet, pascit, alit: spes iā omnis abijt, discessit, euanuit, nulla prorsus iā est: firma se niti spe putabant; ea quam sit imbecilla, nunc intelligunt.

Speranza, senza cagione.

Non ueggo la cagione della tua sperāza; non so conoscere perche tu speri, che cagione a sperare ti muoua, t'induca, ti sospinga, ti tiri, t'inuiti, ti conforti: non intendo, sopra che fondamento sia fermata la tua

tua speranza, sopra che ragione sia fondata, a che ragione si appoggi, da che ragione nasca, sia pro=
dotta, generata, partorita.

Non uideo, cur speres, quare, quamobrem, qua cauſſa, qua de cauſſa, quam ob cauſſam, qua ratio ne adductus, qua commotus cauſſa, quo impulſus argumento, quae te ratio, quid rationis in hāc spē adduxit, impulit? cur in hāc spem ueniſti? quam ra tionem secutus es? quae te duxit, aut hortata spes eſt? quid effecit, ut sperares? tuae spei cauſſam igno rare me confiteor: spei tuae cauſſa me praeterit, fu= git, mihi quidem aperta, perspicua, manifesta, no= ta, satis clara non est, perobscura apud me est, ex= plorata mihi non est, obscuritatis apud me habet plurimum.

Sperare.

Gran premi poſſono sperare coloro, che uiuono da huo mini da bene: poſſono i buoni promettersi honora= ti premi della loro bontà, gran premi aspettano del la loro honesta uita, non poſſono dubitare che non habbiano da corre lieto frutto delle loro uirtuoſe opere: notabil premi alla bontà sono propoſti.

Praemiorum spe magna, admodumq. firma niti poſſunt ij, quorum uita cum uirtute traducitur: egregia praemia pro certo exſpectare, sine dubio sibi polliceri, plane sperare licet ijs, qui uirtutem colunt, qui recte, atq. honeste, & cum uirtute ui= tam agunt, peragunt, ducunt, traducunt, uiuunt: magna sunt recte agentibus praemia cōstituta, pro
V 2 posita;

posita; summa recte agentes manent praemia: certum fructum boni colligent, capient, percipient, ferent suae uirtutis, probitatis, officij, optimorum cō siliorū, atq. factorū: mercedē actionū suarū exspectare certissimā possunt,qui uirtutem in uita primam habuerunt, quibus in uita uirtus fuit antiquissima.
Spero che la uostra concordia sarà cagione della uittoria: porto ferma opinione, spero, come cosa ch'io uegga con gli occhi, non ho punto di dubbio, niente dubito, che dalla uostra concordia non sia per nascere la uittoria: la uostra concordia, si come io spero, secondo ch'io spero, per quanto spero, quanto mi gioua di sperare, partorirà la uittoria.

In uestra concordia spem maximam pono uictoriae: ex uestra concordia uictoriam spero: uestra concordia uictoriae mihi spem affert: uictoriam, ut spero, pro mea quidem spe, quantum quidem spero, nisi me spes fallit,ut animus meus auguratur, quem admodum ipse mihi polliceor, uictoriam pariet, af feret: uestrae concordiae fructus, nisi mea spes infirma prorsus est, erit uictoria.

Spesa.

Chi potrebbe, per ricco ch'egli fosse, resister a cosi gran spesa: quai ricchezze potrebbono sostenere il peso di cosi graue spesa: stancherebbesi ogniuno sotto il peso di questa spesa: graue sarebbe a ogniuno, & intolerabile questa spesa: niuno potrebbe reggere alla spesa.

Quis ita firmus ab opibus est, ut sustinere sumptum

ptum poßit ? cuius diuitiae sumptui pares esse posfint ? ferendo sumptui quis sit ? tantam impensam quis sustineat ? ita magni sumptus fiunt, ut ferri nõ poßint : ita grauis est impensa, ut debilitare, atq. opprimere quemuis poßit, non is est sumptus, qui ferri poßit; supra modum, immoderatus est.

Sprezzare.

I nostri maggiori sprezzauano le ricchezze, solamente alla uirtù mirauano ; a paragone della uirtù sprezzauano la robba ; di gran lunga alle facoltà anteponeuano la uirtù ; a petto della uirtù niuna stima faceuano della robba.

Maiores nostri diuitias minimi putabant, unam uirtutem sequebantur : apud maiores nostros minima diuitiarum, uirtutis erat ratio maxima: nullo loco apud maiores nostros diuitiae fuerunt, uirtus una uigebat maxime: plurimum semper apud maiores nostros uirtus ualuit, minimum diuitiae : opes in minimis ponebant, postremae omnium rerum diuitiae illis erant, rem familiarem, quaeq. nos bona appellamus, parui, minimi, nihili reputabant, ducebant, aestimabant, pendebant, faciebant, floccifaciebant, flocci non faciebant, (idem enim significatur, siue absit, siue adsit particula non) minimi erãt apud maiores nostros opes, minimi ponderis, nullo apud eos loco, parui momenti, postremum apud eos locum opes obtinebant, de opibus minimum laborabant, diuitias prae uirtute contemnebant, infra uirtutem ducebant, post uirtutem habebant, uirtute posteriores iudicabant.

Io non mi curo di cosa alcuna punto punto: vadano per me le cose o bene, o male: non fo caso di veruna cosa: a cosa alcuna punto non miro, non attendo, non bado.

Trahantur per me pedibus omnia, non laboro: nihil me afficit: nihil me tangit: nulla remouepr: de quauis re susq. deq. fero: aeque omnia contēno, fastidio, respuo: nulla res apud me pōdus habet: nul lius momēti est, in pretio est, ne minimi quidē est.

Sprezzato.

Veggio, ch'io son abandonato, ne si tiene piu conto alcuno di me: ueggomi in niuna stima, in niuna ri= putatione, essere caduto in dispregio, in disgratia, essere tenuto a vile, essere tenuto per niente, esser di uenuto fauola, esser in niun conto.

Plane desertum esse me, atq. abiectum intelli= go: nullo iam loco sum: reijcior & contemor ab omnibus: nullius iam pretij sum: ordinem nullum obtineo: fabula sum: nullus sum: habeor in postre= mis: despicior: despectus sum: nullius loci sum, nullius ordinis, postremae condicionis.

Stagione.

La stagione non è a proposito, non è secondo il biso= gno, non è conforme al proposito, non è qual il biso gno ricchiedeua: il tempo è contrario: altro tempo bisognaua, faceua il bisogno, al bisogno della cosa si conueniua, si richiedeua.

Anni tempus non fert, non permittit, non con cedit,

Toscane e Latine.

cedit, non patitur: alienum est, parum aptum, aduer
sum anni tempus: non licet per anni tempus: aduer=
satur anni tempus: pugnat cum ipsa re temporis ra=
tio: aliud plane tempus res postulat, desiderat, requi
rit: rei maturitas non adest: non conuenit cum re
tempus.

Stato auuerso.

Se in cotesto tuo cosi reo stato anderai ricordandoti
quel ch'è auuenuto in ogni tempo a' pari tuoi, gran=
de conforto ne riceuerai in questa tua contraria for=
tuna, in questo maluagio stato, hora che sei cosi mise
ro, a cosi misero partito condotto, in cosi dura e cosi
strana codicione, hora che la fortuna ti affligge, pre
me, trauaglia.

Si, quae tui similibus uiris in omni aetate accide
rint, isto tuo tristissimo tempore colliges, in memo=
riam rediges, reuocabis, mente comprehenderis,
tecum reputabis, in animo uolues, ipse tecum exa=
minabis, admodum iuuari te senties, non leue sola=
tium capies, haec te ualde cogitatio sustentabit: in
hac tua tam graui, tam aduersa, tam misera, plane
desperata fortuna: in hac non solum aduersa, ueru
penitus euersa fortuna: in tantis miserijs: in tam mi=
sero rerum statu: tam miseris temporibus: in ista,
qualem nemo umquam sensit, infelicitate: nunc,
dum res tuae pessime se habent: pessimo loco sunt,
dum tecum pessime agitur: dum tibi pessime cum
fortuna conuenit: dum tuae fortunae plane perdi=
tae, ac nullae sunt: dum te premit infensa fortuna:

V 4   dum

dum te modis omnibus fortuna uexat, tibi negotium exhibet, molesta est; grauis est, dum te suis uiribus oppugnat, dum omnes ad te oppugnandum, machinas adhibet, atq. admouet.

Stato della cosa.

Tale è lo stato della cosa: in questo stato la cosa si ritroua: la cosa così sta: la cosa è in questi termini.

In hoc statu res est: rei status hic est: res ita se habet: ita res habet: eiusmodi res est: haec in re sunt, in caussa sunt: hoc loco res est.

Stato diuerso.

Io mi trouo in altro stato: altra condicione è la mia: io sono a diuerso partito: non ci è similitudine: in altra maniera si ritrouano le cose mie.

Alia mea ratio est: diuersa mea ratio est: meae res alio loco sunt: non eadem mea ratio est: aliter se habent res meae: nihil simile: nulla similitudo: quid simile? nihil habet res similitudinis: dissimilitudo magna, diuersa omnia, dissimilia, prorsus alia.

Stato honorato.

Quando tu doueui essere piu honorato, in maggior pregio, in maggior stima, in maggior riputatione, fiorir' a maggior lode, essere in maggior grado, essere piu gradito, salire a piu alto grado di honore, e di riputatione, all'hora i tuoi nemici ti hanno ruinato.

Quo tempore florere debebas, debuit illustrior esse tua laus, altius adscendere, plus cõsequi dignitatis, maiorem obtinere existimationem, praestantiore esse se loco, plus habere auctoritatis, honestior esse, clarior esse, maior ac praestantior haberi debuisti; tum te tuorum inimicorum afflixit iniuria, perdidit, euertit omnibus fortunis, oppressit, ad exitium detrusit, impulit, non modo e numero uiuentium, sed plane infra mortuorum condicionem amanda= uit.

Stato simile.

Veggo le tue cose esser simili alle mie, non diuerse, nõ ua rie, non differenti, non discordanti dalle mie, esser alle mie conformi, hauer somiglianza con le mie, rassomigliarsi alle mie, esser quell'istesso, ch'erano le mie, hauer apparenza delle mie, essere un ritratto delle mie, hauer quella forma istessa, che gia haueua= no le mie.

Rerum mearum imaginem uideo in rebus tuis: plane res meas in tuis agnosco: res tuas nihil a meis intelligo differre, nihil discrepare: cõgruunt res tuae cum meis: rerum nostrarum eadem ratio est, nulla dissimilitudo: qui tuas res intuetur, meas intueri se dicet: tuae res nihil differunt a meis: inter res no stras nihil interest: nihil est, quo res tuae differant a meis.

Stima.

Per il conto, ch'io tengo di te, pregoti ad hauerlo raccommandato: per la stima ch'io fo di te: per quel la osseruanza, ch'io ti porto: per l'opinione ch'io ho di te.

Pro eo, quanti te facio, quanti es apud me, quan=

ta mea est erga te obseruantia, quantum tibi tribuo, tibi defero, pro mea de te opinione, pro animo, uolun tate, studio in te meo; peto a te, ut hominē suscipias, complectare, foueas, in tuis habeas.

La tua opinione appresso gli huomini giudiciosi è stimata molto, è prezzata, è in molta stima, in pregio grande, in molta consideratione, in bonissimo conto, di gran momento.

Tua sententia magnum apud eos, qui recte iudicant, pondus habet: plurimi est apud intelligentes opinio tua, sensus tuus, iudicium tuum, id quod tu probas, id quod placere tibi sentiunt, quod tu esse optimum censes, quod testimonio tuo confirmatur: grauis est, magni momēti est, minime leuis est, magni ducitur, auctoritatis habet plurimum, nō uulgarem obtinet locum apud sapientes opinio tua.

Stima grande.

Io stimo piu il ragionar teco, che quante ricchezze sono al mondo: a tutti i tesori antepongo i nostri ragionamenti, uoglio piu tosto, piu mi è caro, piu grado di ragionar teco, che s'io possedessi quant'oro posseggono tutti i principi del mondo: sprezzo quanta robba è sotto il Sole, a petto a quella contentezza, a paragone di quella contentezza, che riceuo, traggo, piglio da' nostri ragionamenti.

Omnes omnium diuitias cum nostris sermonibus non confero: pluris apud me sermones nostri, quam omnes diuitiae sunt: sordent apud me prae nostris
ser-

sermonibus omnes diuitiae: sit modo sermonum copia nostrorum, thesauros omnes contemno, reij-
cio.

Stimar alquanto.
Talmente douemo attender a gli studi, che facciamo però qualche stima della sanità: e da prezzare gli studi, ma non però da lasciar adietro la sanità: douemo
misurare gli studi nostri cō la regola della sanità: do
uemo hauer cari gli studi, ma non però sprezzare la
sanità, non tenerla in poco pregio.

Ita sequi uirtutem debemus, ut ualetudinem non
in postremis ponamus: ualetudinis cum uirtute ducen
da ratio est: sic ad studia debemus incumbere, ne uale
tudo negligatur; plurimum uirtuti, aliquid tamen ua
letudini tribuatur: spectanda uirtus est, cum eo tamē,
ne despiciatur ualetudo: excubare uirtutis in studio,
praeclarum est; indormire tamen ualetudini minime
debemus: excolatur animus uirtutibus, non nihil tamen corpori seruiatur.

Stimar l'opinione di alcuni.
Cicerone faceua gran stima della opinione di Platone:
era l'opinione di Platone appresso di Cicerone in
molta stima: teneua Cicerone per uerissima l'opinione di Platone: daua Cicerone piena fede alle parole
di Platone: accordauasi Cicerone grandemente all'
opinione di Platone.

Platonem Cicero uehementer auctorem sequebatur: Platoni tribuebat plurimum, summam fidem habebat, plane credebat, ut oraculo credebat:

bat: Platonē habebat eximium: singularis erat apud
Ciceronem Platonis auctoritas : errare Cicero cum
Platone malebat, quam cum alijs bene sentire: pluri=
mi apud Ciceronem erat Plato: faciebat pluris nemi
nem: plus apud eum ponderis habebat nemo.

Stimar piu.

Ho stimato piu la salute e libertà publica di ogni altra
cosa: piu di tutte le cose è stato in grado appresso me
la commune salute e libertà: oltre ad ogni cosa ho
tenuto in pregio l'uniuersale salute, e libertà: niuna
cosa piu della salute, e libertà publica mi è stata a
cuore.

Nihil antiquius communi salute, ac libertate iu=
dicaui: omnium rerum mihi prima fuit publica salus,
ac libertas : communi salute, ac libertate nihil mi=
hi fuit potius : omnia sum aspernatus prae commu=
ni salute, ac libertate: pluris apud me, quam omnes
res, uniuersorum salus, ac libertas fuit : nulla de re
tantum, quantum de communi salute, ac liber=
tate, laboraui : salutem publicam, ac libertatem re=
bus omnibus anteposui, praeposui, praetuli : curae
mihi fuit salus, ac libertas publica, sic, ut nulla res
aeque.

Stimar se stesso.

Troppo ti stimi, ti apprezzi, ti essalti, troppa stima
fai di te stesso : troppo ti ami : sei assentatore di te
stesso, ti tieni in grado, in pregio, piu che non si con=
uerrebbe.

Nimium tibi tribuis: nimium tibi arrogas, ni=
mium

Toscane e Latine. 317

mium tibi assumis : nimium te effers : nimium tibi places,assentaris ipse tibi, te amas, cum de te iudicas,non rationem, non ueritatem consulis, largiris ipse tibi plus, quam ueritas concedat,plus, quam ueritati.

Stimato.

Tu sei molto stimato nella tua patria:in gran pregio sei tenuto da' tuoi cittadini:fa di te la tua patria quella stima,che maggiore si può.

Vales auctoritate apud tuos ciues:tui te ciues magni faciunt:magnus es,honoratus, clarus apud tuos ciues:multum tibi ciues tui deferunt:patria tua tantum tibi tribuit,quantum fortasse nemini, atq. adeo quantum prorsus nemini.

Stomaco guasto.

Io sto male dello stomaco:ho lo stomaco disconcio, in mal'assetto,in disordine stemperato, a cattiuo partito,guasto,mal'acconcio,poco al digerire disposto.

Stomachus languet, infirmus est, male se habet: stomaci uirtus iacet, languet,debilitata est, infirma est, imbecilla, imminuta, nulla prorsus, minime ad concoquendum apta : languenti stomacho sum,infirmo, imbecillo, male constituto : stomacho non utor optime : stomachus laborat, non est, qualem digerendi ratio requirit,qualem optima ualetudo postulat.

Strada cattiua.

Nel uerno sono cattiue strade, difficili, malageuoli, strane, incommode: è gran disconcio l'andare attor no di uerno.

Viae sunt hieme difficiles, incōmodae, impeditae, abruptae, iter habentibus odiosae: nihil incōmodius, quam hieme iter habere: per hiemem itinera sunt incommodi plena, interdum etiam periculi.

Stranìezza.

Gli huomini sono molto strani, per non dir peggio.
Summa est hominum peruersitas, grauiori.n. uerbo uti nō libet: peruersi sunt hominum mores, duri nimis ac difficiles: ingenio sunt homines peruerso, difficili, duro, a ratione auerso.

Strano.

Tu sei troppo strano, e troppo fastidioso nel cōuersare: la tua prattica è fastidiosa, non è diletteuole, ha dello strano.

Nimium acerbus es, nimium in consuetudine difficilis, durus, asper: tua consuetudo difficilior est: abest consuetudo tua ab omni suauitate: non ea est consuetudo tua, quae propter suauitatem expetatur: minime iucunda est, amara potius, atq. odiosa tua consuetudo: quis naturae tuae peruersitatem in consuetudine ferat: quis te possit uti, homine omnium difficillimo, seuerissimo, asperrimo? quis tuam consuetudinem expetat, carentem omni suauitate, nulla re iucundam: asperitatis, ac peruersitatis tantum habet natura tua, quantum in consuetudine ferri uix possit, uel potius plane non possit: usus tibi nullo cum homine

mine diuturnus intercedet:ita difficilis, ac durus es,
ijs moribus, eo praeditus ingenio.

Straparlare.

Se dirai cosa alcuna brutta, guai a te: se parlerai dishonestamente, se dalla tua bocca uscira parola men che honesta, se parlerai di maniera, che nelle tue parole alcuna dishonestà si conosca, se il tuo parlare uscirà de' termini dell'honestà, se straparlerai, se parlerai con poco auuedimento, inconsideratamente, senza riguardo, senza ragione, con poca honestà, con poca discretione, mal per te, mal te ne auerrà, mal ne sentirai.

Vae tibi, si turpiter aliquid dixeris, si minus honeste, si temere, parum considerate, non ut ratio praescribit, praeter honestatem, contra quam, non ut, minus quam, secus quam aliter ac, aliter atque conueniat, deceat, liceat; si quod ex ore tuo paullo turpius uerbum exciderit, si oratio tua finibus exciderit ijs, quos honestum, quos ratio, quos modestia praescribit.

Stretti passi.

Nel monte Apennino sono di strettissimi, e molto strani passi: e malageuole, molto incommodo, disconcio grande l'andare per il monte Apennino, per la strettezza de' passi.

In alpibus Apennini magnae sunt, admodumq.
difficil=

difficiles locorum angustiae: per alpes Apennini iter habentibus magno sunt impedimento difficultates, & angustiae locorum: nihil incommodius, quam illas Apennini montis angustias pertransire, quam ex illis Apennini montis angustijs, ac difficultatibus euadere: angusta loca per Apennini alpes euntibus crebro se obijciunt, impedimenta opponunt, difficilē ac laboriosam uiam reddunt.

Studiare.

Tu non sai altro che studiare quanti libri puoi: tu hai una sete di studiare, che mai non si spegne, mai non si satia: qual libro è, che tu non uoglia leggere? tu studi senza misura: non hai misura ne gli studi: studi del continuo, sempre, a tutte l'hore, non men la notte che il giorno: tu non lasci mai di studiare.

Numquam non legis, assidue, omnibus horis, diu noctuq. noctem cum die legendo coniungis: helluo librorum es: tua legendi sitis numquam exstinguitur, satiatur expletur: totus in studijs es : litteris omnibus deditus es, nūquam studia intermittis, numquam te seiungis a studio: libros de manibus numquam deponis: libros assidue in manibus habes, tractas, euoluis, lectitas, legendo conteris: modum in studijs non tenes, non retines, non seruas, nullum agnoscis: immoderate legis: non infra modum, sed supra modum sunt studia tua: nimium te studijs dedisti: nimium in studijs operae consumis: nimius es in studijs : usum studiorum numquam dimittis.

Io.

Toscane e Latine. 321

Io studio solamente Cicerone : non leggo altro che Cicerone: solo Cicerone mi piace:ogni mio studio è intorno a Cicerone.

Vni Ciceroni meum studium dicaui : ad unum Ciceronem meam operam contuli : meum in uno Cicerone studium pono,consumo, colloco : uni Ciceroni operam do : unus me Cicero delectat, capit, tenet, unus mihi placet: unius animum meum lectio pascit : uni meam operam, mea studia, meas uigilias, dedidi, tradidi, addixi,perpetuo dicatas esse uolo.

Ho atteso a questi studi infin da fanciullo: sonnomi piacciuti questi studi : hanomi dilettato questi studi: ho dato opera a questi studi: ho preso piacere di questi studi : in questi studi ho consumato il mio tempo.

Huic me doctrinae a pueritia dedi : haec me a puero doctrina delectauit : hanc ego doctrinam, hanc studiorum rationem, hoc studiorum genus ab ineunte aetate sum secutus : meam operam ad haec studia iam inde a puero contuli, in hoc studiorum genere consumpsi, collocaui, his dedi studij: haec studia a primis annis colui : huic litterarum generi a teneris annis deumctus fui : incubui puer in haec studia.

Io studio ogni di piu : attento sempre piu a gli studi: io mi stringo ogni di piu nella prattica de gli studi: cresce ogni giorno in me il desiderio de gli studi:non scema col tempo, ma si fa maggiore lo studio mio.

Studium quotidie magis ingrauescit : quotidie
X magis

magis cupiditate studiorum incendor: meam studiorum cupiditatem dies auget: tantum abest, ut meum studiū dies imminuat, ut etiā augeat: incitor ad studia quotidie magis, studia complector, in studia incumbo: plus quotidie operae in studijs pono: litteris quotidie magis utor: studiorum amore, consuetudine, usu magis magisq. capior in dies singulos.

Vorrei che tu studiassi philosophia, che tu attendessi allo studio della philosophia, che tu ti mettessi allo studio della philosophia, che tu abbracciassi lo studio della philosophia.

Velim te ad eius scientiae studum adiungas, unde nascitur, atq. alitur moderatio uitae, unde recta uiuendi ratio, atque omnis ordo manat: uelim te ad philosophiam conferas, tuum studium applices: uelim philosophiam complectaris, philosophiae te dedas, tuam operam tradas, tuum studium dices.

Ho cominciato a studiar anche di notte.

Vigilare de nocte, noctu, per noctem, studiorū caussa coepi: nocturnas uigilias diurnum ad studium coepi adiungere, diurno cum studio coniungere: ad studia iam etiam aliquantum noctis assumo.

Penso di lasciar affatto gli studi: intendo di abandonare gli studi: è mio pensiero: è mio intendimento di non seguire piu oltre gli studi: ho in animo di rimettere gli studi in tutto.

Multam litteris salutem dicere, in animo est:
prorsus

Toscane e Latine.

prorsus abijcere studia cogito, seiungere me penitus a studijs, usum studiorum in perpetuum dimittere, minime de studijs in posterum laborare, meam operam, meum tempus, meam industriam a studijs alio traducere, transferre.

Studi ripigliati.

Tornerò a studiare, come gia soleua: tornerò a'miei passati studi: ripiglierò gli usati studi: riuolgerò i miei pensieri a gli studi.

Ad nostra me studia referā litterarum : studia repetam: reddam studijs operas intermissas: ad studiorum consuetudinem atq. usum redibo: pristina studia reuocabo: rursus ad studia me conferam: reuocabo me ad industriam: intermissa studia repetā.

Studi tralasciati.

Egli è tempo di tralasciar alquanto gli studi, di lasciare alquanto la prattica de gli studi, solleuare l'animo dalla fatica de gli studi, di dar riposo all'animo essercitato e stanco ne gli studi, di hauer qualche uacanza da gli studi, di porre il peso de gli studi, di alleggerire l'animo dal peso de gli studi.

Feriari licet a studijs: postulat tempus, ut studia intermittantur: tempus fert, ut studiorum usus parumper dimittatur: deponere aliquantisper studiorum onus licet: omittere studia, leuare animum onere studiorum honeste possumus: licet animum a studijs abducere: uacatio datur a studijs: feriae studiorum conceduntur.

Studi utili.

Gli studi giouano in ogni tempo: lo studiare partorisce utile in ogni tempo: è gioue uole sempre l'essercitio, la prattica, il trattenimento de gli studi: non cessa mai, non scema punto, è perpetua, è la medesima in ogni tempo l'utilità de gli studi: quando è mai, che gli studi non giouino? non è mai, che gli studi frutto non porgano: quando è mai, che da gli studi utilità non si tragga? beneficio non si riceua? frutto non si colga?

Studia numquam non prosunt, non utilia sunt, non utilitatem pariunt, non emolumento sunt, non fructum ferunt: studiorum utilitatem dies non imminuit: non terminatur spatio teporis, no ndefinitur ulla die, perpetua est, eadem est in omni tempore, uitae par est studiorum utilitas: studijs secumdae res ornantur, aduersae adiuuantur: a studijs delectatio petitur in secunda fortuna, salus in aduersa: studiorum fructus in omni fortuna idem est: studiorum tractatio numquam non utilis, numquam est infructuosa: habent studia quo iuuemur in omni uita, in omni fortuna, in omni loco: ecquando studijs non iuuamur? ecquae dies utilitatem studiorum extinguit, aut imminuit? de studiorum utilitate nihil fortuna, nihil hominum iniuria, nihil ne dies quidem ipsa detrahit.

Subitamente.

Senza indugio farò quel che mi hai commesso: darò effetto al tuo commandamento subito, di subito, subitamente,

bitamente, senza metter tempo di mezzo, senza pun
to di tardanza, incontanente, immantinente, quan
to prima.

Confestim, e uestigio, quamprimum, statim,
actutum, primo quoque tempore, illico, sine mora,
sine cunctatione, nulla facta mora, nulla interposi
ta mora, omni prorsus abiecta mora, ne minimo qui
dem spatio temporis interiecto, exsequar tua mandata, quod mandasti perficiam, tuis mandatis pare
bo, effectum dabo quod mandasti, praestabo quod
a te mandatum est.

Sucedere bene.

Credo ch'io condurrò la cosa a quel fine, che desidero: penso che darò effetto alla cosa secondo il deside
rio nostro, conforme al desiderio, simile al desiderio, come desideriamo, come è il desiderio nostro, co
me noi uogliamo: opererò di maniera, che porto o-
pinione douer la cosa riuscire felicemente, hauer
prospero fine, riuscire a buon fine, peruenire al desiderato fine.

Puto fore, ut rem ex sententia geram, feliciter
expediam, conficiam, ad eum, quem uolo, exitum
perducam, felici exitu concludam: efficiam, opinor,
ut res optime succedat, ut exitum res habeat, qualem optamus, ne res, contra quàm uolumus, succedat, ne quid aduersi contingat in re, ne sit infaustus,
aduersus, alienus a nostris uolūtatibus, alius, atq.
uolumus, exitus rei, euentus rei, rei finis ac terminus: spero futurum, ut in hac re meis optatis fortu-

na responderat, cum animo meo fortuna consentiat, ab animo meo fortuna minime dissentiat, nihil aduersi fortuna obijciat, nequaquam fortuna repugnet, resistat, obsistat, auersetur, sese opponat, suã nam obijciat, impedimentum ullum inijciat, occurrat, obuiam eat: futurum existimo, ut in hoc secunda, facili, prospera, propitia, perbenigna fortuna utamur.

Desidero, che bene te n'auuenga, felicemente ti riesca, secondo il desiderio succeda: qual è il desiderio, tale sia l'auuenimento.

Quod actum est, dij approbent, fortunent, secundent, bene uelint succedere, felicem ad exitum perducant: dij faxint, ut id, quod actum est, felix faustumq. sit, optime succedat, prosperum habeat euentum: dij faueant, probent, ratam esse uelint, actum feliciter, quod actum est: utinam ex hac re contingant ea, quae cupis, optata omnia contingant, nihil contra uoluntatem eueniat, omnia secunda fluant, summa felicitas emanet.

Suenturato.

Io son suenturato piu che la mala uentura: sono sfortunato, mal'auenturato, peggio auueturato di huomo uiuente, infelice, misero affatto, scherzo della fortuna, in disgratia della fortuna, carico di ogni sciagura, priuo di ogni bene, nudo di ogni speranza, da perpetua fortuna combattuto, oppresso da tutti i mali: io nacqui per non hauer mai bene: nacqui destinato a tutti i mali: troppo fiero, troppo crudele

dele è il mio destino: nacqui sotto maluagia stella.

Nemo omnium, qui uiuũt, me uno infelicior, aut infortunatior est: meas miserias nulla aequat infelicitas: mea est miserrima condicio: in summa uersor in felicitate: omnibus uexor, perturbor, exagitor in fortunijs, calamitatibus, miserijs, malis : omnes me premunt miseriae: infesta, infensa, aduersa, iniqua mihi sunt omnia: nulla est tam misera fortuna, quam mea fortuna non superet, quae sit cum mea fortuna conferenda, quae non infra meam fortunam sit: miserrimo sum fato, singulari, deteriore quam quiuis omniũ, qui in terris degunt : meum est singulare fatũ: singulari utor fato: singulari fato natus sum: infausto nimium, aduersoq. sidere sum natus: haec mihi nascenti dicta lex est, numquam ut secunda fortuna uterer, numquam ut miser non essem, perpetuis ut uexarer miserijs, augerer, cruciarer, torquerer, affligerer malis : mecum agitur infeliciter : prorsus infeliciter ago : suas in me uires numquam fortuna non exercet : omnibus me fortuna machinis, omni telorum genere , suis, quantascumq. habet, opibus, ac uiribus oppugnat : non aduersa tantum, sed euersa penitus est mea fortuna : quis est omnium mortalium iniquiore condicione, deteriore loco, quam ego sum?

Superbo.

Troppo sei superbo , altiero , arrogante , insolente: troppo fai del grande : troppa stima fai di te stesso : la tua superbia e intolerabile : questa tua cosi

X 4   grande

grande arroganza non so io onde nasca, non ueggo la cagione onde proceda, non è altro che un frutto della tua bestialità: uuoi essere superiore a tutti: niuno stimi essere tuo pari: inalzi te stesso piu che la ragione non permette, piu che non si conuiene, oltra il conueneuole, di gran lunga, sopra ogni tuo merito.

Nimium tibi places: plus tibi assumis, quã deceat, quam liceat, cõueniat, aequum sit, oporteat, ratio ferat, patiatur, concedat: nimium te effers: arrogas tibi plus, quam licet: altius, quam oporteat, ipse te extollis: ita superbe agis, ut ferri non possis: superbia prorsus non ferenda: parem tibi esse neminem uis: te cunctis antefers: omnes despicis, te uero unum suspicis: amas ipse te sine riuali: tibi ipse magnus es, atque eximius: omnia putas esse in te uno collocata: fortunam ipsam minus esse te ipso fortunatam putas: persuasum habes, tuis te fortunis ipsam fortunam anteire.

T
TACERE.

Non intendo di uolerne parlare: non è mio intendimento di parlarne: non uoglio ragionarne, dirne, farne parola, entrar in questo ragionamento: non ne parlerò: tacerò, tacitamente trapasserò: con silentio tra scorrerò.

Non faciam, ut dicam: tacitum relinquam: tacitus praetermittam: tacitus pertransibo: tacebo: silebo: silentio inuoluam: silentio percurram: prorsus hoc omittam: abstinebo: oratione mea non attingam:

gam: uerbum non faciam: sermonem hac de re nullum habebo.

Tardare.

Se tu sei certo di poterti insignorire di quel regno, non è punto da tardare: non è da prolungare, d'allungare, da differire, da menar la cosa in lungo, da porui tempo, da farui indugio, da metterui tempo di mezzo: è da tentare la cosa senza indugio, senza tardanza, senz'aspettar tempo, con ogni prestezza, con subita diligenza, incontanente, immantinente, quanto prima.

Si tibi certum est, si habes exploratum, si pro certo existimas posse te illius regni potiri, cunctandum non est, differendum non est, producenda res non est, proferenda, proroganda, protrahenda, extrahenda, longius ducenda: sine mora, sine cunctatione, sine ullo temporis interuallo aggredienda res est, tentãda, incipienda facienda mora non est, interponenda mora nulla est; omnis est abijcienda moraim; morari, cũctari, lente agere, indormire non oportet.

Temenza.

Tu mi hai leuata ogni temenza: mi hai tratto di paura: hai liberato l'animo mio dal timore: mi hai asicurato l'animo: hai fatto, hai operato, sei stato cagione, da te è nato, ch'io non tema, ch'io habbia ripreso ardire, ch'io stia con animo forte e gagliardo, mi hai fatto animoso, ardito, di animo franco.

Abstersisti mihi omnem metum: omnem mihi metum exemisti: omni me liberasti metu: effecisti, ut
omnem

omnem timorem deponerem, ut adderē, forti animo
ut essem, ut animo uigerem, nequid timerem, ut metu
uacarem: animum meum confirmasti, ad fortitudinē
reuocasti, afflictum excitasti: factum a te est, ut animus meus, qui iacebat, exsurgeret, excitaretur, erigeretur: effecisti, ut animus meus sese colligeret, atque confirmaret, roborisq. multum reciperet: languebat antea meus animus, tu, ut ualeret, ac uigeret,
effecisti.

Tempi maluagi.

Niuno è, che stia bene in così cattiui e strani tempi, in
questa mala stagione, in così rea qualità de' tempi,
in tanta maluagità de' tempi, a così maluagi tempi,
in così misero stato de' tempi.

Nemo est, cui recte sit in hoc temporum miserrimo statu, in hoc tam miserrimo temporum statu, his
temporibus, his tam miseris temporibus, tam duris,
tam aduersis, tristibus, infaustis, iniquis, improbis, perditis, tam alienis ab omni uirtute, a bonis artibus, ab
omni recte uiuendi ordine, ac ratione, in hac tam aduersa, tam dura, tam iniqua, tam misera, tam infelici
temporum condicione, in tanta prauitate, atq. improbitate, tantisq. temporum uitijs, in his omni calamitate, omni scelere ac flagitio temporibus refertis, in hac omnium rerum perturbatione, malorum
colluuie, doctrinarum, artiumq. liberalium pernicie.

Tempi miseri.

Verranno tanti mali, che meglio fie il morire prima
che

che uederli: ogniuno aspetta ogni sorte de' mali: niu
no hauerà bene: tutti egualmente staranno male: af
fliggerà tutti una fortuna uniuersale: sosterrà ogniuno il suo peso delle miserie.

Ea temporum impendet condicio, ut optime actu
cum eo putem, si quis ante ex uita discesserit: omnibus omnia impendent mala, manet omnes, impendet
omnibus, urget omnes, aduentat, appropinquat, iam
adest eadem calamitas, nemini recte erit, nemo erit,
cui peßime non sit, qui peßime se non habeat, qui nõ
aduersa fortuna utatur, qui non aduersis fortunae
fluctibus iactetur: communis erit, eadẽ omnium, par,
simillima fortuna: suumquisq miserrimum pondus
sustinebit: uexabit omnes eadem calamitas: miserrime cum omnibus, atq. infeliciter agetur: expers malo
rum nemo erit: miserijs nemo uacabit: malorum incẽ
dio flagrabit unusquisque.

Tempi prosperi.
Molti ne' tempi prosperi, non essendo saui, sono stati riputati sauißimi.

Multi, cum sapientes non eßent, summae tamen
sapientiae nomen prosperis temporibus tulerunt, na
cti sunt, consecuti, adepti: multi, cum sapientiam
haberent nullam, summam tamen poßidere secundis temporibus crediti sunt, in prospera fortuna,
secunda, laeta, felici, optima, secundis rebus, rebus
ad uoluntatem fluentibus, cum nihil esset aduersi,
cum rebus omnibus esset optime, cum omnia facil-
limo cursu procederent, iucundißimis, laetißimis
opti-

optimis temporibus.

Tempo.

Se hauerò tempo, ti scriuerò: se non sarò occupato, se sa
rò disoccupato, se non hauerò occupatione, se non
sarò dalle occupationi impedito, se le occupationi il
permetteranno, se dalle occupationi alquanto di tem
po potrò impetrare, se sarò libero dalle ocupationi,
se quel nodo delle continue cure, non dirò affatto si
discioglierà, ma alquãto, pur un poco, in alcuna par
te si allargherà: se hauerò otio, se mi trouerò otio=
so, scarico dal peso delle facende, libero & espedito
dalle brighe, senza ueruna cura, padrone di me stes=
so, e di qualche spatio di tempo, se potrò rubbare un
poco di tempo alle facende.

Si quid otij natus ero, litteras ad te dabo: si otium
erit, si uacabo; si per occupationes licebit; si permit=
tẽt curae; si quid habebo uacui temporis; si quid erit
spatij; si quod surripere spatium licebit; si quid ab
occupationibus impetrare temporis licebit; uisi oc=
cupationes urgebũt; si mei iuris ero; si qua hora meo
arbitratu licebit uti si negotijs uacabo; uinculum il=
lud occupationum, quo & assidue adstringor, & ar=
tissime, non dico prorsus ex soluetur, sed paullulum
modo, paullisper, aliquantum, aliquantisper, non ni=
hil, aliqua ex parte laxabitur: si uacuus ero, curarũ
expers, liber a negotijs: si me ijs rebus, quibus nunc te
neor implicatus, explicauero; si dabitur otiũ; si quies
erit, si quiescere licebit a curis, negotijs, occupationi
bus, molestijs.

Tem=

Tempo allungato.

Vedi che non mi sia prolungato il tempo, che non mi si aggiunga tempo, che non mi si allunghi, non cresca, piu oltre non uada, piu oltre non si stenda il tempo: habbi cura, che la cosa non paßi oltre a' termini del tempo ordinato, che si termini al tempo detto, che il tempo rimanga il medesimo.

Caue, ne mihi spatium producatur, dies profera= tur, prorogetur, protrahatur, extrahatur, protenda tur, fiat longior; ne res longius ducatur, ne in aliud tempus reijciatur, protrudatur, reseruetur.

Tempo buono.

Partiremo col primo buon tempo, come prima il tem= po ci sia fauoreuole, quando il tempo ci serua, c'inui ti, non sia contrario.

Quae prima nauigandi facultas data erit, ea ute= mur: nacti tempestatem opportunam, idoneam, aptã, minime aduersam, prosperam, secundã, discedemus, soluemus, proficiscemur, uela faciemus.

Tempo contrario.

Tu torni fuor di tempo, a tempo contrario, fuor di sta= gione: non era questo il tempo della tua tornata: non bisognaua, che hora tu tornaßi: il ritornar hora non era a tuo proposito, non faccua per te, non ti torna= ua bene, a tuo tempo non era.

In alienum tempus cadit reditus tuus: non redis opportune: alieno tempore reuerteris: reuertendi maturitas nondum aderat: non erat, cur hoc tempo=
re

re redires: tuum reditum minime tempus postulat, ró
temporis, improbat, ac dissuadet: minime conuenit
cum tempore tua reuersio: si temporis rationem spe=
ctasses, redeundi consilium non cepisses, aut susceptū
abiecisses, improbasses, uituperasses, reprehendisses,
damnasses, impetum, absurdum, auersum a ratione,
plane stultum iudicasses.

Tempo lungo.

Il lungo tempo diminuisce il dolore: scema il dolore per
la lunghezza del tempo: cō lo spatio di tempo la do
glia si spegne: hanno forza gli anni di leuare de l'a=
nimo la piu acerba passione.

Dolorem minuit, ac mollit dies, temporis longin=
quitas, uetustas: quae nobis a fortuna infliguntur uul
nera, sanantur uetustate: uis doloris cum tempore
languescit: detrahit de dolore dies, atq. adeo exstin=
guit omnem, planeq. tollit: quouis dolore affectis,
quouis malo laborantibus medetur tempus, me=
dicinam dies affert, uetustas opem fert, opitulatur,
subuenit, auxilio est, subsidio est: finem doloris
dies affert: habet hoc tempus, ut quemuis dolorem,
quamuis acriter in animo insitum, euellat, atq. abij=
ciat: est hoc temporis, ut omnem malorum memo=
riam, omnem aduersae fortunae recordationem
ex animo deleat, auferat, eripiat, expellat, amo=
ueat.

Tempo di mare.

Quando si nauiga, bisogna gouernarsi secondo il tēpo,
fa bisogno di ubidir al tempo, è da oseruare quando
il

il tempo commanda, è da secondar il tempo, da accō modarsi al tempo.

In nauigando tempestati obsequi artis est, parere tempori, ad rationem temporis consilia accommodare, quasi ducem sequi tempestatem, spectare quid tempus postulet, pendere oportet a tempestate, spectanda tempestas est, ad tempestatem consilia dirigere debemus, habenda tempestatis ratio est: cursus nauigationis ad rationem tempestatum moderandus, dirigendus, tenendus.

Tempo uerrà.

Tempo uerrà, che la uirtù sarà tenuta in pregio : uerrà quel giorno, che fie prezata la uirtù : sarà a qualche tempo in grado la uirtù : uedrassi ancora quel giorno, che hauerà la uirtù il douuto luogo.

Veniet tempus, ueniet illa dies, erit tempus, erit aliquando illa dies : illucescet aliquādo illa dies; diem aliquando illum Sol afferet mortalibus, erit aliquando, cum suus uirtuti tribuatur honor, cum uirtuti honor habeatur, cum uirtus colatur, tanti aestimetur, quanti est, in honore sit, cum uirtuti honores debiti persoluantur, deferatur plurimum, cum uirtus magna in primis honestaq. sit, honestum locum habeat, sit inter ea, quae prima ducuntur.

Tener con uno.

Io sarò teco: terrò teco: sarò dal tuo lato: a te mi accosterò: seguirò te: seguirò la parte tua, la tua sattione, la tua setta, la tua banda: sarò uno de' tuoi.

Tecum

Tecum ero: tecum faciam: te sequar: a te stabo: tuis in praesidijs ero: tuas partes, tuam caussam sequar; tuebor: de tuis unus ero: me tuum numera: me de tuis unum habe: in numero tuorum ero.

Tener ragione.

Egli tiene ragione hor in questa, hor in quell'altra terra, rende ragione, fa ragione, ascolta le differenze, conosce le liti, giudica delle controuersie.

Modo in hoc, modo in illo opido forum agit, ius dicit, litigantes audit, res iudicat, caussas cognoscit, iudicat de controuersiis, disceptat, ius administrat, distribuit.

Termine.

Questo è il termine de' miei pensieri, questo è il fine, e l'oggetto, l'ultima intentione, la mira, lo scopo, doue mirano i miei pensieri, altroue la mente mia non tira, questo è quel segno, doue indirizzo ogni mia opera, & ogni mio pensiero.

Hic est terminus, finis, scopus, quo intenduntur cogitationes meae: haec est quasi meta, quo ut perueniam, elaboro, atq. euigilo: huc spectat animus meus: huc me uoluntas, huc iudicium, & ratio ducit.

Timido.

Tu sei di poco animo: non hai l'animo gagliardo, franco, forte, robusto: sei pusillanimo: uedesi in te grande bolezza di animo.

Exigui, pusilli, infirmi, imbecilli animi es: infirmus ab animo es: animo iaces: iacet animus tuus: roboris ac neruorum in animo tuo parum est: nimium

mium demiſſo, nimium imbecillo animo es: animus tibi ſine animo eſt:abeſt: animus ab animo tuo:facile commoueris, facile animo concidis: langues animo: languet animus tuus: animo non uiges:non uiget animus tuus: animum in te deſidero, requiro.

Tornare.

Torno in uilla, che non me n'aueggo, in uilla mi rimenano i piedi, ſenza ch'io me n'auegga.

Redeo, reuertor, reuerto, refero me ad rus, repeto rus inſciens, imprudens, inſcienter, praeter uoluntatem: pedes me ad rus inſcientem referunt.

Tornare in amicitia.

Io mi ſono rappacificato co'mie nemici.

Cum inimicis in gratiam redij, reconciliatus ſum. Vedi la parola, Rappacificarſi.

Torto.

Tu mi hai fatto torto, ingiuria, ingiuſtitia, ingiuſtamente mi hai trattato, mi hai offeſo, mi hai ingiuriato: ho da te riceuuto ingiuria.

Inique mecum egiſti: iniurioſe me tractaſti: iniuriam mihi intudiſti: iniuria me affeciſti: iniuriam abs te tuli, paſſus ſum, laeſus a te ſum immerito meo, nullo meo merito, nulla culpa, absq. culpa, nihil tale meritus: laeſiſti me immerentem, innocentem, nullius affinem culpae, omnis expertum culpae, ab omni uacuum culpa.

Trafficare.

Traffica in Milano: ha trafficchi in Milano: ha negotij in Milano: ha facende, ha maneggi, ha mercatantia

tantia in Milano.

Mediolani negotiatur, habet negotia, gerit negotia, mercaturam exercet, res agit, negotia tractat.

Tralasciare gli studi.

Egli è tempo di tralasciare alquanto gli studi.

Feriari licet a studijs, studia intermittere, studia paullulum deponere. Vedi, Studi tralasciati.

Tramortito.

Egli è in angoscia: è rimaso come morto: ha perduto i sentimenti.

Animus cum reliquit, destituit, defecit: deliquiū animi passus est: intermortuus est: defecit: animo concidit: ita captus omni sensu est, ut uita discessisse uideretur.

Trattenere.

Trattieni la cosa quanto puoi: tien sospesa la cosa: ualla prolungando, mettiui tempo di mezzo.

Rem sustine, suspende, quod licet: moram interpone: rem ducas, producas, proroges, protrahas.

Trauagliare.

Non ho meritato che tanto debbano trauagliarmi: di cotanto affanno non era degno: ingiustamente mi uien dato impaccio.

Vexor, exagitor, iactor immerito meo: negotiū exhibetur immerenti: molestijs & iniurijs afficior sine causa: commissum a me non est, ut haec tam grauia sustinerem.

Tribolatione.

Ogniuno aspetta di gran tribolationi: sarà tribolato ogniuno:

Toscane e Latine

ogniuno: niuno farà senza trauaglio, niuno che non sostenga molti mali.

Nulla est acerbitas, quae non omnibus impendeat, immineat, quae non omnes maneat: aduersa omnes omnia sustinebunt: pari omnes calamitate prementur: communis erit omnium, non propria cuiusquam, malorum tempestas, uis malorum, iniquitas fortunae.

Tributario.

Queste possessioni pagano grauezza, danno tributo, pagano censo.

Fructuarij sunt hi agri, non sunt immunes, tributū soluūt, publice aliquid pendunt, uectigales sunt.

V

VACANZE.

Hora si riposa dalle facende: riposano le facende: stannosi gli huomini a riposo: cessano le facende: non si traffica.

Quies nunc a negotijs est: quiescunt negotia: prolatae res sunt: negotia non geruntur: negotiorum nihil est: rerum nihil geritur: quiescunt homines a negotijs: feriae sunt a negotijs: uacatio est a rebus gerēdis: uacationem a rebus, quietem a negotijs concedit tempus.

Vago di gloria.

Infin da fanciullo tu eri uago della gloria, amaui molto la gloria, grandemente la gloria ti piaceua, ti dilettaua, ti aggradiua, eri infiāmato dell'amore della gloria, intendeui con tutto l'animo alla gloria.

Inflammatus ad gloriam a puero fuisti: iam inde a pueritia gloriae studio, atq. amore flagrabas: spectasti gloriā ante omnes res a primis annis: tibi erat gloria omnium rerum antiquissima, in animo erat, in oculis erat, in amoribus erat, in delicijs erat.

Valersi.

In ogni cosa mi ualerò, mi seruirò di tuo fratello, adoperero tuo fratello, userò l'opera di tuo fratello, mi ualerò dell'opera di tuo fratello.

Utar ad omnia tuo fratre: utar opera fratris tui: quidquid acciderit, confugiam ad fratrem tuum.

Vanita.

Ti piacciono la uanità: uai dietro a cose uane: leggieri, e di poco momento sono gli studi tuoi.

Rebus leuioribus tuum studium das: tibi placent leuitates: contemplaris, sequeris, amas inania: contulisti tuum studium ad res inanes: colis ea, quae non consistunt, nihil habent firmitudinis, nihil grauitatis, nihil ponderis, inania sunt, leuia, nullius ponderis, infirma, minime solida: amas ea, quae solidum nihil habent.

Vano.

Non uidi mai huomo piu uano, di maggior uanità, piu leggieri, men graue.

Vaniorem, inaniorem, leuiorem, dementiorem uidi neminem: nihil est in eo grauitatis: nihil est in illo inanius: uento leuior est, aere inanior.

Vbidire.

Quel, che da te mi fie commesso, essequirò uolentieri: ubidirò

ubidirò a'tuoi commandamenti : darò effetto alle tue commißioni : la mia uolontà alla tua seruirà : tanto farò, quanto commanderai.

Parebo tuis mandatis : exsequar tua mandata : effectum dabo quod mandasti. tuae uoluntati parebo, morem geram, obsequar, obtemperabo : sequar uoluntatem tuam : meam uoluntatem ad tuam aggregabo, cum tua coniungam : tuae uoluntati mea uoluntas seruiet : tua mihi uoluntas lex erit, atq. norma.

Vbidire al tempo.

E cosa da sauio il saper gouernarsi, e reggersi secondo il tempo, a modo del tempo, secondo la stagione, come pare che il tempo commandi.

Tempori cedere, necessitati parere, res ad tempus accommodare, uti tempore, quae tempus postulet, ea seruare, atq. exsequi, sapientia est, sapientiae est, sapientis est, conuenit sapienti, proprium sapientis est, decet sapientem, ad sapientem pertinet : qui tempus consulit, qui rationem temporis habet, qui nullam rem agit, quam tempus improbare uideatur, is uere sapiens est, hunc uere sapientem dicas, sapientem qui hunc appellet, non errabit.

Vecchiezza.

I figliuoli giouani sostētano i padri, quādo cominciano ad inuecchiare, a uenir uecchi, a perdere le forze per il peso della uecchiezza, accostarsi alla uecchiezza, auicinarsi all'età senile, all'ultima parte della uita.

Parentum

Parentum aetas ingrauescens filiorum in adolescentia conquiescit: parentum imbecillitas filiorum nititur adolescentia: parentum senectutē fulcit, ac sustentat filiorum adolescentia: subsidio est labentibus parentum uiribus adolescentia liberorū: senio parentum subueniunt adolescentes filij.

Vecchio.

Io sono tanto uecchio, che poco piu di uita mi resta: assai lungo è stato il corso della uita mia: son peruenute cō gli anni al fine della uita: a quel grado di età son giunto, oltre al quale poco si passa.

Iam me ad exitū uitae paene natura ipsa perduxit: aetati satis superq̃ uixi: nō ē, cur me paeniteat quātū uixerim: uixi uitam satis diuturnā: cursus mihi uitae iā paene confectus, & absolutus est: decursus mihi iā prope uitae spatiū est: quantulū mihi uitae spatiū restat, quātulū mihi uitae restat, superest, reliquū est, relinquitur: tāquā a carceribus ad metam uitae iā perueni: uixi quatenus homini licet, quatenus homini satis esse possit: extremae senectutis onus sustineo: extrema mihi uitae pars agitur.

Veder un paese.

Stando a sedere nella mia camera, io uedeua tutto quel paese.

Tota mihi illa regio, in cubiculo meo sedenti, erat in cōspectu, ante oculos erat, sub oculis erat, ob oculos erat, ad oculos occurrebat, in oculis erat, sese ostendebat, patebat, aperiebatur, exponebatur.

Vento

Vento contrario.

Ci forzammo di entrare in porto, e nonpotemmo per il uento contrario: mettendo noi ogni studio per entrar in porto, la forza del uento contrario ci risospinse, e reggittò: mal grado nostro il uento dal porto ci rimosse.

Portum, reflante uento, tenere non potuimus, ingredi, inire, obtinere, assequi non licuit: uenti uis aduersa portu nos exclusit, prohibuit, arcuit, amouit: reiecti sumus à portu, reflante uento: portũ uentus eripuit: summouit nos uentus à portu: portum inire conantes repulit uentus.

Vergogna.

Eßi piu di te ne saranno biasimati: maggior uergogna loro ne auuerrà, che a te: ne seguirà loro maggior biasimo, che a te: piu di te riporteranno infamia.

Maiori hoc illis erit fraudi, quã tibi: uitio dabitur ijs potius, quam tibi: culpae plus in eos, quam in te cõferetur: plus ipsi ferent infamiae, dedecoris, ignominiae, culpae: grauior ad eos, quam ad te, redibit infamia.

Ti sarà gran uergogna, se darai a conoscere, che tu non sia di quel grand'animo, che soleui.

Animi tui magnitudinem inflectere sine summo dedecore non potes: subibis infamiam, si ab animi tui praestantia desciueris: excelso animo eras; si te demiseris, aut humile quidquam cogitaueris, facies turpißime, dedecus admittes, grauis infamia consequetur, summo tibi erit dedecori.

Y 4   Doue

Doue tu credi che sia honore, stimo io che sia uergogna: onde tu loda & honore aspetti, pare a me biasimo, è uergogna si debba aspettare: onde tu credi che debba nascere honore, indi credo io che sorgerà uergogna.

Qua tu in re dignitatem, ego deformitatem statuo, pono, loco, sitam censeo, positam, locatam, constitutam: quem tu dignitatis, eum ego locum infamiae puto: quod tu ualere ad laudem existimas, ego dedecus in eo, turpitudinemq. constituo: unde tu decus, & gloriam speras exoriri posse, inde ego ne dedecus emergat, ne emanet infamia, ne turpitudo effluat, magnopere uereor.

Vergogna eterna.

Tu ti hai macchiato di uergogna tale, che non potrà mai il tempo cancellarla: ti hai condennato a sempiterna uergogna: hai operato di maniera, che sarai sempre infame, non haurai da qui innanzi alcuna riputatione.

Aeternam ignominiae labem subijsti: sempiternam ipse tibi ignominiam imposuisti: aeterna tibi est insta infamiae nota: ipse te adspersisti, atq. inquinasti maculis infamiae sempiternis: spem iibi omnem futurae dignitatis ademisti: nullam tibi in posterum dignitatis partem reliquisti.

Verisimile.

Egli è uerisimile: ha forma, apparenza, faccia di uerità: è cosa da credere: è credibile: par ragioneuole: ha del ragioneuole.

Rationi

Rationi consentaneum est : cum ratione consen
tit:consentaneum est:simile ueri, credibile,non alie
num a ratione, cum ratione congruens:ratio postulat, ut credatur : est cur credatur, uerum putetur :
ueri similitudinem , speciem , formam imaginem
praesefert, ostendit : non discrepat, non dissentit,
non procul abest a ratione..

Verità.

Stimo piu la uerità, che l'amicitia:ho maggior riguar
do alla uerità, che all'amicitia : con la uerità, non
con l'amicitia, mi consiglio:piu mi muoue la uerità
che l'amicitia.

Veritatis plus, quam amicitiae, tribuo : maiorem habeo ueritatis, quam amicitiae rationem : plu
ris est apud me ueritas, quam amicitia, amicitiae ue
ritatem antepono:locum apud me honestiorem ueri
tas obtinet, quam amicitia : apud me cedit amicitia
ueritati:nihil amicitiae largior, nihil ueritati nego.

Verno.

Questo è un brutto uerno, fastidioso, strano, malinconi
co, di horribil aspetto.

Taeterrima, ac foedissima hiems est : hieme utimur iucundo, ac tristi : hiemem habemus perodiosam : nihil hac hieme foedius, nihil horribilius.

Vestimento.

Vestito alla Spagnuola, a guisa di Spagnuolo, à uso di
Spagna, nella maniera di Spagna, come in Spagna
si costuma, come porta il costume di Spagna.

Ornatu Hispaniensi : Hispaniorum more : indu-
tus

tus more Hispaniensi: speciem hominum Hispanorū uestitu referens, praeseferens, ut in Hispania solet; ut Hispaniae mos & consuetudo fert.

Vffici cattiui.

Mi è stato forza di lasciare quella mia antica opinione, per li peßimi uffici, per le maluagie operationi, per li tristi effetti, per lo cattiuo operare di costoro.

Istorum maleuolentißimis obtrectationibus, improbis artibus, iniqua infensaq. in primis opera de uetere illa mea sententia depulsus sum, detrusus, deiectus, ueterem sententiam deposui, abijcere sum coactus, discedere a sententia, descifcere, animum abducere, institutae cursum opinionis alio conuertere, flectere, mutare.

Vfficio.

Questo è l'ufficio tuo: tuo debito è questo: da te ß richiede, a te ß conuiene, sei tenuto a questo: a te ß appartiene, ß aspetta, ß richiede.

Tuum hoc est munus, tui muneris, tuae partes: tuarum partium: hoc a te postulatur, exspectatur, requiritur, exigitur: hoc homines exspectat: hoc ad te pertinet, attinet, spectat, tibi conuenit, in te conuenit, te decet, tuum est: hoc debes, tibi non licet hoc negligere: proprie in te cadit.

Viaggio.

Non ti mettere in uiaggio se non sei sano: non entrar in camino, se non ti senti bene: lascia il pensiero di far uiaggio, se non sei in stato buono di sanità.

Ne te uiae, nisi confirmato corpore, committas:

nisi

niſi recte ualeas,ne te in uiam des:peregrinandi conſi
lium,niſi ualetudine firma utaris,omitte.

Vicario.

Egli è Vicario del Papa: ſoſtiene carico del Papa : è in
luogo del Papa: rappreſenta ſua Santita, ſua Beati=
tudine, il Pontefice, Noſtro Signore, il Vicario di
Chriſto.

Pontificium munus ſuſtinet: Pontificis agit par=
tes: Pontificem agit: Pontificis loco eſt: uicariam o=
peram Pontificis loco praebet: Pontificis perſonam
gerit, ſuſtinet.

Vietare.

La pouertà molte uolte non laſcia hauere degli hono=
ri, uieta che non ſi habbino degli honori, impediſce
la uia degli honori, ritarda il corſo degli honori, è
cagione che non ſi habbino degli honori, ci ſi attra=
uerſa, ci ſi oppone nella uia degli honori.

Saepe aditum ad honores intercludit inopia, uiā
impedit, curſum moratur : ſaepe impedimento fuit,
ſaepe fecit inopia, commiſſum eſt inopiae culpa, ex
inopia contigit, ne liceret ad honores peruenire, ne
liceret expedite pogredi, procedere, curſum tenere
in honorum uia: egeſtas, rei domeſticae difficultas,
rei familiaris anguſtiae, domeſticae difficultates cun
tibus ad honores impedimenta obiecerunt.

Vigilare.

Ho uegliato tutta notte: non ho mai dormito, non ho ri
poſato , non ho chiuſo gli occhi tutta notte ; non
ho potuto prender ſonno ; non è mai uenuto il ſon=
no;

Eleganze

no:è stato sempre il sonno da me lontano.

Somnum hac nocte numquam uidi, oculis numquam uidi meis, capere numquam potui: somnus hac nocte meos oculos effugit, abfugit a meis oculis, numquam se obtulit oculis meis, refugit a meis oculis: noctem insomnem duxi: insomnia laboraui: perpetua uigilia sum uexatus: spatium noctis uniuersum peruigilaui: soporem numquam gustaui: numquam quieui, quies numquam data est: omnes mihi noctis partes uacuae somno, expertes somni, sine somno fuerunt.

Vincere.

Con poca fatica io uinsi l'uno e l'altro, io rimasi uincitore, hebbi la uittoria.

Vtrumque facile fregi, atque abieci, nullo negotio retudi: uictoriam ex utroque tuli; uictoria sum potitus: uterque mihi uictus cessit.

Vincere un'essercito.

Cesare uinse Pompeio in battaglia con essercito assai minor del suo.

Caesar Pompeium, cum exercitum ipse haberet multis partibus inferiorem, pugna tamen fregit, proelio superauit, acie uicit, fudit, fugauitque, copias eius profligauit, in fugam coniecit, conuertit, uictoria est potitus, uictoriam tulit, obtinuit, consecutus est, adeptus est.

Vindicare.

Egli ha fatto contra di se quel, che doueuamo far noi: ha fatto le nostre uendette contra di se stesso: ha
operato

Toscane e Latine.

operato contra se stesso: ha procacciato il suo danno in luogo nostro, in cambio nostro.

Nostram uicem ultus est ipse sese: quem hostem eundem suimet ultorem habuimus: eundem & iniquum aduersus nos, & iniquitatis, atque iniuriarum uindicem habuimus: ultor fuit, ac punitor doloris nostri: quod nostrum erat, ipse effecit, ut iniurias nostras in se ipso uindicaret, ulcisceretur, perseque retur.

Villa.

Diletta molto lo star in uilla: è di piacere lo star in uilla: la uilla, il uilleggiare, la stanza di uilla è ai gran sollazzo, spasso, diporto, porge molta allegria all'animo, riconforta l'animo.

Ruri esse, ruri habere, rus colere, rusticari, cum rusticis esse, in agris esse, rusticam uitam agere, periucundum est, delectat in primis, iucunditatem habet, summae uoluptatis est, male affectũ animũ recreat, maerorem fugat, maeroris medicina est.

Villaneggiare.

Duolmi, che senza tua colpa tu sia stato uillaneggiato, ti sia stata fatta uillania, scorno, dishonore.

Dolco, te immerentem conuicio iactatum, exagitatum, uexatum, male acceptum: angor animo, quod ignominiam tuleris nulla tua culpa, quod ignominia tibi sit illata immerenti, quod ignominiose sis tractatus, ignominia sis affectus nullo tuo merito.

Vilissimo animo.

Io mi marauiglio grandemente, che tu conuersi col piu uile,

uile, col piu da poco, col maggior sciagurato, che sta al mondo.

Valde miror, quod hominis taeterrimi, ac sordidissimi consuetudine utaris: mirari satis non possum, quod eius te hominis usus & consuetudo delectet, cuius infima condicio sit, qui sit infimae condicionis, humillimi loci, obscuri loci, nullius loci, nullius ordinis, nullius pretij, despectus, abiectus, contemptus, terrae filius, inops ab omni prorsus existimatione, neq. a se ipso, neque a maioribus commendatus, nulla maiorum laude, nulla sua uirtute, commendatus, honestatus, nobilitatus, insignis.

Viltà di animo.

Gran uiltà di animo ho conosciuto in lui: l'ho conosciuto uilissimo, di bassissimo animo, senza alcun nobil pensiero, priuo di ogni honorato desiderio.

Summam in eo animi humilitatem cognoui, animi demissionem, abiectionem, infirmitatem, imbecillitatem, tenuitatem, angustias: hominem esse uidi exigui admodum animi, demissi, abiecti, humillimi, infirmi, imbecilli, per angusti, in primis pusilli, nihil altum suspicientem, nihil spectantem in laude positum, nihil de laude cogitantem, nullius laudis cupiditate flagrantem, auersum ab omni gloriae studio, in humiles planeq. sordidas cogitationes deiectum, tamquam humi serpentem.

Violenza.

Sceleratissimo è colui, che fa uiolenza alla patria, ouero al padre: non è huomo piu scelerato di colui, commette colui ogni scelerità, pecca grauißimamente, commette la maggior colpa del mondo.

Nullum est grauius piaculum, quam patriam, aut parentem uiolare, quam patriae, aut parenti uim afferre, inferre, manus afferre, inferre, iniuriam facere, inferre.

Virtù.

Ad un sauio, come tu sei, sta bene a giudicare, che la uera lode nasca solamente dalla virtù, che solamente all'huomo uirtuoso la uera lode sia douuta, che meriti lode solamente chi opera uirtuosamente.

Tuae sapientiae est, ueram laudem in una uirtute positam, sitam, locatam, constitutam existimare, in una uirtute consistere, ab una uirtute pendere, nasci, fluere, manare, proficisci.

Chi non ha in compagnia la uirtù, facilmente è uinto dalla fortuna: non sostiene i colpi, e le percosse della fortuna, chi è disarmato della uirtù, chi con l'armi della uirtù non si difende.

Cui comes uirtus non est, is animo facile cadit a fortuna percussus: ictus fortunae ferre non potest, qui tectus uirtute non est, qui uirtute munitus nõ est, qni se uirtutis armis non tuetur: sine uirtute infirmi sumus, male muniti, aperti aduersus fortunae uim: facile uincimur a fortuna, uirtutis praesidio destituti, absente uirtute, nisi adsint uirtutis opes.

Virtù, con gran forza.

La uirtù può ogni cosa, è padrona, è regina del tutto, regge, e gouerna l'uniuerso, soprasta a tutte le cose humane, uince chi è piu potente, supera tutte le difficoltà, spezza ogni durezza, passa per ogni strettezza, illustra tutte le tenebre, cessa a niuna cosa, & a lei ogni cosa è soggetta.

Summa uirtutis potestas est: praeest uirtus cunctis rebus humanis, regit omnia, temperat, moderatur, administrat: omnia sunt in potestate uirtutis: ipsa nemini, ei omnes, & omnia parent: uirtus late dominatur, regnat ubique locorum, imperium habet in omnes res, uim habet infinitā, ualet ad omnia, assequitur omnia, summum possidet ius, uincit omnes opes, omnes superat difficultates, durissima quaeq. perrumpit, quaslibet angustias, quacuis claustra pertransit, illustrat omnes tenebras, lucet in tenebris, pulsa loco manet, non surripitur furto, non eripitur ui, non uetustate senescit, non incendio corrumpitur, nullis capitur insidijs, nullos fortunae casus extimescit, plane omnium rerum domina, omnium regina est.

Virtù, con utilità.

La uirtù gioua grandemente e nella buona, e nella rea fortuna: in ogni stato di fortuna grande frutto si coglie della uirtù: porge la uirtù piu che mediocre utilità in ogni tempo.

In utraq. fortuna maximus ex uirtute fructus capitur, percipitur, colligitur: uirtus tum in aduersa, tum in secunda fortuna uberrimos fructus affert: magnas utilitates in omni fortuna parit uirtus: aduersis pariter, & secundis in rebus commo=
da

Toscane e Latine.   337

mium demisso, nimium imbecillo animo es: animus
tibi siue animo est: abest: animus ab animo tuo: facile
commoueris, facile animo concidis: langues animo:
languet animus tuus: animo non viges: non viget
animus tuus: animum in te desidero, requiro.

Tornare.
Torno in villa, che non me n'aueggo, in villa mi rimena
no i piedi, senza ch'io me n'auegga.
Redeo, reuertor, reuerto, refero me ad rus, repeto rus insciens, imprudens, inscienter, præter voluntatem: pedes me ad rus inscientem referunt.

Tornare in amicitia.
Io mi sono rappacificato co' mie nemici.
Cum inimicis in gratia redij, reconciliatus sum.
Vedi la parola, Rappacificarsi.

Torto.
Tu mi hai fatto torto, ingiuria, ingiustitia, ingiustame-
te mi hai trattato, mi hai offeso, mi hai ingiuriato: ho
da te riceuuto ingiuria.
Inique mecum egisti: iniuriose me tractasti: iniuriam mihi intulisti: iniuria me affecisti: iniuriam
abs te tuli, passus sum, læsus a te sum immerito meo,
nullo meo merito, nulla culpa, absq; culpa, nihil tale meritus: læsisti me immerentem, innocentem, nullius affinem culpæ, omnis expertum culpæ, ab omni
vacuum culpa.

Trafficare.
Traffica in Milano: ha traffichi in Milano: ha negotij in Milano: ha facende, ha maneggi, ha mercatantia

ognuno: niuno sarà senza trauaglio, niuno che non sostenga molti mali.

Nulla est acerbitas quæ non omnibus impendeat immineat, quæ non omnes maneat: aduersa omnes omnia sustinebunt: pari omnes calamitate præment communis erit omnium,non propria cuiusquam, malorum tempestas, vis malorum, iniquitas fortunæ.

Tributario.

Queste possessioni pagano grauezza, danno tributo, pagano censo.

Fructuarij sunt hi agri, non sunt immunes, tributum soluunt, publice aliquid pendunt, vectigales sunt.

VACANZE.

Hora si riposa dalle facende, riposano le facende: stannosi gli huomini a riposo: cessano le facende: non si traffica.

Quies nunc a negotijs est: quiescunt negotia: prolatæ res sunt: negotia non geruntur: negotiorum nihil est: rerum nihil geritur: quiescunt homines a negotijs: feriæ sunt a negotijs vacatio est a rebus gerēdis: vacationem a rebus, quietem a negotijs cocedit tempus.

Vago di gloria.

Insin da fanciullo tu eri vago della gloria, amaui molto la gloria, grandemente la gloria ti piaceua, ti dilettaua, ti aggradiua: eri infiammato dell'amore della gloria, intendeui con tutto l'animo alla gloria.

Z 2   Inflam-

Eleganze

Inflammabatur ad gloriam à puero ſuſtulerim, ma-
à pueritia gloriæ ſtudio, atq; amore flagrabat: ſpec-
ſtaſti gloriam ante omnes res à primis annis: tibi erat
gloria omnium rerum antiquiſsima; in animo erat,
in oculis erat, in amoribus erat, in delicijs erat.

Valerſi.

In ogni coſa mi valerò, mi ſeruirò di tuo fratello, ado-
però tuo fratello; vſerò l'opera di tuo fratello, mi
valerò dell'opera di tuo fratello.

Vtar ad omnia tuo fratre: vtar opera fratris tui:
quidquid accîderit, confugiam ad fratrem tuum.

Vanità.

Ti piaccionola vanità: vai dietro à coſe vane: legge-
ri, e di poco momento ſono gli ſtudi tuoi.

Rebus leuioribus tuū ſtudium das: tibi placent
leuitates: contemplaris, ſequeris, amas inania: con-
uertis tuum ſtudium ad res inanes: colis ea, quæ
non conſiſtunt, nihil habent firmitudinis, nihil pri-
uitatis, nihil ponderis, inanitates, leuitates, nullius pon
deris, infirmas, inanes, ſolidas: amas ea, quæ ſolidum
nihil habent.

Vano.

Non vidi mai Duomo più vano, di maggior vanità,
più leggieri, men graue.

Vaniorem, inaniorem, leuiorem, dementiorem vidi nunquam: nihil eſt in eo grauitatis: nihil eſt in illo inanius: vento leuior eſt, aere inanior.

Vbidire.

Quel, che da te mi ſie commeſſo, eſſequirò volentieri:
vbidirò

Toscane e Latine.

vbidirò a' tuoi commandamenti : darò effetto alle tue
commissioni, la mia volontà alla tua seruirà : tanto
farò, quanto commanderai.

Parebo tuis mandatis, exequar tua mandata,
efficiam, dabo quod mandasti, tuæ voluntati parebo,
morem geram, obsequar, obtemperabo, sequar
voluntatem tuam : meam voluntatem ad tuam aggregabo, cum tua conueniet : tuæ voluntati mea
voluntas seruiet : tua mihi voluntas lex erit, atque
norma.

Vbidire al tempo.

E cosa da sauio il sapersi gouernar si, e reggersi secondo il
tempo, a seconda del tempo, secondo la stagione, come
pare che il tempo commandi.

Tempori cedere necessitati parere, res ad tempus
accommodare, ex tempore, quæ tempus postulet, ea
sapere atque exequi sapientia est, sapientis est, sapientis est, convenit sapienti, proprium sapientiæ est,
decet sapientem, ad sapientem pertinet : qui tempus
consulit, qui rationem temporis habet, qui nullam
rem agit, quam tempus improbare videatur, is vere
sapiens est. Hunc vere sapientem dicas : sapientem
qui hunc appellet, non errabit.

Vecchiezza.

I figliuoli giouani sostentano i padri, quando cominciano ad inuecchiare, a venir vecchi, a perdere le forze per il peso della vecchiezza, accostarsi alla vecchiezza, auicinarsi all'età simile, all'ultima parte
della vita.

Parentum

Parentum ætas ingrauescens filiorum in adolescentia conquiescit: parentum imbecillitas filiorum nititur adolescentia: parentum senectutem fulcit, ac sustentat filiorum adolescentia: subsidio est labentibus parentum uiribus adolescentia liberorum: senio parentum subueniunt adolescentes filij.

Vecchio.

Io sono tanto vecchio, che poco più di uita mi resta: assai lungo è stato il corso della uita mia: son peruenuto con gli anni al fine della uita: a quel grado di età son giunto, oltre al quale poco si passa.

Iam me ad exitum uitæ pene natura ipsa perduxit: ætati satis superq; uixi: non est, cur me peniteat quantum uixerim: uixi uitam satis diuturnam: cursus mihi uitæ iam pæne confectus, & absolutus est: decursus mihi iam prope uitæ spatiũ est, quãtulũ mihi uitæ spatiũ restat, quantulũ mihi uitæ restat, superest, reliquũ est, relinquitur: tanquam à carceribus ad metã uitæ iam perueni: uixi quatenus homini licet, quatenus homini satis esse possit: extremæ senectutis onus sustineo: extrema mihi uitæ pars agitur.

Veder vn paese.

Stando a sedere nella mia camera, io uedeua tutto quel paese.

Tota mihi illa regio, in cubiculo meo sedeti, erat in cõspectu, ante oculos erat, sub oculis erat, ob oculos erat, ad oculos occurrebat; in oculis erat, sese ostendebat, patebat, aperiebatur, exponebatur.

Vento

Vento contrario.

Ci forzammo di entrare in porto, e non potemmo per il vento contrario: mettendo noi ogni studio per entrar in porto, la forza del vento contrario ci risospinse, e reggittò: mal grado nostro il vento dal porto ci rimosse.

Portum, reflante vento, tenere non potuimus, ingredi, inire, obtinere, assequi non licuit: venti vis aduersa portu nos exclusit, prohibuit, arcuit, amouit: reiecti sumus a portu, reflante vento: portum ventus eripuit: summouit nos ventus a portu: portum inire conantes repulit ventus.

Vergogna.

Essi piu di te ne saranno biasimati: maggior vergogna loro ne auuerrà, che a te: ne seguirà loro maggior biasimo, che a te: piu di te riporteranno infamia.

Maiori hoc illis erit fraudi, quam tibi: uitio dabitur ijs potius, quam tibi: culpę plus in eos, quam in te conferetur: plus ipsi ferent infamiæ, dedecoris, ignominiæ, culpę grauior ad eos, quam ad te, redibit infamia.

Ti sarà gran vergogna, se darai a conoscere, che tu non sia di quel grand'animo, che soleui.

Animi tui magnitudinem inflectere sine summo dedecore non potes: subibis infamiam, si ab animi tui præstantia desciueris: excelso animo eras; si te demiseris, aut humile quidquam cogitaueris, facies turpissime, dedecus admittes, grauis infamia consequetur: summo tibi erit dedecori.

Doue tu credi che sia honore, stimo io che sia vergogna: onde tu loda & honore aspetti, pare à me biasimo, e vergogna si debba aspettare: onde tu credi che debba nascere honore: indi credo io che surgerà vergogna.

Qua tu in re dignitatem, ego deformitatem statuo, bono, loco, sitam censeo, positam, locatam, constitutam: quem tu dignitatis, eum ego locum infamiæ puto: quod tu valere ad laudem existimas, ego dedecus uideo, turpitudinemq; constituo: unde tu decus, & gloriam speras exoriri posse, inde ego ne dedecus emergat, ne emanet infamia, ne turpitudo effluat, magnopere vereor.

Vergogna eterna.

T'ai t'hai macchiato di vergogna tale, che non potrà mai il tempo cancellarla: ti hai condennato a sempiterna vergogna: hai operato di maniera, che sarai sempre infame, non haverai da qui innanzi alcuna riputatione.

Aeternam ignominiæ labem subiesti: sempiternam ipse tibi ignominiam imposuisti: æterna te infamiæ nota: ipse te aduersisti, atque notasti maculis infamiæ sempiternis: spem tibi futuræ dignitatis ademisti: nullam tibi in posterum dignitatis partem reliquisti.

Verisimile.

Egl'è verisimile: ha forma, apparenza, faccia di verità: è cosa da credere: è credibile: par ragionevole: ha e ragioneuole.

Rationi

Ragionevole, consentaneum est, cum ratione consentit: consentaneum est, simile veri, credibile, non alienum a ratione, cum ratione congruens: ratio postulat, vt credatur: est cur credatur, verum putetur: veri similitudinem, speciem, formam imaginem præsefert ostendit: non discrepat, non dissentit, non procul abest a ratione.

Verità.

Stimo piu la verità, che l'amicitia: ho maggior riguardo alla verità, che all'amicitia: con la verità, non con l'amicitia, mi consiglio: piu mi muoue la verità che l'amicitia.

Veritatis plus, quam amicitiæ, tribuo: maiorem habeo ueritatis, quam amicitiæ rationem: pluris est apud me ueritas, quam amicitia, amicitiæ verita- tem antepono: ueritatem apud me honestiorem ueritatem habeo, quam amicitia: apud me cedit amicitia ueritati: nihil amicitia largior, nihil veritati nego.

Verno.

Questo è vn brutto verno, fastidioso, strano, malinconico, di orribil aspetto.

Tæterrima, ac fædissima hiems est: hieme utimur molesta, ac tristi: hiemem habemus perodiosam: nihil hac hieme fœdius, nihil horribilius.

Vestimento.

Vestito alla Spagnuola, a guisa di Spagnuolo, a uso di Spagna, nella maniera di Spagna, come in Spagna si costuma, come porta il costume di Spagna.

Ornatu Hispaniensi: Hispaniorum more: indu-
tus

*tus more Hispaniensi: speciem hominum Hispanorū
vestitu referens, praeferens, ut in Hispania solet; vt
Hipaniæ mos & consuetudo fert.*

Vffici cattiui.

Mi è stato forza di lasciare quella mia antica opinione
per li pessimi uffici, per le maluagie operationi, per li
tristi effetti, per lo cattiuo operare di costoro.

*Istorum maleuolentissimis obtrectationibus, im-
probis artibus iniqua infensaq; in primis opera de
uetere illa mea sententia depulsus sum detrusus, deiectus veterem sententiā deposui, abijcere sum coactus, discedere a sententia, descicere, animum abdu
cere, institutæ cursum opinionis alio conuertere, flectere, mutare.*

Vfficio.

Questo è l'ufficio tuo: tuo debito è questo: da te si richie
de; a te si conuiene, sei tenuto a questo: a te si appar
tiene, si aspetta, si richiede.

*Tuū hoc est munus, tui muneris, tuæ partes: tua
rum partium: hoc a te postulatur, expectatur, requi
ritur, exigitur: hoc homines expectāt: hoc ad te pertinet, attinet, spectat, tibi conuenit, in te conuenit, te
decet, tuum est: hoc debes, tibi non licet hoc negligere
proprie in te cadit.*

Viaggio.

Non ti metter in viaggio se non sei sano: non entrar in
camino, se non ti senti bene: lascia il pensiero di far
viaggio, se non sei in stato buono di sanità.

*Ne te via nisi confirmato corpore, committas:
nisi*

nisi recte valeas, ne te in uiam des: peregrinandi cōsilium, nisi valetudine firma utaris, omitte.

Vicario.

gli è Vicario del Papa: sostiene carico del Papa: è in
luogo del Papa: rappresenta sua Santità, sua Beati-
tudine, il Pontefice, Nostro Signore, il Vicario di
Christo.

Pontificium munus sustinet: Pontificis agit partes: Pontificem agit: Pontificis loco est: uicariam o-
peram Pontificis loco præbet: Pontificis personam
gerit, sustinet.

Vietare.

La pouertà molte volte non lascia hauere de gli honori, uieta che non si habbino de gli honori, impedisce
la uia de gli honori, ritarda il corso de gli honori, e
cagione che non si habbino de gli honori, ci si attrauersa, ci si oppone nella uia de gli honori.

Sæpe aditum ad honores intercludit inopia, uiam
impedit, cursum moratur: sæpe impedimento fuit,
sæpe fecit inopia, commissum est inopiæ culpa, ex
inopia contigit, ne liceret ad honores peruenire, ne
liceret expedite progredi, procedere, cursum tenere
in honorum uia: egestas, rei domesticæ difficultas, rei
familiaris angustiæ, domesticæ difficultates euntibus ad honores impedimenta obiecerunt.

Vigilare.

Ho vegliato tutta notte: non ho mai dormito, non ho
riposato, non ho chiuso gli occhi tutta notte; non
ho potuto prender sonno; non è mai venuto il sonno;

no è stato sempre il sonno da me lontano.
Somnum hac nocte nunquam uidi, oculis nunquam uidi meis, capere nunquam potui: somnus hac
nocte meos oculos effugit, abfugit a meis oculis, nun
quam se obtulit oculis meis, refugit a meis oculis, insomnem duxi: insomnia laboraui: perpetua
uigilia sum uexatus: spatium noctis uniuersum per
uigilaui: soporem nunquam gustaui: nunquam
quieui, quies nusquam data est: omnes mihi noctis partes uacuæ somno, expertes somni, sine somno
fuerunt.

Vincere.

Con poca fatica in niuno l'uno e l'altro, io e il mio uincitore, hebbi la uittoria.
Vtrumque facile fregi, atque abieci, nullo negotio retudi, auctoritate ex utroque tuli, uictoria sum
potitus: uterque mihi uictus cessit.

Vincere un'essercito.

Cesare uinse Pompeio in battaglia con essercito as-
minor del suo.
Cæsar Pompeium, cum exercitum ipse haberet
multis partibus inferiorem, pugna tamen fregit,
prælio superauit, acie uicit, fudit, fugauitq;, copias
eius profligauit, in fugam coniecit, conuertit, uictoria est potitus, uictoriam tulit, obtinuit, consecutus
est, adeptus est.

Vindicare.

Egli ha fatto contra di se quel, che doueano far noi:
ha fatto le nostre uendette contra di se stesso ; ha
operato

Toscano et Latine.

operato contra se stesso: ha procacciato il suo danno in luogo nostro, in cambio nostro.

Nostram vicem vltus est ipse sese, quem hostem eundem semper vltorem habuimus: eundem & iniquum aduersus nos, & iniquitatis, atque iniuriarum vindicem habuimus: vltor fuit, ac punitor doloris nostri: quod nostrum erat, ipse effecit, vt iniurias nostras in seipso vindicaret, dilaceretur, persequeretur....

Villa.

Dilettandosi lo star in villa: e di piacere lo star in villa: la villa, il villeggiare, la stanza di villa è di gran solazzo, spasso, diporto, porge molta allegria all'animo, riconforta l'anime.

Ruri esse, ruri habere, rus colere, rusticari, cum rusticis esse, in agris esse, rusticari, agere, periucundum est, delectat in primis, iucunditatem habet, summae voluptati est, mollem fiction animum recreat, moerorem fugat, animi medicina est.

Villaneggiare.

Duolmi, che senza tua colpa ti sia stato villaneggiato, ti sia stata fatta villania, scorno, dishonore.

Doleo, te in praesentem coniectum insultum, exagitationem, veratum, male acceptum esse animo, quod ignominiam tuleris nulla tua culpa, quod ignominia tibi sit illata immerenti, quod ignominiose sis tractatus, ignominia sis affectus nullo tuo merito.

Vilissimo animo.

Io mi maraviglio grandemente, che tu conuersi col più
vile,

uile, col piu da poco, col maggior sciagurato, che sia al mondo.

Valde miror, quod hominis taeterrimi, ac sordidissimi consuetudine utaris: mirari satis non possunt quod eius te hominis usus & consuetudo delectet, cuius infima condicio sit, qui sit infimae condicionis, humillimi loci, obscuri loci, nullius loci, nullius ordinis, nullius pretij, despectus, abiectus, contēptus, terrae filius, inops ab omni prorsus existimatione, neq; a se ipso, neque a maioribus commendatus, nulla maiorum laude, nulla sua uirtute, commendatus, honestatus, nobilitatus, insignis.

Viltà di animo.

Gran uiltà di animo ho conosciuto in lui: l'ho conosciuto uilissimo, di bassissimo animo, senza alcun nobil pensiero, priuo di ogni honorato desiderio.

Summam in eo animi humilitatem cognoui, animi demißionem, abiectionem, infirmitatem, imbecillitatem, tenuitatem, angustias: hominem esse uidi, exigui admodum animi, demißi, abiecti, humillimi, infirmi, imbecilli, perangusti, in primis pusilli, nihil altū suspicientē, nihil spectantem in laude positum, nihil de laude cogitātem, nullius laudis cupiditate flagrantem, auersum ab omni gloriae studio, in humiles plaeneque sordidas cogitationes deiectum, tamquā humi serpentem.

Violenza.

Sceleratißimo è colui, che fa uiolenza alla patria, ouero al padre: non è huomo piu scelerato di colui, commette

mette colui ogni scelerità, pecca grauissimamente, commette la maggior colpa del mondo.

Nullum est grauius piaculum, quam patriam, aut parentem violare, quam patriæ, aut parēti uim afferre, inferre, manus afferre, inferre, iniuriam facere, inferre.

Virtù.

Ad un sauio, come tu sei, sta bene a giudicare, che la uera lode nasca solamente della virtù, che solamente all'huomo virtuoso la uera lode sia douuta, che meriti lode solamente chi opera virtuosamente.

Tuæ sapientiæ est, veram laudem in vna virtute positam, sitam, locatam, constitutam existimare, in vna uirtute consistere, ab una uirtute pendere, nasci, fluere, manare, proficisci.

Chi non ha in compagnia la virtu, facilmente è vinto dalla fortuna: non sostiene i colpi, e le percosse della fortuna, chi è disarmato della uirtù, chi con l'armi della uirtu non si difende.

Cui comes uirtus non est, is animo facile cadit a fortuna percussus: ictus fortunæ ferre non potest, qui tectus uirtute non est, qui uirtute munitus non est, qui se uirtutis armis non tuetur: sine uirtute infirmi sumus, male muniti, aperti aduersus fortunæ uim: facile uincimur a fortuna, uirtutis præsidio destituti, absente uirtute, nisi adsint uirtutis opes.

Virtù, con gran forza.

La uirtu può ogni cosa, è padrona, è regina del tutto, regge, e gouerna l'uniuerso, soprasta a tutte le cose huma-

humane, vince che piu potente, supera tutte le difficoltà, sprezza ogni durezza, passa per ogni strettezza, illustra tutte le tenebre, essa a niuna cosa, & a lei
ogni cosa è soggetta.
Summa virtutis potestas est: præest virtus cunctis rebus humanis, regit omnia, temperat, moderatur, administrat: omnia sunt in potestate virtutis: ip
sa nemini, et omnes, & omnia parent: virtus late do
minatur, regnat ubiq; locorū, imperium habet in om
nes res, uim habet infinitam, ualet ad omnia, assequi
tur omnia, summum possidet ius, uincit omnes opes,
omnes superat difficultates, durissima quæq; perru-
pit, quaslibet angustias, quæuis claustra pertrāsit,
illustrat omnes tenebras, lucet in tenebris, pulsa loco manet, non surripitur furto, uou eripitur ui, non
vetustate senescit, non incendio corrumpitur,
nullis capitur insidijs, nullos fortunæ casus extimescit, plane omnium rerum domina, omnium regina est.

Virtù, con vtilità.

La virtù giova grandemente e nella buona, e nella rea
fortuna: in ogni stato di fortuna grande frutto si coglie della virtù: porge la virtù piu che mediocre uti
lità in ogni tempo.
In utraq; fortuna maximus ex virtute fructus
capitur, percipitur, colligitur: virtus tum in aduersa, tum in secunda fortuna uberrimos fructus
affert: magnas vtilitates in omni fortuna parit uir
tus: aduersis pariter, & secundis in rebus commode

da proficiscuntur ex uirtute multa: semper vtilis
& fructuosa uirtus est: numquam utilis virtus non
est: in omni tempore iuuamur a virtute, imbecilli
confirmamur, iacentes, & afflicti excitamur,
subleuamur, erigimur: ecquando non utilis virtus est? ecquae utilitas cum uirtutis. utilitate conferenda?

Virtuoso huomo.

Tu hai acquistata con le tue fatiche e uigilie la uirtù:le
tue fatiche e uigilie ti hanno fatto possessore della
uirtù: delle tue fatiche e uigilie è nata la tua uirtù:
nõ saresti uirtuoso, come sei, se tu non hauessi durate
e sostenute le gran fatiche, e uigilate molte notti.

Tuis laboribus, ac vigilijs uirtutẽ tibi peperisti,
comparasti, parasti, consecutus es, adeptus es; tui
tibi labores & uigiliae uirtutẽ pepererunt: magnis
laboribus, & uigilijs consecutus es ut uirtutem pos
sideas, vt uirtute flores, valeas, polleas excellas,
antecellas, praestes, fruaris: tuam uirtutem tuis laboribus & uigilijs referre debes acceptam: tibi ipsi,
tuisque laboribus tuam uirtutem debes: non hoc uir
tutis in te esset, istam uirtutem non haberes, non te-
neres, non possideres, nisi labores grauissimos & su-
scepisses, & pertulisses.

Viso finto.

Il uiso inganna: la faccia è bugiarda: discorda l'animo
dal uiso, non è il uolto uero messo dell'animo: con
la falsa apparenza del uiso l'intrinseco dell'animo si cuopre: una cosa il uiso dimostra, & un'altra

tra nell'animo sta nascosta.

Fallit vultus, mentitur, fraudem facit, in fraudem inducit, decipit: dissentit animus a uultu: non conuenit animus cum vultu: index animi uerus non est uultus: falsa vultus imagine, ficta specie dissimulatur animus: aliud vultus præsefert, aliud animus celat, occultat, tegit, aliud in animo latet: tegit animum vultus: mendax vultus est: latet animus in vultu: vultu, quasi uelo, aut inuolucro animus obtegitur, atque obtenditur: ueram imaginem animi vultus non præfert: sensus animi cum specie vultus minimè congruit, minime consentit.

Vita.

La vita deue esser cara dopo l'honore, in pregio piu di tutte le cose, eccetto l'honore.

Omnium rerum, honore excepto, prima esse, carissima, antiquissima uita debet: secundum honorem, post honorem, honore excepto, si honorem exceperis, nihil esse debet uita prius, potius, carius, antiquius: primas sibi partes post honorem vita vindicat: primæ partes uitæ debentur, honore tamē excepto.

Non all'honore solamente, ma alla uita ancora è d'hauere riguardo: con l'honore è da prezzare la uita: deuesi attendere alla uita parimente, & all'honore.

Saluti pariter & honori consulendum: ducenda simul ratio est & salutis, & dignitatis: non dignitatem magis, quam salutem spectare debemus salutis ratio cum dignitatis ratione coniungenda quærenda,

quærenda, amanda, expetenda sine salute dignitas
non est: non est a dignitate vita seiungenda: decet
studere dignitati, cum eo tamen, ne studium uitæ ne
gligatur.

Vita ben principiata.

Buon principio hai fatto della tua uita: lodeuole principio hai dato alla tua vita: con principio honorato
hai cominciato la tua vita: ottimo partito hai preso nel principio della tua vita.

Sapienter vitam instituisti: optimum cursum ce
pisti: optimam partem elegisti: exordium vitæ præ
clarum fecisti: egregio uitam principio iniuisti.

Vita riposata.

Farò, che uiuerai uita riposata, che riposerai, uiuerai
quietamente, farà quieto, e piaceuole il corso della
tua vita, niuna molestia sentirai, niuna amaritudine gusterai.

Præstabo tibi otium, quietam uitam, tranquil-
lam, facilem, alienam ab omni cura, uacuam omni
cura, omnium expertem perturbationum, ab omni
molestia remotam, seiunctam, segregatam, disiun-
ctam: efficiam, ut quiete uiuas, ut quietam uitam
ducas, facilem ut habeas & expeditum uitæ cursum, tranquille prorsus ut agas, ut omni molestia
uaces, ut otio fruaris iucundissimo, commodissimo,
uberrimo, ut otiose uiuas.

Viuere.

Chi è che non desideri di uiuer lungamente? di hauere lunghissima uita? di fornire tardi il corso della uita

la vita? di tardi morire? di tardi vscire di vita?
di non presto vedere il fine, il termine, l'ultimo gior
no, l'ultima hora della vita, quell'ultimo giorno,
che la vita chiude, quell'ultim'hora, che pon fine
alla vita?

Ecquis est, qui diuturnam vitam non amet, non
cupiat, exoptet, expetat? chi diuturna vita nō pla
ceat? quis diu viuere, diu vitam agere, diuturnam
ducere, traducere, vitam agere, transfigere, viuere,
diuturna lucis vsura frui, diu inter homines agere,
cum hominibus versari, in terris morari non cupit?

Viuere assai

Ho viuuto assai: assai lungo è stato il corso della vita
mia: posso contentarmi di quanto ho viuuto: non
mi dolgo di esser viuuto poco.

Satis diu vixi: ætatis satis vixi: vitæ satisfeci æ
tate: satis longe vitam produxi: satis longū vitę spa
tium peregi: non me pœnitet, quantum vixerim: cur
sum vitæ minime breuem peregi: vixi vitam satis
diuturnam: hoc vitæ spatio contentus esse possum: nō
moriar immaturus: non auellar immaturus a vita.

Non sò, s'io viuerò tanto: non ho certezza di poter vi
uer tanto: dubito, non tanto oltre si stenda la mia vi
ta: nō posso promettermi sicuramente tanto di vita.

Optandum est, vt ad id tempus ducere spiritum
possim: incerta ad illud tempus vita est: vereor, ne
non tam diu viuam, ne non vsque eo vitam produ-
tam: vitam quis mihi præstat ad illud tempus?
explorata mihi ad eam diem vita non est.

Viuere

Toscane, e Latine.
Viuere in miseria.

Visse in miseria, e mori con gloria: fu misera la vita, e gloriosa la morte: chiuse la sua misera vita con honorata morte: fu cosi bella la morte, come infelice la vita: compensò le miserie della vita la gloria della morte.

Vt misere vixit, ita perijt honeste: miserrimam vitam mors præclara terminauit: vitam infelicem egregio mortis genere conclusit: acerbitates vitæ multas vna peregregiæ mortis hora compensauit: vitam vixit infelicem, præclaram vero mortem obijt: miserias in vita sustinuit, decus in morte tulit.

Volontieri.

Molto volontieri cōcedo, che tu lasci gli studi, essendo mal sano, io ne son contento, largamente ti concedo.

Cum sis valetudine infirmus, me perlibēte vsum studiorum dimittes, summa mea voluntate studia deponies: libentissime tibi largior, perlibenter concedo, vtraque manu do, vt a studiorum consuetudine te seiungas: te a studijs discedere, facillime patior: in studijs omittendis, cum tuo sensu meus quoque sensus congruit.

Vsanza.

Questa e l'usanza, il costume, l'uso, l'ordinario, quel che si costuma di fare, si vsa di fare: cosi porta il costume.

Translaticium hoc est, uisitatū, in more positū, more comparatum: mos obtinuit: mos inualuit: moris est:

ris est : consuetudo ita fert : more fit.

Vsare.

Sono usato alle sciagure, e però non sento: men graui, meno acerbi mi sono gl'infortuni, per esserui auuezzo, per hauerne prouato molti.

Malorum usus mihi sensum ademit: leniora uidentur, quæ diu sustinui mala: occaluit iam animus diuturno malorum usu: callum obduxit animo meo diuturna calamitatum consuetudo, sic, ut minime sentiat, ut sensu prorsus uacet, ut sensum amiserit.

Vscire.

Tu non esci mai di camera.

Numquam egrederis cubiculo: pedem e limine cubiculi numquam effers: extra cubiculum nemo te umquam uidet: perpetua tibi sedes cubiculus est.

Vscire di fatica.

Io son'uscito di una grandissima fatica; ho fornito una gran fatica: ho condotto a fine, ho posto fine, dato fine, messo fine ad una gran fatica.

Perfunctus sum labore grauissimo: labori finem feci, finem imposui: laborem terminaui, ad finem ad exitum perduxi: laborem sustinui, quoad oportuit.

Vtile.

Fa come hai cominciato, se ti è vtile, se ti gioua, se ti torna bene, se l'utile tuo te ne conforta, se utilità de ne segue, se alcuno acquisto ne fai, se ti è di giouamento, di utile, di commodo.

Perge, ut cœpisti: tene tuum institutum, tene
quem

quem cæpisti, cursum: qua ire uia cæpisti, ea perge: tuam consuetudinem tuere, ac serua, si tibi vtile est, si vtilitas tua ita fert; si suadet vtilitas, si e re tua est, e tuo commodo, ex usu tuo; si ratio rerum tuarum ita postulat, si tibi conducit, expedit, prodest, bono est, emolumento est, utilitati est, commodo est: si est, vt vtilitatem capias, fructum feras, percipias, colligas; si fructuosum est.

All'vtile, & all'honor tuo grandemente penso: penso grandemente a giouarti: sto con l'animo fiso all'vtil tuo: miro assai al tuo bene.

Toto animo de tuis commodis, ornamentisq; cogito: tuam utilitatem assidue specto: hæret in animo meo de tuis commodis assidua cogitatio: si quid e re tua est, id maxime laboro: tuæ mihi res, tuæ fortunæ curæ uehementer sunt: tuæ rationes quid postulent, numquam non attendo; omnis mihi de te, tuisque commodis cogitatio est: tuam utilitatem meæ spectant cogitationes omnes: meas curas ad tuum commodum omnes contuli: animus meus in tua vtilitate fixus, & locatus est.

Fu l'eloquenza a Cicerone di somma utilità, di giouamento, di molti commodi cagione: giouò molto a Cicerone l'eloquenza: partori buon frutto l'eloquenza a Cicerone.

Fuit Ciceroni eloquentia summo emolumento, peperit emolumentum, commoda, utilitatem, copias, optima quæque, emolumentum attulit, profuit, fructum dedit, tulit, attulit, comparauit: magnum g num ex eloquentia fruttum Cicero tulit, cepit, percepit, collegit, consecutus est: admodū Ciceroni fruttuosa fuit eloquentia, utilitatis eximiæ, commodorum neque paucorum, neque mediocrium.

Non è vtilità maggiore: niuna cosa è di maggior frutto, di maggior utile.

Nihil est vberius, fruttuosius, conducibilius, ad vtilitatem præstantius, maioris emolumenti, vnde plus manet vtilitatis, plus emergat commodi, plus exsistat emolumenti: nihil est e re magis: nihil magis ad rem pertinet: nihil pluris est. tantum continet utilitatis, quantum fortasse nulla res præterea, quantū haud scio an ulla res præterea.

Figliuol mio, le lettere sempre di utile, sempre di piacere ti saranno: non fia mai, che le lettere non ti giouino: non breue vtilità, ma eterna dalle lettere ti nascerà.

Mi fili, semper usui, semper delettationi litteræ tibi erunt, fruttum tibi afferent, & uoluptatem in omni vita numquam non utiles, numquam iucunde non erunt; te semper commodis, semper uoluptate afficient, iuuabunt pariter, & oblettabunt in uniuerso tuæ vitæ cursu: uitæ tuæ par, atque adeo longior litterarum utilitas & uoluptas erit.

TAVOLA
DELLE LOCVTIONI VOLGARI,
Che nel presente Volume si contengono.

A

Bandonar gli studi 322
Abandonar se stesso 109
Abandonato 310
Accidenti della vita humana 300
Accogliere humanamente 2
Accordarsi 107
Accostarsi ad alcuno 48.335
Accusare 98.188
A cuore 83.94.316
Addolorarsi 6
Adirarsi 57.82
Adirato 57
Adoperare 6.223.298.340
Adoperarsi in seruigio di alcuno 1
Affanno 131.241
Affanno duro 189
Affanno intolerabile 112
Affare 224
Affari 83.124
Affaticarsi 132.143
Affatticarsi indarno 192
Affermare 25.152
Affettionatissimo 14.15.16
Affligersi 6
Afflittione 110

Agio 106
Aiutare 44
Alleggerire la pena 77
Allegrezze 79.265
Allegria 98
allungare 196.205.231.257.329
alteratione di animo 58
altiero 12.327
amabile 261
amalarsi 198
amicitia racquistata 364
amicitia rinuouata 204
aministrare 157
amore 9
andare incontro 190
angoscia 7.338
angoscia fiera 113
animo afflitto 10
animo cattiuo 334.304.232
animo picciolo 21.336
animo sincero 302
animo sinarrito 244
animo tranquillo 131
animo vilissimo 349.350
Animoso 50.141
Antiuedere 195
Apparenza falsa 353
Apprezzare 256
Apprezzarsi 277.316.338

ardire

Ardire	25	Bugia	116
Arrichire	167	Burlare	125
Arriuare al sommo	34	**C**	
Arroganze	327	Calamità	46
Aspettatione	27.283	Cambio	89
Assediare	2	Camino	48.18.345
Assicurare	237.329	Far Carezze	2
Assolutione	239	Casi pericliosi	50
A tale	273.305	Castigare	260
A tempo	208	Caualcare	237.319
Attendere	252.250.	Censo	339
257.258		Cercare	220
A tendere a gli studi	315	Chiedere in gratia	255
Attendere alla virtù	43	Certezza niuna	264
Attendere all'utile	274	Colera	53.82
Auara	218	Colere	92
Auaritia	187	Colpa	96
Augurio cattiuo	145	per Colpa	133.243
Auuederfi	337	Colpeuole	188
Auueduto	50	Combattere	50
Auuenimenti futuri	22	Commandare	183.340
Auuenimento contrario	27.	Commettere difetto	96
119.242.284.306		Commune dolore	114
Auuersa fortuna	46	Compassione	103.304
Auuersario	81	Compiacere	6
Auuersità	293	Compiacer ad alcuno	6
Auuertire	167	Compiutamente	245
Auuezzo	28	Complession debole	64.92
Auuocati	167	Componimenti	246
B		Comprendere	123
Battaglia	59.60	Conchiudere	45
Bella	124	Condennare	26
Beneficio	94.130.163	Condicioni rare	260
Beneficio di alcuno	271.	Confidarsi nella fede	137
273.275		Conforme	219
Benignità	83	Conforme parere	229
Biasimare	5.276.277.	Conformi	107
343		Confortare	123
Biasimo	58.228	Conforto	11.77.265
Biasimo grande di alcuno	206.	Conoscere	90
340.344		Conoscere facilmente	67
Bisogni	222	Consigliare	73.1
Bontà grande	4	Consigliarsi	76.94
Borsa buona	88	Consolare	295
Bramare	94	Constanza	247
		Consumare	

Consumare il patrimonio	126	Dar fede	315
Consumare la robba	109	Dar ordine	231
Contentarsi	74	Datio	146
Contentezza	11.265.	Debito	43.346
284		Debito di alcuno	2
Contentezza di animo	22.	Debole	144.192
236		Debole di complessione	64.92
Contento	100	Debolezza	144.243
Contento niuno	213	Debolezza di animo	21.
del Continouo	4	336	
Conto niuno	310	Deliberare	94.108.119
Contracambio	164.271.	Deriuare	32.53
273.275.302		Desiderio	232.284.
Contrario	36	325.326	
Conueneuole	173.292	Desiderio di gloria	21
Conuersare.	8.101.129.283.	Determinare	119
286.318.349.		Diceria lunga	48
Copia de'cibi	194	per Difetto	233.243
202		Differente d'opinione	107
Cordialmente	15	Differenza niuna	303.
Cordoglio	6.69.131.	313	
294		Differire	205.231.257.
Cordoglio graue	112	329.	
Corrispondenza di amore	18	Digerire	194.317
Corrucciare	57	Diletto	12
Cortesia	41.148.178	Diligente nello scriuere	99.
Cosa	83.312	Dimenticarsi	40
Costume	114.357	Dimestichezza	101.129
Costume de gli huomini	168	Dimorare	196.
Costume naturale	85.220	Dimostrare con parole	112
Credere difficilmente	21.50	Di notte	314.
Credere fermamente.	54.	Dipingere	250
86.248.291.308.		Diporto	166.349
Creder interamente	137	Di lagi	47.49
Credibile	344	Disegno	108.138.206.
Crudeltà	191	225.239	
Cuore	83.94.316	Disegno fermo	94
Curarsi	310	Dishonorare	294
		Dishonore	349
D		Dispiacere	114.130
Danni	56.88.92	Dispositione di animo	19
Danneggiare	294	Dil pregio	310
Danni	169	Dissomiglianza	97
Danno niuno	84	Distruggere	107.118
Dar carico	183	Disturbo	179

Diuenir

Diuenir grande	34	Far ingiuria	337
Diuersa opinione	248	Far pace	266
Diuerso stato	312	Far piacere	6. 130. 163.
Doglia	6.69	246	
Dolersi	287	Far stima	172. 281.
Dolore	69.77.110	315	
Dolore grande	189	Far vfficio	254
Dolore rinouato	276	Far violenza	233. 293.
Dolore scemato	334	350	
Dormire	347	Fatica fornita	358
Dotto	373	Fatica picciola	125
Dubioso	19	Fattore	124
Durare	79	Fauore	133. 243
		Fede sincera	199
Effetto buono	34.120.	Felicemente	59
325.		Fenderfi	218
Effetto contrario.	218.	Finalmente	283
242.306		Fine contrario	29
Eloquenza	38.105.	284	
359.		Fine desiderato	34. 253
Errare	58.96	325	
Espedire	140	Fine principale	240
Esperienza	180	Fine prospero	359
254.		325	
Esperienza poca.	286	Fingere	32. 302.
Essequire	340	353	
Essercitato	28	Fornire	158
Esser tenuto	221	Fornire la fatica	358
Essortare	71	Fornir la guerra	170
Estraordinaria sciagura	109	Fornire l'opera	188
Età senile	341	Forsennato.	146. 186
		238	
Faccia	353	Fortuna	282. 288. 300.
Facende	83.332.	351	
324.337.339		Fortuna acerba	293
Facoltà	272	Fortuna amarissima	358
Fama	127	336	
Fama rea	37	Fortuna instabile	267
Famigliarità	101.	Fortuna varia	75
129		Forze picciole	144
Fanciullezza	88	243	
Fanciulli	202	Forze smarrite	281
Fanciullo	121	Forze del corpo deboli	192
Far caso	310	Forze	140. 143. 147. 185
Far giudicio	35	352	
			Fraudi

Fraudi	22	Hauer riguardo a &c.	30
Frode	199	226.334.	
Fuggire	58	Honoratamente	15
Fuoco grande	187	Honore	354
Fuor di tempo	208.	Huomini malua gi	26
333		Huomo d'isperienza	207
		Huomo lodeuole	260

G

		I	
Gabella	91.146		
Gagliardo	141.	Immortalità	157
144 290		Impaccio	338
Gagliardo poco	92	Imparare	205
Gagliardia poca	192	Importanza tale	137
Giacere a letto	14	208	
Giorno	148.216.335	Imprudente	189
Giouamento	358	Incaminarsi	18
Giouanetti	23	Inciampare	96
Giouanezza	26.129	Incolpato	96
Gire	19	Inconstante	207
Giudicare controuersie	336	Indugio niuno	190.196.
far Giudicio	35	324	
Giungere a fine	158	Indursi	111.196
Giustificarsi	154	Infame	344
Gloria	21.339	Infamia	343
Godere	252	Infermo	14
Gouernare	270	Intorniarsi	102
Gouernare la repub.	31	Infortuni	28.293.358
Gouernarsi a modo altrui	267	Ingannarsi	163
Gouerno dissimile	49	Inganni	19
Gradire	172	Ingegno poco	163
Grandemente	17.94	Ingiuriare	337
Grandezza di animo	20	Ingiurie	150
Grassezza	202	Ingiustamente	58.188
Grate lettere	208	Ingrato	164
Gratia	133	Insegnare	180
Gratificare	130.163	Insignorirsi	183.205.231.
Gratitudine di animo	52	319	
Guadagno picciolo	146	Insolente	327
Guai a te	319	Instanza grande	100
Guarire	136	Intemperanza del viuere	192
		Intendimento	206.239

H

Hauer'a male	171	Intentione	138.336
279		Interrumpere	214
Hauer cura	258	Intoppare	187
Hauer in gouerno	209	Inuecchiare	345
Hauer in odio	203	Ira	57
		Lagrime	

		Maniera diuersa	97.158
L Agrime amare	107	312	
249		Mantener il costume	126
Lamentarsi	221	Menzogna	197
Lasciare l'impresa	120	Mercatantia	141.337
Lasciare vn pensiero	283	Meritare	193
Lasciar gli studi	322	Meritare di essere amato	13
Leggieri	340	Metter paura	260
Leggiermente	129.351	Metterli	184
Letterato	116	Mirare	168
Lettere rare	295	Mirare à &c.	108.125
Liberale	287	Miseria	273.274.281.286.
Liberale poco	218	294.311	
Liberalità	114	Miserie	46
Liberare	239	Morire	60.90.136
Liberare dell'assedio	25	N	
Libreria	209.256	Nascere nobilmente	128
Libri	280	220	
Lieto	98	Nato vilmente.	178
Lodare	63.104	Nauigare	334
Lodare il costume	173	Negociare	124.
Lodare il parere	211	337	
233		Negocij	124
Lode grande	160.260	Niente	220
Loda di alcuno	127	Nimistà	204
Lode di fanciullo	130	Nobile	128.220
Lode di gagliardia	141	Noia	131.295
146		Notte	295
Lode di gouerno	270	Nouelle sinistre	37
Lode di grauità	165	Nuocere 36.144.145. 220.223.	
Lode d'ingegno	200	231.243.282	
Lusinghe	248	O	
M		Occasione	2
Maggior numero	220	Occupationi	332
Magistrato	213	Occupato	182
279		Odiare	29
Malatia	103.198	Odio capitale	204
Malinconia	10.110	Odio niuno	266
Mal sano	356	Odioso	109
Maluagi tempi	330	Offendere	87.201.251.
Maluagità	259	337	
pro Mancamento	133.243	Offender l'animo	295
Maneggiare	157	Offerta	258
Maneggi	337	Offeso	175
Mangiar troppo	194.215	Officio	346
		Oggetto	

Oggetto	138.239.	Passione fiera	189
	274.336	Passi stretti	237.319
Operare	215.225.258	Patir danno	175
Opinione buona	126.247	Patria	283
Opinione constante	217	Paura	181.237.329
Opinione diuersa	100	Paura lasciata	21
Opinione ferma	54.86.248.	Pazzia	146.181.238
	291.308	Peccare	298
Opinione poco ferma	79	Pecato	223.293
Opinione lasciata	207.215.	Pena	26
	229.346	Pena crudele	112
Opinione poco lodeuole	42	Pensare	275
Opinione mutata	211	Pensieri tristi	10
	218.230	Pensiero	19
Osseruare	173	Pensiero, per trauaglio	7.241
Osseruare la promessa	232.	Pensiero fermo	94.108
	250.257.258	Pensiero lasciare	283
Ottenere	253	Pensiero molesto	131
Otio	332	Perdere il fauore	133.243
Ottener honori	176	Perdere la lite	146
		Perdere la robba	285
P		Perdere i sentimenti	338
Padrone	300	Perdere tutto	245.288
Paese	232.342	Perigli	31
Pagare	232.250.	Periglio manifesto	50
	258	Perseueranza di opinione	79
Pagare vn debito	302	Pelare	165
Papa	347	Piacere	11.130.163.265
Parer buono	211.228	Piacere a se stesso	23
	233	Piangere	207.248
Parer medesimo	229	Pietà	223.293
Parlar contra	216	Pigliar partito	117
Parlar honoratamente	104	Pingue	250
Participare	61	Pontefice	347
Partire	148.333	Portarsi bene	55
Partito diuerso	312	Poueri	197
Partito dubioso	39.117	Pouertà	176.271.346
Partito durissimo	106	Prattica	318
Partito lodeuole	236.297	Pratticare	101.129
Partito medesimo	246	Prattico	286
Partito misero	311	Preda	289
Partito vtile	120.236.355	Pregare	234
Passione	6.69	Pregio	159.314.317
Passione acerba	112	Presto	190.196
Passione di animo	10.22.336	Prezzare	172
		Prezzarsi	

Prezzarsi	149.335	Ricompensa	168
Prezzare poco	44.88	Ricompensare.	39.52.164.270.
Prezzata	314		273.275.302
Prezzato	279	Ricordi	43
Prolungare	12.196.205.	Ricorrere	103
	231.329.333.338	Ridere	125
Promettere	232.250.	Ridire	276
	258	Rigittare	252.343
Promessa	31	Riguardare	168.225
Punire	239	Riguardo	281.345.354
Pusillanimo.	21.336	Rimediare alle discordie	87
		Rimedio porgere	11

Q

Qualità	13	Rimunerare	39.52.164.203.
Qualità amabili	93		270.273.275.302
	119	Rimuouere il pensiero	75.183
Qualità cattiue	206	Rinouare la guerra	170
Qualità lodeuoli	64	Ripigliare i studi	323
Qualità rare	215	Riposare	339.355
Qualità de' tempi	51.341	Ripreso	42
Quanto potrò	143	Riputatione	312
Questione	78	Risanarsi	136.144.168
Quiete	276	Rischio	23.
			246

R

Accommandare	313	Riscuoter danari	89
Raffrenare	269	Risoluersi	117
Ragionar'insieme	314	Risomigliare	250
Ragionar con lode	104	Risparmio niuno	234
Ragionar lungamente	233	Rispetto	274
Ragioneuole	173.344	Ristorare	98
Ragguagliare	37	Ritardare	12
Rallegrare	11	Ritrarre	250
Rallegrarsi	47	Riuerire	173
Rappacificarsi	266.337	Riuscire bene in ogni cosa	147
Rappresentare	97	Riuscire eccellentemente	251
Rassomigliare	97.303.313	Riuscire il pensiero	253
Recar piacere	67	Riuscita	35
Reggere	158	Riuscita buona	284.326
Religione	111	Riuscita contraria	27.283
non Render il cambio	202.203	Robba.	171.245.272
Reo	5	Romper la parentela	233
Ricambiare	39.52.164.202	Rozzo	254
Ricchezze	126.171.252.	Ruina	11.105.115.114.
	309		169.287
Ricco	284	Ruina delle facoltà	245.288
Riceuer danno	175	Ruine	26

Sal-

S

Saluarsi 50
Sanità 64.79.168.280.
315
Sano 48.346
Saui 259
Sauiezza 51.341
Scambieuole amore 18
Schietto 302
Sciagura estraordinaria 109
Sciagurato 214.350
Sciagure 48.89.358
Sciagure passate 100
Sciagure della rep. 249
Scioccamente 139
Sciocco 146.181.238
Scoprir l'animo 101
Scordarsi 40.100
Scorno 349
Secluere eccellentemente 65
Scriuer rare volte 209
Seguir effetto 253
Seguire le voglie altrui 21
Sentimenti smarriti 338
Sepellire 122
Serui gi riceuuti 41
esser Seruito 60
Sfortunati 198.326
Sfortunato 326
Sforzarsi 31.52.244
Sicuro 237
Silentio 328
Simile ad alcuno 205
Simulare 29.139
Soccorrere 51.103.304
Sodisfare all'obligo 221
Sodisfare all'altrui voglie 2
Soggiacere ad accidenti 3
Soggiogare 183
Sollazzo 349
Sommamente 161.216
Sonno 347
Sospendere 338
Sostenere il peso 308
Sostentare 11

Souuenire 80
Souerchio 43
Spasso 349
Spauentarsi 181
Spendere 88
Spendere le facoltà 109
Spender poco 287
Speranza niuna 68
Sperare 235
Spese 272.308
Spronare il cauallo 50
Stagione 149.335
Stagione cattiua 330
Stagione contraria 333
Stato differente 97
Stato diuerso 84
Stato di alcuno 230
Stato tranquillo 20.131.236.276
Stimare 150.172
Stimar poco 29.30
Stima niuna 310
Stima poca 87
Stimarsi troppo 33.327
Stimato 279
Stimo 159
Strani tempi 330
Stretti passi 237.319
Studiare 92.182.279.291
Studiare moderatamente 65
Studi 13.133.315.357
Studio immoderato 14
Subitamente 190
196.
Subito 324
Successo felice 34.325
Suenturati 198.326
Superbia 12
Supplicheuolmente 356

T

Tagliar a pezzi 133
Tardare 196.205
231.319
Temerario 189.194
Tempo 149.335
Tempo contrario 310
Bb Tener

Tener conto	313	Vergogna	42
Tenersi in pregio	23	Vergognare	294
Tener in pregio	316	Verità semplice	52
Termine buono	304	Verno	317.345
Tormento	7	Vfficio di buon cittadino	56
Tormento amaro	112	Vffici maluagi	207.215.
Tornare	283	229.346	
Torto	201.268	Vfficio mancamento	215
a Torto	58	Via	18
Tosto	190.196	Via malageuole	47
Tradire	24	Viaggio	18.47.198.216
Trafficare	339	Viettare	177.346
Tralasciare gli studi	323	Vili	178
Trasportarsi	13	Villa	98.266.317.
Trattare	205	Villania	105.294
Trattar male	337	Vincere	656
Trattenere	12	Virtù	282.292.309.
Trauaglio	7.179.339	335.351	
Trauaglio durissimo	113	Virtu puo ogni cosa	252.361.
Trauaglio picciolo	84	Virtuoso	300.305.
V		Visitato	182
Valente	141	Vita noiosa	191
Valenti soldati	302	Vita riposata	276
Valere assai	256	Vituperare	5.104.197
Valersi dell'opera di alcuno	6.	Viuere	332
298.340		Viuere bene	44.302
Valore	55	Viuere dissoluto	193
Valoroso	146	Voglia cattiua	245
Vccidere	14	Voglia grande	94.
Vccidersi	199	Vsato	28.
Vdienza dare	23	Vscire di fatica	292.
Vedere di lontano	22.	Vtile	149.240.358.
Vedere vn paese	232.	Vtile della città	268.
342		Vtili gli studi	324
Vendetta	150.242	Vtile della virtu	352.
Vendette	348.	Vtilità	225.
Vento contrario	352.	Vtilità publica	250.

INDEX LOCVTIONVM
QVAE HOC VOLVMINE CONTINENTVR.

A

Ab adolescentia 16
Abiectus 310
Abijcere rē 120
Abijcere studiū 322
Absoluere p̄-
ficere 139.188
Absolui 239
Accedere ad sententiam 74
Accessio temporis 22
333
Accidere 2
Accipi male 349
Accommodare de cubiculo 3
Accusare 5.59.105
188
Acerbus 318
Acriter 146
Adduci non posse 111
196.305
Adiungere ad imperium 4.18
Adiuuare 20
Administrare 129
Administrare remp. 155
Administrare res 157
Administratio dissimilis 49
Admonitiones 43
Adolescentia 16
Adscribere 33
Aduersa fortuna 110
Aduersari 81
Aduersarius grauius 120

Aduersarius infensus 81
Aegrotare 124.199
Aeque ac 11.17.299
Aequitas animi 22.236
Aequum est 11
Aestimare 256
Aetas 123
Afferre incommodum 106
Afferre lætitiam 79
Afferre sibi manus 199
Afferre vim 223.293
351
Affici desiderio 94
Affines 213
Agere caussa alicuius 227
Agere tranquille 132
Aggredi facinus 185
Agi 206
Allicere ad amandum 3
13
Alloqui aliquem 196
Altercari 78
Amabilis 120
Amandare 113
Amare aliquem vehementiùs
Ambiguum 2
Amsire 117
Amentia 146.37.81
238
Amicitia summa 101

Bb 2 Amare

Amittere sensum.	28. mentem	Arrogantia	13
146		Arrogare	161.23.277.
Amorem conciliare	93.261	316.318	
in Amore non respondere	18	Artes bonæ	139
Amor laudandus	9	Artes, ab humanitate dictæ	208
Amor mutuus	18.107	Assequi coniectura	22.237
Amplificare	4.183	Assentari	6
Anceps	118	Assentiri	73
Angere	171.279	Assuescere laboribus	28
Angustiæ locorum	237.320	Assumere sibi	277.316.318
Angustiæ summæ	106	Astutiæ	29
Animaduertere i. punire	260	Auaritia	5.31.188
Animatus optime	95	Aucupari gratiam	
Animi dolor	214	Audire	
Animi magnitudo	127.245	Augere	183
Animi propensio	10	Augeri	86
Animi virtus	50	Augurari	195
ex Animo	100	Augurari male	145
Animo bono, vel malo in alique		Anidus	202
esse	19	Auocare animum	185
Animo singulari	18	**B**	
Animum abducere	75	Bellica res	30
Animum indicare	102	Bellum	269
Animum inducere	31	Beneficia	130
148.191.		Beneficio tuo	4
Animum recreare	346	Beneficium	94
Animum traducere	285	Beneficium conferre	39
Animus æquus	22.236	Bene nummatus	88.285
Animus gratus	53	Beneuolentia	14
Animus humilis	21.336.350	Beneuolentia par	18
Animus mutuus	18	Benignitas	148.209
Animus non æquus	304	**C**	
Animus quis	90	Cadere caussa	36.146
Animus simplex	82	Calamitates	29
Annonæ caritas	49	46	
Antecellere omnibus	64	Callidissimus	36
Anteponere	173	Capere consilia	234
Antiquius nihil	316	Capi specie	23
Appellare	306	Carissim.	17
Appetere	202	Caritas annonæ	49
Appropinquare	119	Carpere	276
Aptus	32	Castrametari	2
Aptus ad omnes res	147	Casus vitæ humanæ	3.300
Aptus mihi	219	Cauere	169
A puero	129.325.330	Caussa	46

Caussa

Caussa tua 243
Cedere 51
Certare 78
Certiorem facere 37
Certo 26
Certum est 55
Cibi copia 202
Cibus tenuis 215
Ciuis 56
Cogitare 239.275
Cognomen 5
Cohibere se 216
Cohortari 72.75.
173
Colere 174
Colligere se 216
Comes assiduus 62
Comitari 256
Comitari aliquem 4
Commendare 261
Committere se viæ 118
Committere temere 237
209
Communicare 61
Communis 66
Complecti 8
Complecti amore 13
Comprimere discordiam 27
Conari 299
Concedere cubiculum 3
Conciliare amorem 234
93.261.
Conciliare beneuolentiam 8.13
Concitare exspectationem 27.
284
Condicio diuersa 209
Condicio misera 327
Condicie sua nemini satisfacit
213
Conducere,i. vtilem esse 220.
231
Confidere ad &c. 337
Confugere 103
Conflictari judicijs 210
Congerere rem 78

Congruere 68
Congruere cum &c. 319
Coniectura assequi 22.230
Coniectura consequi 69
Coniecturam facere 224.196
Conijcere 69
Coniunctio 233
Coniunctiss. 15
Conscientia 72
Consensus 73
Consentaneum rationi 345
Consequi.i.obtinere 253
Considero 76
Consilia 245
Consilij imprudentia 291
Consilium 77.108.206.
225.259.
Concilium capere 234
Consilium probari 211.233
Consolari 295
Consolationem præbere 70
Constare in sententia 212.
247
Constituere 94
Constituere pro deliberare 153
Consuetudine vti 358
Consuetudo 85.220
Consuetudo alicuius 68
Consuetudo assidua 8
Consuetudo difficilis 318
Consuetudo diuturna 358
Consuetudo est 357
Consuetudo familiaris 101.129
Consulere 354
Consulere amicos 76
Consulere commodo alicuius 3
Consulere vitæ 50
Consumere 126
Consumere rem 78.109
Contemnere 310
Contendere 78
Contendere summe 205
Conterrere obliuione 101.
251
Contingere

Bb 3 Contin-

Contrahere amicitiam	16	Dementia	146.182.238
Controuersia	78	Demum	285
Conualere	281	Denique	285
Conualescere	145.168	Dependere	232.250.258
Conuitium facere	105	Deprædari	289.294
Cordi esse	95	Deserere seipsum	1.110
Corporis magnitudo	160	Desertus	31
Corporis vires	193	Desiderium	94
Crapula	194.215	Desidia	91
Credere	248.291	Desistere ab incepta	130
Crudeliter agere	191	Desperare	130
Cruditas	194.215	Despici	310
Culpa	96	Deterreri	181
Culpa nulla	59	Deuincire amore	517
Culpa vacare	205	Dies	148.149.335
Cunctari	205.231.232	Dies dolorem minuit	334
	329	Differre rem aliquam	12
Cupiditas laudis	95	357.329.333	
Cura	7.241.242	Difficilis	98
Curare minimum	87	Digerere optime	231
D		Dignitas	257
Damna	26.169	Dignus, qui ametur	93
Damnum	89	Diligere	17
Dare auribus	6	Dimittere studia	357
Dare operam	52	Deripere	289.294
Debere	215	Discedere	234
Debilitare	93	Discere	180
Decedere de prouincia	149	Discordiæ ciuilis	107.111
Decernere	94	Discrepare	107
Decipere	280	Disiunctum	212
Declarare	14	Disperdere	126
Dedecet	173	Dissensiones ciuiles	107.111
Dedecus	42.109.343	Dissentire	107
non Deesse officio	2	Dissimilitudo	97
Defendere	96	Dissimilitudo nulla	303.313
Deferre alicui	313	Dissipare	116
Deferre seruitutem	276	Dissipare rem	78
Deficere a &c.	270	Diuersa ratio	97
Deformitas	344	Diuinare	195
Dehonestamentum	167	Diuitiæ	31.126.171
Delectare	98	252.271.285.309	
Delere ex animo	41.101	Doctrina liberalis	205
Deliberatio difficilis	234	Doctus	115
Deliquium animi	138	Dolore	114.287.294
Demens	340	Dolere ex obitu alicuius	6
			Dolor

Dolor	77. 110. 113. 131	Excellere	90
Dolor die minuatur	334	Excipere perhumaniter	3
Dolor summus	70. 189	Excitare	186
Dolorem excitare	276	Excitare bellum	270
Dolus	199	Excitare dolorem	276
Dominari	253. 300. 352	Exercitus militum	122
Dominatus	301	Exigere pœnas	260
Domus lauta, & elegans	49	Existimatio	278. 279. 280. 312
Donare	114		
Dubitare	19. 116	Exitus	118. 242
Dubitatio nulla	54. 86	Exitus alienus	27. 119. 242. 284. 306
Ducere rationem	315. 354		
Ducere spiritum e cælo	3	Exitus felix	34. 325
Durare	79	Exitus rei	138
Dux	48	Exoriri mala	33
		Experientia	180. 254. 286
E		Explere	296
Imme Edex	215	Explicatæ res	84. 245
Efferre	210	Expostulare	222
Effugere	58	Exprimere	121
Egere	43	Exprimere, infringere	250
Egestas	177. 198. 346	Exsequi	60
Egredi	358	Exsequi mandata	325. 346
Elaborare	132. 33	Exsequiæ	122
Eligere	120. 236. 355	Exspectare summam ab aliquo	28
Eloquentia	38. 105. 359	Exspectationem concitare, tueri	27. 284
Emolumentis	149. 360		
Eniti	299	Extimescere	186
Eniti summo studio	206	Extrahere rem aliquam	121. 257. 329. 333
Ephesi	16		
Equum incitare	50	**F**	
Erigere	186	Facere certiorem	37
Erigere iacentem	11	Facere coniecturam	134
Errore	59. 96. 103. 121	Facere insidias	44
Erudire	205	Facetus	125
Eruditus perfecte	63	Facies	124
Esse cordi	95	Facile	125
Esse in conspectu	232. 342	Facinus egregium	185
Euenire	236	Facinus pulcherrimum	83
Euenturum esse	35	Facta	133
Euentus optimus	34. 325	Fallacia	129
Euentus speratus	119. 242	Fallere	100
Euertere	107. 111. 287	Falli	103
Exagitari	338	Falsum	126
Examinare	267	Fama	126. 157
Exardere iracundia	82		

Familiæ nobilis	128.	Fugere	345
220		Fulmen	345
Familiariter uti	101.	Funus	124
229.		Furere	146.181
Fauere	135.243	Fuste percutere	39
Felicitas	135		

G

Felicitas summa	45	Erere res	157
Feliciter	34.59.325	Genere se præclare	55
Feriariæ studijs	323.338	Gloriæ cupiditas	81
Ferre æquo animo	303	Gratia	134.243
Ferre opem	44	Gratia non uulgaris	40
Festiuitas in pueris	130	Gratia par	53
Fides	137	Gratificari	131.163
Filios gignere	137	Gratitudo	165
Fingere	22.139	Grauis	165
Finis	336		

H

Finis optatus	35.325	Abere rationem.	274
Finis rei	138	275	
Firmus a uiribus	241.147	Habere rationem vtilita	
Flagrare desiderio	94	tis.	30
Flagrare infamia auaritiæ	33	Habitare lautissimè	49
Flere	250	Hiems	318.345
Fama grauior	38	Homines certi	216
Formosa	124	Homines improbi	26
Fortis	140.147	Homo laudandus	260
Fortuna	300.351	Honestum	172
Fortuna aduersa	11	Honor	174.257.354
Fortuna amarissima	198.316	in Honore esse	159
Fortuna misera	312	Hortari	71.75.123.142
Fortuna rē largitur, & eripit	71	Humanissime	3
Fortunæ iniuriæ	29	Humanitas	148.177
Fortuna inconstantia	142	Humanitas summa	82

I

Fortunæ varietas	75	Acere in mærore	10
Fortunæ vis	301	Iactari	338
Fortunæ in rebus humanis maxi ma vis	71	Iactura	89.90
Fortunæ uicissitudo	267	Iactura nulla	84.245
Fortunare	326	Iacturam facere	299
Frangere	259	Ignarus	179
Fraudari	299	Ignauiæ tribui	91
Fraudi esse	343	Ignis vehemens	187
Fraus	22.29	Ignobilis	178
Frugalitas	287	Ignominia	294.344
Frui usura tucis	3	Ignorare	15
Frustra	191	Illiberalis	108.287

Illu-

Illustrior	55	Infortunium	
Immortalitas	157	Infrequens inscribendo	
Immunis	121	Ingenij tarditas	
Impar	189	Ingenium futurorum	
Imperare	60.184	Ingratitudo	205
Imperare sibi	121.196	Ingredi uitam	1
Imperator	183	Inhoneste	164
Imperium maximum	158.	Inhumanus	13.204
159.		Inibi	115
Impetrare a se	111.196	Inimicitiæ	204
Implorare fidem	256	Inimicitiæ nullæ	267.337.
Imponere	184	Iuiquus in me	104
Improbi homines	26	Inire amicitiam	26.24
Improbitas	214	Inire gratiam	63.98
Imprudens	169	Inire gratiam ab aliquo	6
Imprudentia	269	Inire rationem	80
Impudens	299.	Inire societatem	67
Impudentia	194	Iniuria	201.268
Impunitas	26.239	Iniuria afficere	337
Inania	340	Iniurias obliuisci	151.242
Incendium	187	Iniuste	188
Inchoare	188	Innocens	59.205
Incitare equum	50	Inopia	179.198.346.
Inductio animi	121	Insania	146.181.238
Inclinatus	187	Inscitia	179.
Incommodis affici	49	Inseruire auribus	63
Incommodum	106	Insidias facere	24
Inconsideratus	189	Insidiosus	203
Inconstans	190	Insinuare se in amicitiam alicu.
Inconstantia	207	ius	6
Incredibile	191	Insipiens	189
Indicare animum	102	Insolentia	13.
Indignus	193	Institutum	85.230
Inducere animom	31.111.	Integra omnia	401
196.248.291.		Integræ res	84.245
Induci in errores	103	Integritas	46
Indigere	43	Intemperantia studiorum	16
Indutus	346	Intendere ingegnium	200
Inertia	91	Interest in omnes partes	187
Infamia	167.197.343	Intermori	338
Infamia auaritiæ flagrare	33	Interpellare	124.182
Infelix	198.326.327	Intimi sensus	10
Infirmus	92	Intueri	168
Infortunatus	327	Inuadere	14
Infortunia	29.46	Iouehi liberius	207

Inuidia 206.212.295
Inuidiosus 109
Iocari lepide 125
Iracundia 53
Iracundia exardere 82
Irasci 57
Iter 19
Iubere 184
Iucunditate afficere 68
Iudicare 151
Iudicare res 336
Iudicium 110.152
Iurare 153
Iustitia 155
Iumentus 150

L

Abi 103.121
Labi iudicio 9
Laborare infamia 5
Laborare penuria 106
Laborem terminare 358
Laboriosa res 98
Lacrymæ 207.249
Lædere 251
Lætari 47.266
Lætitiam afferre 79
Languenti stomacho 317
Languere morbo 14
Languet animus 237
Languor 91
Largiri 114
Laudabile est 247
Laudare 104.174.193.210
Laudibus efferre 63
Laudis cupiditas 95
Laus 257
Laus alicuius 127
Laus summa 160.260
Laus a fortitudine 141.147
Laus a grauitate 165
Lautitia 49
Legere 320
Lepor in pueris 130
Leuitates 340
Leuiter 129

Libenter 357
Liberalis 287
Liberalitas summa 82
Liberare cura 26
Liberare iudicio 26
Liberare obsidione 25
Lis 78
Litteræ 107.360
Litteræ infrequentes 95
Litterarum studia 93
Litteratus 116
Liuor 213
Loco 208
Locorum angustiæ 237.320
quo Loco sit apud te 159
Locuples 285
Loqui acerbe 105
Loqui honorifice 104
Loqui inhoneste 226
Loqui prolixe 232
Lucescit 248
Lucrari 167
Lucrum tenue 146
Lugere 250
Lustrare copias 247

M

Mæror 8.10.214
Magistratus 213.279
Magnitudo animi 20.245
Magnitudo corporis 160
Mala 46
   Ex auaritia 35
Multa Ex bello 91
   Ex iracundia 54
Male accipi 349
Maledicere alicui 105
Moleuolentia 113.222.236
Mandare 184.325
Mandata 341
Mane prima 216
Maritima 83
Mendacium

Mendacium	123.128.191	Nox	36
Mercatura	142	Nox in somnis	
Mercaturam exercere	338	Nummatus	88.
Merita	221	Nuncij tristes	37
Meritum	13.94		
Meta	336	**O**bducere callum	29
Metus	237.329	Obesse	145
Milites virtute præstantes	303	Obire	90
Minui	86	Oblectare	
Miseria	273.274.281.	Obliuione delere	101.
287.294.311		Obliuisci	4
Miseria summa	198.326	Obseruare	174
Moderari studia	165	Obsidere	
Moderator	212	Obsidione liberare	
Molestiæ	8	Obstrictus ære alieno	
Molliter	215	Obtrectare	
Monita	43	Obtrectationes maleuolétissimę
Morbus difficilis	199	107.215.229.346	
Mores difficiles	319	Obtruncari	123
Mores perditi	85	Obuiam ire	190
Mori	217	Occasio	222
Mortem oppetere	60	Occasio se offert	2
Mortem consciscere sibi	199	Occidere	14
Mos	85.220	Occupationes	124.332
Mos hominum	168	Occupatus	222
Mos est,	357	Odi	203
Multare	260	Odio prosequi	2
Munus tuum	346	Odium graue	304
Mutuus amor	18.107	Odium nullum	367.332
Natura	219	Offendere	251
Natura comparatum est		Offendere.i. labi.	187
85.220		Offensio	36
Natus ann. &c.	123	Omen malum	145
Nauare operam	2	Ominari	258
Necessitudines	15	Omittere institutum	120
Negligentia	220	Omittere studia	323.33
Negotia aliena curare	83	Omnino	
Negotiari	338	Opem ferre	44
Negocium facessere	179	Opes	13.252.271.28
Nimius in studijs	320	Opes congerere	3
Nobilitas	128.220	Opinio	227
Nocere	81	Opinio alicuius	314
Nosse hominem	72	Opinio bona	127
Noui	250	Opinio mutata	311.21
		330	

Opinionem

Opinionem mutare	80
Opinionum dissimilitudo	107
Opitulari	104.104
Oppugnare	226
Uppugnare acriter	36
Oratio acerba	226
Origo	33.46
Ornatus	345
Ostendere	102
Ostenderere	14
Otium	332
Otium iucundum	276.355
Otium rusticum	98

P.

Pacem coire	267.337
Pænuria	49
Pænuria nummorum	89
Pænuria summa	106
Par	51
Parce	251
Parcus	115
Parere mandatis	325.341
Par pari	53.165.202.268
Particeps	61
Parui esse	44.159
Par voluntas	18
Patere latissime	34
Patria	283
Patronus	38
Peccare	238.299
Peculiatus	88
Pecuniæ angustiæ	89
Pendere publice	339
Penitus	8
Percipere	180
Perdere	243.289
Perdere litem	146.112
Peregrinari	48.346
Perficere, pro absoluere	139
Perfunctus est munere	251
Periclitari	23.206
Pericula imminere	31
Pericula subire	47
Pericula vitare	50
Periculum	246

Permanere	99
Permansio	
Pernicies	107.111.287
Perpendere	267
Perquirere	
Persuadere	248
Perterrere	181
Pertimescere	181
Perturbare	121
Peruersitas	318
Pestis	314
Pietas	112
Pinguis	163.202
Plures multis partibus	220
Pluris esse	315
Pœna	26.27.239
Pœnas exigere	260
Poetica	251
Polliceri	258
Pontifex	347
Possidere rem	171
Post hominum meum	213
Potiri	205.231.329
Præcepta	43
Præcipere	184
Præferre	173
Præmia magna	44.308
Præponere	172
Præstare alicui aui	25
Præstare animum	318
Præstare honorem	98
Præstare officium	8
Præmi oneribus	222
Prensare	255
Pretium magnum	256
Principatus	301
Probissimus	5
Probitas	44
Procurator	125
Prodire in lucem	3
Producere terminos	4.181
Prœlium	60
Proferre rem aliquam	12. 257.329.333
Proferre terminos	4.181

Proficisci

Proficisci	19.333	Reconciliari	204.264.239
Prolatæ res	339	Recreare animum	349
Proloqui	121	Reddere rationem	154
Promissa seruare	32	Redire	283.337
Promittere	232.250.258	Redire in gratiam	204.
Propensio animi	10	267.337	
Propinqui	233	Referre gratiam	40.53
Prorogare rem aliquam.	12.	Regere	158.270
257.329.333		Religiosus	112
Prospere	232	Remotus a cupiditate	216
Prospicere	258	Remunerare	39
Prospicere in posterum	23	Remunerari	271.273.
Protendere rem aliquam	12.	275.302	
257.333		Repellere vim vi	85
Protendere terminos	4.183	Reperire	52
Protrahere rem aliquam	12.	Repetere altius	265
257.319.333		Repetere studia	323
Protrudere rem aliquam	12.333	Reprimere	259.269
Pro virili	144	Rerum vsus	209
Prudentia	259	Res	83.84.312
Publicani	91	Res aduersæ	29
Pudor	299	Res gestæ	133
à Puero	88	Resarcire	282
Pugna	60	Respondere in amore	18
Pugnare	50.59.78	Respondere exspectationi	27.
Pugna fregit	348	284	
Pulchra	124	Respondere laudibus	43
Pungere	111	Reuerti	283.337
Punire	260	Reus	5
Puniri	26	Rimam facere	218
		Risum excitare	125
Q		Rogare	234.255
Quærere	52	Rudis	254.286
Quæstus facere	167	Rumores duriores	37
Quæstus leuis	146	Rumores incerti	264
Quies	276.355	Rus	98.266.337.349
Quies rustica	98		
		S	
R		Acuire	191
		Saluere	141.290
Ratio diuersa	84.97.	Salutare honoris caussa	3
158.312		Sanari	176
Rationem ducere	354	Sapientiæ est	293.351
Rationem habere vtilitatis	30	Sapientis est	51.341
Ratio similis	303.313	Sapienter consulere	77
Rebus secundis	331	Saxiare	198
			Satis

Satis est	74.78	Sordide	
Satisfacere alijs	1	Specie capi	
Satisfacere officio	2	Spectare	
Satisfacere omnibus	192	Spectatus	
Scelus	223.293	Sperare	
In Scribendo infrequens	209	Spes	305.306
Scribere egregie	66	Spes frustratur	
Scribere raro	295	Spondere	232.250
Scripta	65	Stare ab aliquo	96.336
Scriptura	91.146	Stare promissis	32.232
Scopus	336		250.256.267.258
Secundare	326	Statim	196
Secundis rebus	331	Statuere	94.120
Secundum Deum	17	Statuere in seipso omnia	69
Semper	4	Status rei	
Senectus	342	Status rerum alsus	
Sensus	241.396	Status tranquillus	27.237
Sententia	327	Stomachus	347
ex Sententia	34.335	Strenue	146
Sententia alicuius	314	Studia	132.182.292.216
Sententia recta	247		320
Sententia vetus	207.215.	Studia dimittere	357
	229.346	Studiorum laborem ferre	
Senum consilia	77	Studium	
Sepelire	122	Suadere	123
Sequi alienam voluntatem	1	Subducere rationes	86
Sequi aliquem	95.336	Subire infamiam	34
Sermo longus	233	Subire pericula	
Sermones incerti	266	Subuenire	104.304
Sermones nostri	315	Succedere opere	34.284
Seruar	289		325.326
Seruare promissa	32.232.	Summe	
	250.256.257.258	Sumptum sustinere	
Seruare rem	74	Superuacan.	
Silere	328	Suspicionem dare	
Similis ratio	303.313		T
Simplex	302.353	T Acere	358
Simulare	22.29.302.353	Tædet	191
Simulatio		Temerarium	170
Societatem inire	62	Temere	
Solicitare	171.279	Temeritas	
Solicitudo	110.113.131	Tenere animum alicuius	
Solicitudo intolerabilis	6	Tempestas in	
Soluere	232.250.258	Tempestas prospera	
Somnus	348	Tempora misera	

Tempori cedere	51.341	Valetudo Infirma	6492
Tempus	310	Valetudo optima	48.346
Tempus alienum	333	Valere pristina	281
Tempus vacuum	332	Validus	141.347
Tenuis	92	Vanus	340
Terminus	336	Vastare	289.294
Timor	237.330	Vaticinari	305
Tollere exemplum	309	Vbique	334
Tractare bibliothecam	309	Vectigalia	91.146
Tractare se præclare	251	Vehementer	161.296
Tractare remp.	31	Ventus reflare	252.343
Traducere animum	283	Verbosus	305
Tranquille agere	132	Verecundia	299
Tranquillitas	276.355	Veritas	305
Tranquillus status	22.237	Veritas simplex	22
Transitus	237	Vesperum	296
Translaticium	357	Vetustas dolorem minuit	334
Tribuere	91	Vexari	338.349
Tribuere alicui	313	Viæ difficiles	318
Tribuere plura	315	Via incommoda	47
Tribui ignauiæ	91	Vigilia	348
Tributum	339	Vincere	348
Tristis	10	Vim afferre	293.351
Tristitia	214	Vim fieri	26
Trucidari	328		85
Tueri	95		17
Tueri consuetudinem	127	diligentia	99
Tueri se ab iniuria	85	Vindicare	207
Tueri expectationem	57.284	Violari	175
Tueri rectum	131	Vir excellens	64
Turpe est	52.106	Vires corporis	193
Turpiter	58	Vires firmæ	290
V.		Vires immanes	133
Vacare culpa	205	Vires infirmæ	144.243
Vacare molestia	132	Vires pristinæ	281
Vacatio studiorum	323.338	Virtus	252.293.309.351
Valde	11	Virtutem colere	43
Valentiores	78	Vita	354.355.356
Valere auctoritate	279.317	Vita acerba	191
Valere bene	290	Vita dissoluta	193.194
Valere male	14	Vita læta	101
Valere multum	50	Vita quieta	22.355
Valetudinem recuperare	145	Vitam ducere	301
Valetudo	315	Vituperare	205
Valetudo aduersa	14	Vituperatio summa	207

	52	586
	308	vsuuenire
	349	vti aliquo assidue
	242	vti familiaritate
	349	vtilem esse alicui
	15	vtilia studia
	308	vtilitás
	307	vtilitas publica
	18	vtilitas ex virtute
	248	vti opera alicuius
	79	340
	79	vulnerari
	380,358	vultus
	307,354	vultu hilari, ac benigno

FINIS.

IN TORINO,
Appresso gli Heredi di Nicolò Beuilaqua

www.ingramcontent.com/pod-product-compliance
Lightning Source LLC
Chambersburg PA
CBHW030547300426
44111CB00009B/890